Pilot
派力营销图书

营销的起点是顾客脑子里有想到的东西,终点是通过物流和支持系统把产品和服务送到顾客手中。

Pilot
派力营销图书

成功的营销策略有一个标准,
那就是让新进入者无法轻易打入自己的市场。

The 30 Day MBA in Marketing
Your Fast Track Guide to Business Success

30天学会MBA

市场营销学

来自欧美知名商学院的12门市场营销核心课程

〔英〕科林·巴罗 / 著 耿聘聘 龚振林 / 译

企业管理出版社
ENTERPRISE MANAGEMENT PUBLISHING HOUSE

图书在版编目（CIP）数据

30天学会MBA市场营销学：来自欧美知名商学院的12门市场营销核心课程/（英）科林·巴罗著；耿聘聘，龚振林译.—北京：企业管理出版社，2019.6

书名原文：The 30 Day MBA in Marketing：Your Fast Track Guide to Business Success

ISBN 978-7-5164-1971-7

Ⅰ.①3… Ⅱ.①科… ②耿… ③龚… Ⅲ.①市场营销学—研究生—教材 Ⅳ.① F713.50

中国版本图书馆CIP数据核字（2019）第113640号

The 30 Day MBA in Marketing: Your Fast Track Guide to Business Success

Copyright:© Colin · Barrow 2011 and 2016

This translation of The 30 Day MBA in Marketing 2nd edition is published by arrangement with Kogan Page.

Simplified Chinese edition copyright:

2019 ENTERPRISE MANAGEMENT PUBLISHING HOUSE

All rights reserved.

本书中文简体字版由企业管理出版社出版。

未经出版者书面许可，不得以任何方式复制或抄袭本书的任何部分。

北京市版权局著作权合同登记图字01-2019-2432号

书　　名：	30天学会MBA市场营销学：来自欧美知名商学院的12门市场营销核心课程
作　　者：	（英）科林·巴罗
译　　者：	耿聘聘　龚振林
责任编辑：	韩天放　田　天
书　　号：	ISBN 978-7-5164-1971-7
出版发行：	企业管理出版社
地　　址：	北京市海淀区紫竹院南路17号　　邮编：100048
网　　址：	http://www.emph.cn
电　　话：	编辑部（010）68701638　发行部（010）68701816
电子信箱：	qyglcbs@emph.cn
印　　刷：	北京鹏润印刷有限公司
经　　销：	新华书店
规　　格：	166毫米×235毫米　16开本　22印张　280千字
版　　次：	2019年6月第1版　2019年6月　第1次印刷
定　　价：	69.80元

版权所有　翻印必究　·　印装有误　负责调换

序

商德需要好榜样

——派力营销图书经典系列再版序

我已十多年没有意愿发声,一是自身回归清静生活有点懒惰,二是对这些年商业道德表现有些失望。

我是否是愤青般的夸大其词或羡慕嫉妒恨?

那就让我们以一个普通家庭消费者的身份,回顾一下日常生活中的购物和投资理财体会:大到购买房产及装修、买车、股票和基金、理财产品、商业保险、股权投资、医疗、教育等,小到网购、穿的衣服、吃的食品、用的物品、公用服务(通信、交通等)、售后服务、旅游、各种软件下载等,很多时候都会让你体验到购前满怀期待、购后愤怒生气甚至投诉起诉无果的遭遇。

商界精英们可以从自己及能影响到的身边人做起,力所能及地认清和改变自己,尽量持公正心、做正直人、干正派事,即便是不能给自己带来任何功利,至少每晚可以安然入眠,为我们的子孙树个好榜样,为未来中国商业和社会文明的进步垫砖添瓦。

其实,中国商界古代都有很好的榜样和"先信,再义,后利"的先辈教诲,就当今的消费体验而言,广东和四川的餐饮服务业很早就是中国商界好榜样,中国家电行业曾经的表现也是,那些辛苦赚钱的快递外卖小哥们的服务表现也不错,部分B2B行业的客户服务也进步很多,不少富翁们已经开始做一些很有持续利民价值的公益慈善活动,党和政府的反腐倡廉及法制建设也在快速进步，当然还有其他不一而足。

在再版派力营销图书经典系列之际，写此文与商界及二十多年来一直信任和陪伴派力营销图书的上千万中国营销同仁们共勉。

最后，让我们摘录亚马逊 CEO 杰夫·贝索斯在普林斯顿大学 2010 年学士毕业典礼上的演讲中的几句话作为共勉：

善良比聪明更难，选择比天赋更重要。

天赋和选择不同。聪明是一种天赋，而善良是一种选择。天赋得来很容易——毕竟它们与生俱来。而选择则颇为不易。如果一不小心，你可能被天赋所诱惑，这可能会损害到你做出的选择。

你们要如何运用这些天赋呢？你们会为自己的天赋感到骄傲，还是会为自己的选择感到骄傲？

北京派力营销管理咨询有限公司　屈云波

2018 年 10 月 1 日

前言

- MBA 市场营销学有哪些内容
- 你为什么应当了解它
- 如何使用这本书
- 制订 30 天学习计划

人们普遍认为，工商管理硕士（MBA）课程可以解决管理工作中很多明显缺乏职业素养的问题。拥有了此学历，也就等于具备了管理企业的资格。会计师、工程师、科学家、保险精算师、化学家、心理学家和组织机构内的很多其他职业都形成了系统的知识框架，成立了普遍受到认可的协会，以确保从业者能够达到最起码的要求。在一定程度上，MBA为商业社会解决了这个问题。现在，全世界有2000多所商学院，每年培养成千上万名MBA毕业生。MBA教育问世已经有半个多世纪，而作为MBA学位提供者的商学院更是历史悠久。人们普遍认为，世界上第一所商学院是法国的工商专科学校（即现在的欧洲ESCP），它是1819年让·巴普斯托·塞（Jean Baptiste Say）创办的，他作为该校第一位经济学教授并首创了"企业家"一词。

在美国，第一所商学院是沃顿商学院，1881年由约瑟夫·沃顿（Joseph Wharton）创建。沃顿是个自学成才的商人，他在美国镍公司（The American Nickel Company）和伯利恒钢铁公司（Bethlehem Steel Corporation）当矿工期间赚到了第一桶金，他的成功经历后来成了商学院最早研究的案例。哈佛商学院的成立时间相对较晚，时间是在1908年，当时只有15名教员和80多名学生；两年以后它开始开设管理硕士课程。1922年，哈佛商学院开设了博士课程，并且已经成为工商管理研究的开路先锋。它率先采用案例研究法来探讨开展商业活动的方法。案例研究成了它的办学特色，并且在世界各国的商学院得到普遍效仿。英国后来也加入创办商学院的行列之中。亨利行政管理学院（Administrative Staff College at Henley）即现在的亨利商学院（Henley Business School）成立于1945年，最初是军事学院的民事部分，不考虑校名因素它就是一个彻头彻尾的商学院。又过了十多年，政界和商界的领袖坚持认为管理是继承下来的办学特色，原本受家族企业高度强化的观念开始逐渐消失。一家大学内享有高度自治权的三个商学院分别在曼彻斯特（1965年）、伦敦（1966年）和克兰菲尔德（1967年）成立。工研学校（The Work Study School）后来慢慢演变成为克兰菲尔德管理学院，实际上在1953年正式开放。

除了 ESCP 以外，商学院又过了一段时间才开始在欧洲盛行起来，且发展态势喜人，仅德国就有 70 多个机构提供商科的研究生学位。正如表1中所示，世界范围内 MBA 都受到了热烈的推崇。

随着商业活动的日趋复杂化，商业社会很快提出了一项明确的需求：工商管理学位课程必须比泛泛的 MBA 课程具有更高的专业性。虽然学习一些泛泛的 MAB 知识并没有什么坏处，但一个人如果希望作为实践管理者投身于某个专门领域，就必须掌握更为扎实的专业知识。MBA 专业课程便应运而生了。

这本书的书名《30天学会 MBA 市场营销学——来自欧美知名商学院的12门市场营销核心课程》还有许多别的叫法。最初这门课是作为 MBA 常规课程中的一门专业课开设的。爱丁堡开设的 MBA 课程称为"专业营销"。听到这门课的名称，你可以料想，"营销学" MBA 毕业生的职业道路是全新的，并且千差万别，各具特色。举例来说，世界领先的广告和营销服务商 WPP 集团，为 MBA 课程设立了几项营销学奖学金，鼓励未来的企业领导者积极做好准备，以便日后能够满足客户提出的各种营销需求。如今，从阿伯丁到维也纳，各家商学院纷纷开设 MBA "市场营销学"课程，以便让学员全面了解营销在消费品、行业市场以及服务性行业所发挥的作用。希尔伯曼商学院（Siberman College of Business）位于新泽西的麦迪逊（Madison），它进一步对市场进行细分，开设了 MBA 市场营销学，并在数据库、互动营销、国际营销和广告管理等领域加强了专业设置。

一个关于表1的十分有趣的现象是，全部排名和市场营销专业的排名并不固定。在世界 MBA 联盟中位列第二的伦敦商学院,市场营销排名却掉到了第七位,而西北大学科龙戈商学院全球排名第十四位,市场营销却排到了第一位。

表1　2015年《财经时报》世界著名商学院排名及2014年著名 MBA 市场营销排名

学校	2015年世界排名(财经时报)	国家
哈佛商学院	1(2)	美国
伦敦商学院	2(7)	英国
宾夕法尼亚大学沃顿商学院	3(3)	美国
斯坦福商学院	4(6)	美国
INSED 商学院	4(4)	法国
哥伦比亚商学院	6(8)	美国
MIT 斯隆商学院	8(13)	美国
芝加哥大学布斯商学院	9(14)	美国
加州大学伯克利分校汉斯商学院	10(11)	美国
IE 商学院	12(5)	西班牙
西北大学科龙戈商学院	14(1)	美国
IMD 商学院	20(26)	瑞士
杜克大学福库商学院	21(16)	美国
牛津大学萨义德商学院	22(22)	英国
达特茅斯学院塔克商学院	23(21)	美国
印度管理学院艾哈迈德巴德商学院	26(17)	印度
SDA 伯克尼商学院	26(12)	意大利
印度商学院	33(29)	印度
克兰菲尔德管理学院	45(46)	英国
印第安纳大学凯莉商学院	62(37)	美国

注意:括弧中为市场营销排名。

MBA 市场营销学有何内容？它对你有何用处？

几乎所有挂牌上市的大公司都会雇佣一批拥有 MBA 学位的人。2015 年，麦肯锡雇佣 188 人，BCG 雇佣 138 人，德勤雇佣 119 人，JP 摩根雇佣 103 人，亚马逊雇佣 94 人。继续往下依次是谷歌雇佣 63 人，微软雇佣 54 人，苹果公司的创始人史蒂夫·乔布斯虽然没有上过 MBA，但该公司从杜克大学福库阿商学院雇佣 29 位拥有 MBA 学位的人，而现任 CEO 提姆·库克本人就拥有 MBA 学位。

首席执行官拥有 MBA 学位，苹果绝不是唯一的公司。《财富》杂志评选的 500 强公司中有 165 家都是由拥有 MBA 学位的人来打理的。如雪佛龙的约翰·S. 华生，通用电气的杰夫雷·R. 易默尔特和惠普的玛格丽特·库什·惠特曼（即玛格）。仅仅哈佛商学院一家就有 12 名不同凡响的毕业生入围 2016 年美国公司拥有 MBA 学位最高收入 CEO 的 50 强。据福布斯美国收入最高主管的最新排名，2016 年美国公司 100 个收入最高的 CEO 中就有 40 位取得 MBA 学位。

如果有人想要拥有更为全面的能力，在自己所效力的企业发挥更大的作用，塑造乃至引领企业的发展方向，唯一掣肘的是缺乏专业营销学知识，那么，他可以从这本书中学到必要的知识，与 MBA 毕业生站在平等的起跑线上参与战略决策，并且始终保持如鱼得水、得心应手的状态。这本书深入浅出，无论公共还是私营部门，无论企业规模大小，任何职业人士都可以掌握其中的内容，并且能够在与欠缺相关知识的同事竞争中占据优势。

市场营销学由几门学科组合，每门学科又由各自的科目构成。这些学科包含一些有用的工具，你可以运用它们有效地分析企业的营销状况，可以在做出决策之前，充分考虑企业的内部信息和市场的外部信息，以及竞争对手的情况和一般的商业环境等。

本书的重点内容是"概念"和"工具"。商业界充斥各种自相矛盾的理论和观点，它们都试图解答企业是否能够和应该怎么经营才能取得更好的业绩等问题。这些理论和观点不断地翻新花样，可能一会儿流行，又很快落伍，那些不久前还甚嚣尘上的理论，马上就被新的理论所取代。就连看起来全新的概念，往往也不过是旧瓶装新酒而已。打个很贴切的比方，木匠的工具箱里只有几样工具，他可以用这几样工具制造出各种各样的数不清的产品。木匠打造的最终产品是否成功，一半要看他使用工具的娴熟程度，一半要看他在特定时期所处的大环境。瞥一眼木匠的工具箱，你会看到有几样工具是必备的，世世代代几乎没有变过——改锥、老虎钳、扳手、细刨床、各种锯子和锤子等。

　　举例说明，在商业界，没有普遍适用的最佳资金结构这种东西，也不存在推向市场的产品的合适数量和万无一失、必然获益的收购行为。是现有产品和服务的增长率更高，还是开发新产品、打入新市场的增长率更高，这个问题的答案因企业的类型和货币市场运行情况的不同而有所不同。同一家企业在不同时期、采用不同的战略时，这个比值也不尽相同。如果企业除了采用具有一定风险的财务战略，还实施较高风险的营销战略，比如多元化、大量使用借来的资金而不是股东的投资，那么，该企业面临的风险也许更大。但是不管企业做出何种选择，用来评估它在营销方面的相关优势及劣势的工具始终不变。这些学科所使用的概念和工具也是这本书需要说明的，它告诉你怎样使用某种工具或者全面运用多种工具来评估一家企业的状况。

—— MBA市场营销学的核心课程

　　MBA市场营销学课程由几门学科构成。许多商学院避免深入探讨这几门学科的一些根本要素，因为作为研究或者职业发展的题目，它们被认为实务性太强，趣味性不够，而作为学术研究的课题，它们又过于偏重于技巧。一个典型例子就是销售。销售当然属于营销的范畴，可是让 MBA 学员感到诧异的是，教学大纲里经常完全看不见它的踪影。营销、分销与物流、市场调研、广告、行业营销、战略沟通和营销学的每个分支都有成千上万名教授，可是却没有讲授销售的教授。而多数企业管理者，还有在校大学生，都觉得 MBA 的一部分价值应当体现为具备扎实的销售和销售管理知识。

你可以在著名商学院的课程表中找到 MBA 市场营销学的下列核心课程：

● 市场营销概述：市场营销的缘起，市场营销的定义，营销在网络时代的作用，了解市场——消费者、B2B、营销组合——市场营销策略的核心概念等。

● 买方行为：了解客户、消费者如何做决策，企业买主如何做出决策，市场调研，案头和现场调研的方法，关系营销等。

● 营销策略：通用方法——聚焦营销、差异化和成本领先战略、细分——方法和流程，市场份额，产品和服务定位，打品牌或不打品牌，目标市场，竞争对手分析等。

● 产品和服务：定义产品和服务，了解产品和服务组合，产品的生命周期模式，质量定位，延伸产品的服务线，推出新产品，新产品和服务的接受和应用周期，保护知识产权等。

● 促销和广告：沟通策略、确定广告媒体，确定促销组合，公共关系，销售推广，人员推销，使用数据库，采用有效的网上策略，测量广告效果等。

● 渠道和分销：营销渠道及它们如何增加价值，零售，批发，直接推向市场的渠道，垂直营销系统（VMS），水平营销系统，分销策略标准，选择渠道合作方，营销物流。

● 定价：成本加成定价法，收支平衡定价法，价值定价法，竞争定价法，高价策略相对于市场渗透策略，价格密封和招投标，产品组合定价，实时定价模式，细分定价，谈判及其对定价的影响，应对外汇风险等。

● 营销中的数学：为了看懂营销数据的基础统计学，要了解销售预测和预测方法，库存管理，营销决策工具和概率，营销时间表——甘特图，关键路径管理（CPM），计算利润率和产品或服务的盈利性，分析营销投资决策。

● 营销组织的管理：营销组织表现为怎样的行为，营销策略和与之相对的结构、制度和人员，结构的多种选择——职能型、矩阵式和战略业务单位（SBU），招聘和营销团队的管理，为变革制订计划等。

● 营销和法律：数据处理，广告要求，标识规定，消费者保护，信用销售，远程销售和网上交易，退货和退款，筹款，环境保护，营销伦理等。

● 制订营销预算和计划：设定营销目标，采用增长矩阵——安索夫矩阵、波士顿矩阵、GE矩阵及其他，设定营销预算，偏差分析，使用营销规划软件，用宏观经济指标做出营销决策，收购和合并策略的营销等。

新增核心通用MBA课程：会计，金融组织行为与战略。

—— MBA市场营销知识的主要用途

营销和对客户和竞争对手的"知己知彼"，是贯穿所有决策的幕后因素，除非管理者确实掌握了其中的奥秘，否则在重大的经营决策中始终会逊色一筹，特别是具有战略意义的重大决策。有了较为广博而扎实的营销知识基础，管理者可以为自己开创更多、更为多样化的事业道路。

这本书和商学院讲授的营销学专业知识可以让学生做好准备，充分掌握营销理论和实践，学会必要的技能，在工作中运用营销工具执行任务，具备分析能力并对营销业绩造成积极的影响。学生如果具备了上述能力，就可以掌握以下本领：

● 进行营销分析，具备战略视角，在企业做出重大决策时，可以作为合作者与最高管理层有效地互动。

- 在进行营销规划、控制和竞争对手分析时充分发挥作用。
- 能够积极参与收购决策,包括购入、出售和建立合资企业。
- 能够制订商业计划,进行财务预测。
- 随时知道去哪里寻找关于某家企业或某个市场的具体信息。

MBA市场营销学知识也可以为你打开机会的大门,促进事业发展或者及时改变事业道路。它涵盖的领域非常广泛,包括商业分析、企业合并和收购等。卡耐基·梅隆大学泰珀商学院(Teppper School of Business)始终排在世界著名商学院的行列,它追踪调查了本校市场营销学毕业生在200多家企业的任职情况,它的毕业生遍及各地,从雅培实验室(Abbott Laboratories,制药企业)到苹果、谷歌、雅虎,当然还有微软等各大公司。MBA市场营销专业的毕业生开创事业的其他领域还有咨询、银行业和公共服务,其中包括医院管理、贸易机构、联合国和世界银行等。牛津大学的赛德商学院为其毕业生列出了"环保主义"的事业之路,包括在非洲主持慈善活动等。赛德商学院还提供斯科尔奖学金,由eBay的共同创始人杰弗里·斯科尔(Jeffrey Skoll)设立,每年为5位学生支付学费和生活费,旨在鼓励学生在社会创业领域开创一番事业——公益部门的市场营销专业MBA也越来越收到大众的认可。

这本书的体例和使用方法

本书各章分别论述著名商学院开设的MBA课程中一门核心科目的主要内容,书中提供了课外阅读和参考读物的链接,还有网上图书馆和资料来源、案例研究和自测题目,你可以通过自测题来检查自己的学习效果。

你应该根据自己所掌握的市场营销知识的多寡制订计划,学习12章内容,每一章各花两天左右的时间。你应该拟定一个时间表,把读完这本书的时间控制在一个时间段内，如在12周、24周或36周之内。然后分别标出你为每一章留出的时间，别忘了要留出一个小时左右来复习和做总结。在最后接受考试之前，还要留出几天复习时间。

每一章内容的理论重点和实务都与商学院的教学大纲遥相呼应，你可以与商学院的学生就所学内容交流心得。

最后一章"新增通用MBA课程"包含MBA毕业生在日常工作中多多少少会用到或者必然会用到的一些辅助工具。每位MBA学员，不管他就读的是普通的MBA课程，还是像本书这样的专业MBA课程，都必须学习4门必修课：市场营销学（本书的专题）、金融和会计、组织行为以及战略。你应该根据自己在这些领域所掌握的知识多寡来制订计划，分配30天的学习任务，留出最后的6天时间学习最后一章的内容。

—— 案例教学法

案例教学法由哈佛商学院首创，并由克兰菲尔德、米兰博科尼（Bocconi）、巴塞罗那Esade和法国INSEAD等商学院积极推广开来。克兰菲尔德是欧洲案例研究清算所（The European Case Study Clearing House）的主办方，在这些商学院，案例教学法都是常规的教学法。商学院以案例研究为手段，让学生运用课堂上学到的理论，用真实社会的案例检验自己的学习效果。这么做在道理上完全说得通。学生们在分析当年处在特定困境中的某家企业时，不得不像它当年的管理者那样，处理纷繁的事务，绞尽脑汁做出明智的决策。案例教学法让学生有机会在课堂上分析复杂的商业形势，在并不了解全部相关状况的条件下说服他人接受自己的观点。

当然，你也许不是在课堂上学习，而是自己经营一家企业，正在考虑公司所面临的问题。或者你打算自己创业，已经洞察到了某种商机，认为它是创业的好机会。或者你在某家企业任职，正在从各个侧面打听另一家企业的状况，为跳槽做好准备。简而言之，在上述多种情况之下，案例自然而然摆在你面前。你甚至不得不面对数不清的泼冷水的人，他们都想让你打消念头，你必须与他们辩论，举出理由，说明你的决定是多么地英明。

这本书挑选了几个较短的案例研究，可以让你对案例教学法有些初步的了解。

🌐 网络学习资源

网络学习资源利用好了可以拓展并巩固你的学习成果。在在线视频讲座中，你会找到相关主题的课堂讨论和展示。除个别情况外，都是由几家主要的商学院教师员工发布并可以免费获取的。有些商学院提供全套的课程多达二十几门。你可以通过点对点的社交学习工具收到如同本人亲自上课同样效果的所有信息，包括教学笔记、讲义、研讨论坛等。大部分讲课全天可用，但部分课程一年内分四次定期开通。有的课程你可以选择学完后获得成绩证书，或者选择旁听该课程。任何人都可以通过全天 24 小时开放的虚拟课堂学习。

全部课程都是通过两大慕课（Mooc）平台之中的一个来发布的，除了有些课程的证书认定需要付费之外，大部分课程都是免费的。另外，旁听课程一律都是免费的。

—— 免费大型公开在线课程

2012 年成立于斯坦福大学，其使命就是"向全球提供最优质的教育"。该教育平台的成员全都是全球著名的大学和组织，能够提供免费的在线课程。有超过100多所高校提供线上课程,其中著名的有斯坦福大学、IE商学院、耶鲁大学、普林斯顿大学、西北大学、罗格斯大学、杜克大学、哥本哈根商学院、东京大学、巴黎高等商学院、哥伦比亚大学、路德维希-马克西米利安-慕尼黑大学等。

—— 大规模开放在线课堂平台EDX

大规模开放在线课堂平台于2012年5月由麻省理工学院和哈佛大学创办。400多门课程分别来自麻省理工学院、哈佛大学、加州大学伯克利分校、加州理工、乔治敦大学、巴黎索邦大学、北京大学、印度理工学院(孟买)、莱斯大学、东京大学、哥伦比亚大学、澳大利亚国民大学和康奈尔大学。该平台的目标是致力于打造杰出的教学机构,提供一流机构最高质量的课程。

很多慕课课程提供者和参与Coursera和EdX项目的大学通过其校园网站运营自己的慕课,需要提及的是这些课程不是很轻易得到的。这里提供的讲座和课程的有益补充途径就是使用MERLOT11的"搜索Merlot"搜索栏。这些字母分别代表着在线教学多媒体教育资源(Multimedia Educational Resource for Learning and Online Teaching)。Merlot项目始于1997年加州州立大学分配学习中心。对于学生来说,了解这些搜索工具是十分必要的。

目 录

第一章　市场营销概论 \ 1
- 了解市场 \ 4
- 网络时代的营销 \ 5

第二章　买方行为 \ 19
- 了解客户 \ 23
- 产品性能、利益和证明 \ 28
- 市场调研 \ 30
- 规则制定者，用户和客户 \ 46
- 市场分类的价值标准 \ 47
- 抵达这一领域额 \ 48
- 市场细分给公司带来的效益 \ 49
- 后记 \ 52
- 市场细分的帮助资源和建议 \ 53

第三章　市场营销战略 \ 55
- 制定营销战略——概论 \ 61
- 设法衡量市场 \ 71
- 品牌 \ 77
- 市场组合 \ 80
- 起源 \ 81
- 采用营销组合 \ 82

- 为营销组合提供帮助和建议的参考信息 \ 87

第四章 产品和服务 \ 89

- 一般产品门类 \ 94
- 产品/服务生命周期 \ 96
- 质量 \ 102
- 过程 \ 106

第五章 广告与促销 \ 109

- 打广告的法则 \ 112
- 网站和在网络上树立正面形象 \ 121
- 追踪网站访问量 \ 124
- 社交媒体策略 \ 126
- 改善市场情报 \ 128
- 增强公司形象 \ 129
- 推销 \ 132

第六章 渠道和分销 \ 137

- 渠道的结构 \ 140
- 分销渠道 \ 145
- 物流 \ 149
- 外包 \ 151
- 有形展示 \ 155

第七章　定价 \ 157

- 经济学理论和定价战略 \ 159
- 定价决策及其与成本、交易量和最终利润的关系 \ 164
- 定价策略——市场营销方案的多种选择 \ 175
- 检查你的产品和服务 \ 179

第八章　营销组织的管理 \ 185

- 战略和与之相对的结构、人员和制度 \ 187
- 结构的多种选择 \ 189
- 人 \ 202
- 散步式管理（MBWA）\ 203
- Skype 和视频会议 \ 206
- 项目和功能管理软件工具（如 Basecamp、Salesforce）\ 206
- Google 文档-实时工作协作 \ 206
- 制度 \ 208

第九章　市场营销中的数学 \ 215

- 定量研究与分析 \ 218
- 预测 \ 224
- 调查和样本大小 \ 227

- 市场营销运作 \ 228
- 营销投资决策 \ 232

第十章 市场营销与法律 \ 237

- 贸易规则 \ 240
- 就业立法 \ 242
- 知识产权 \ 244
- 市场营销的伦理学 \ 250

第十一章 营销计划和预算 \ 259

- 制订营销计划——工具和方法 \ 261
- 营销和商业计划 \ 265
- 预算与偏差 \ 271
- 季节性与流行趋势 \ 274

第十二章 其他的 MBA 核心课程 \ 277

- 会计与金融 \ 280
- 众筹 \ 309
- 组织行为 \ 310
- 战略 \ 317

第一章
市场营销概论

- 考察市场
- 了解客户
- 营销组合
- 网络时代的难题
- 丰富性与覆盖面相结合

第一章
市场营销概论

营销虽然不是商学院发明的,但营销作为一门学科的突出地位无疑是商学院确立的。《市场营销导论》(*Principles of Marketing*)和《营销管理》(*Marketing Management*)是西北大学凯洛格管理学院的菲利普·科特勒(Philip Kotler)写的两本关于营销的经典著作。几十年来,这两本书是世界各地管理学课程的基本阅读书目。过去15年来,该学院的管理系在国内和国际排名调查中名列前茅。

营销的定义是,确保合适的产品和服务在合适的时间以合适的价格进入合适的市场。这句话的要点在于"合适"这两个字。交易必须能够让客户达到某种目的,如果客户不想要你的东西,那么游戏还没开始就已经结束了。你必须提供价值和满意度,否则人们要么会选择明显比你占有优势的同类企业,要么购买你的产品或服务以后很不满意,今后不会再次购买。更糟糕的是,他们也许会向许多人说你的坏话。对于身为营销人员的你来说,"合适"就意味着必须有足够多的顾客想要购买你的产品或者服务,保证让你的公司能赚到钱。最理想的情况是,这个客户群应该变得越来越大而不是越来越小。

因此,营销不可避免地成了供应商和顾客双方之间的一次发现之旅,双方可以从彼此身上学习,并且希望能够共同成长。营销的起点是顾客脑子里有想到的东西,也许营销必须触动顾客自己几乎没有意识到的情感,终点是通过物流和支持系统把产品和服务送到顾客手中。从公司到消费者,这条价值链的每个环节都可能增加价值或者毁掉这笔交易。举例说明,亚马逊商业主张的根本是极其高效的仓储和送货系统,以及几乎零成本的退货模式。如果顾客对产品不喜欢，马上可以得到退款。这些要素的每个环节都是亚马逊营销战略的重要部分，其重要性丝毫不亚于它的产品系列、网站设计、谷歌排名或者薄利多销的定价。

营销也是一项迂回曲折的活动。你会看到，随着深入钻研下面的题目，在你继续往下看之前先要回答几个问题。实际上，一旦你有了答案，就必须回头复习前面的内容。比如，你对相关市场大小的看法也许会受到细分市场和竞争地位评估结果的影响。

🌐 了解市场

所有的产品和服务都有由消费者构成的市场。市场有两种不同的类型。第一种是消费品市场，产品和服务主要由同一个人或者他身边的某个人购买和使用，其目的是满足个人需求而不是谋求经济收益。第二种是企业间（B2B）市场，交易双方都期待赚钱，双方只是处于同一条与终端消费者相连的链条上而已。一家食品加工企业生产比萨，它也许会从其他企业购买原料，然后把制成品卖给超市或者其他零售店。超市和零售店再把比萨卖给真正吃比萨的顾客。当然，顾客购买比萨，也可以只是为了请其他家庭成员享用。市场状况有时候相当复杂，琐碎烦乱，从原材料到终端消费者或者终端用户的链条上会牵涉到各种各样的作用力，营销人员必须做到对所有的作用力心中有数。

—— 消费者

相同的产品或者服务可以派上很多种用途，让不同的终端消费者获取大相径庭的满足感，或者满足消费者截然相反的需求。对消费者的营销必须能够潜入他们的内心深处，看到他们的需求、欲望、偏好和抱负：这些内容将在后面的章节进行深入探讨。当然，还要搞清楚他们在哪里购买，网上还是网下，他们打算花多少钱，还有哪些因素会影响他们的选择，比如，社会经济状况和教育背景等。摆在营销人员面前的问题是，市场不是静止不变的，随着市场的成熟和发展，利润最高的路径也许会从 B2B 的销售转变为面向终端消费者的销售。

—— B2B 市场

虽然终端消费者看不见 B2B 市场，但是这个市场其实比消费品市场更大，更加多样化，更为复杂，利润也更高。回到我们购买比萨的顾客的例子，在把比萨陈列在零售店的过程中，有十几家企业参与进来并发挥了作用。仅以制作比萨必不可少的奶酪为例。奶酪还只是比萨诸多配料中的一种，就经过了多家企业的道道工序才出现在零售店里。我们用牛奶来举例说明。必须有人饲养奶牛，保证让奶牛生长健康，为它们提供温暖舒适的环境，要用正确的方法挤奶并加以储存，牛奶还要从奶农那里转给下游加工企业。参与这个 B2B 交易过程的有奶农、农药公司、挤奶设备制造商、建筑师、运输企业和奶酪加工企业等。

网络时代的营销

网络诞生之际，便如同许多增强人类技能的科技——蒸汽机、电和电话等一样，成了人们竞相发表各种猜想的话题。不过，网络是在什么时候诞生的？

1845 年，范内瓦·布什（Vannevar Bush）在《大西洋月刊》(*Atlantic Monthly*)写了一篇文章，提出了信息机器 Memex 的构想，这是一种把胶片、电力和机械结合起来的技术，它用微缩胶卷存储信息，可以不断往里添加新信息，并方便地切换到其他胶卷。这一年是网络诞生的年份吗？几十年以后，道格拉斯·恩格尔巴特（Douglas Engelbart）发明了多媒体编辑工具 NLS 系统，可以进行超文本的浏览、编辑以及发送电子邮件等。他为此发明了鼠标，不过发明鼠标的功劳常常被错误地安在苹果公司的几位电脑天才头上。网络是诞生于这个时候吗？

还有人认为网络于 1965 年诞生。这一年，泰德·尼尔森（Ted Nelson）在一篇题为"一种复杂多变、模糊不定的文本结构"（A file structure for the complex, the changing, and the indeterminate）的论文中提出了"超文本"的概念，计算机协会（The Association of Computing Machinery）在纽约组织召开了第 20 届全国大会，尼尔森向大会提交了这篇论文。还有一些人认为网络诞生的正确年份应当是 1967 年，这一年安迪·范·达姆（Andy van Dam）和其他人发明了超文本编辑系统。

许多人自称网络的接生婆，最为人信服的也许是蒂姆·伯纳斯-李（Tim Berners-Lee），他是欧洲粒子物理研究所（European Organization for Nuclear Research，CERN）的一名咨询师。1980 年 6 月到 12 月间，他编写了一个在线编辑程序"Enquire"（Enquire-within-upon-everything）。它可以在任意节点之间建立连接，每个节点都有标题、类型，还有一个双向链表。"Enquire"在 Norsk Data 电脑上的 SINTRAN III 下运行。伯纳斯-李的初衷是让全世界的物理学家能够使用不同的电脑系统建立连接，在 CERN 上互相"交谈"，实现全世界同行之间的交流。

互联网世界统计（Internet World Stats）追踪了自 1995 年以来互联网呈几何级数的迅猛发展。1995 年，互联网的用户只有 1600 万人，占世界人口的

0.4%。仅仅 25 年间，到了 2014 年，互联网用户数已经达到 3035749340 人，占全球总人口的 42.3%。美国在互联网领域仍旧是一枝独秀，互联网接入率高达 87.7%；而同期非洲互联网的接入率则为 25%，亚洲的这一比例为 1/3；中东、拉美及加勒比地区有一半人口接入了互联网。

—— 新在哪里

  我们会在后面的章节，特别是第二章谈到马斯洛的著作。马斯洛提出的一种理论认为：消费需求是持久的，只是满足消费需求的手段在不断改变而已。这就使市场营销的整个概念具有了一定的连贯性和稳定性。但是网络却使一切发生了天翻地覆的变化，它改变了传统的交易方式，即企业和商家把顾客想要的东西卖给他们，企业和商家向顾客提供产品，使自己能够维持经营。

  可是在网络诞生的前十年左右，它给商业社会造成的唯一确定无疑的结果却是巨额的财产损失。自网络诞生之初直至 2002—2003 年，网络公司的投资者损失了数千亿美元。第一代网络公司提供的产品大多没有什么独特性可言，只不过是在"网上"进行而已。市场的新进入者如果没有独特的产品或明确的目标，不知道如何在顾客眼中树立良好的形象，往往只剩下打价格战这一条路可走。与实力雄厚的大公司相比，新成立的小公司不太可能打赢价格战。最早的网上图书销售公司并没有给相当成熟且自成规模的图书市场添加什么亮色。食品零售商在网上提供的产品也别无新意。顾客多半可以在近便的地方买到自己想买的图书或者瓜果蔬菜，购物时间也可灵活掌握。网络唯一可能吸引的人群是农村人口，他们的购物渠道不那么丰富。这个市场的缺憾在于：农村人口不大上网，购买力也没有城市居民那么旺盛。结果造成了少数人大打价格战的局面，即便在网络发展的黄金十年，也几乎没有人赚到钱。

—— 丰富性与覆盖面

传统的交易是厂家和商家把量身定做的产品和服务交给目标客户，满足他们的需求，厂家和商家实现规模效益；网络在很大程度上打破了这种传统格局。过去，搜罗一本二手书是劳心费力的事情，代价高昂，几乎难于上青天。今天，只需鼠标一点，就可以把它找到。让一家实体零售店 24 小时开业是毫不值得的，它的成本高得离谱；可是网上销售却不受时间限制，可以实现规模效应。过去，一家小公司要想开展全球业务，必须经过多年的经营和策划，否则无法想象；如今有了互联网，它可以把产品卖给全世界任何一个地方的任何人。公司只需投入建立网站的费用即可，网站的成本只有几百美元；公司也无须花费更多心思，只需把几个关键词语翻译成外文，处理一下付款方式和汇率问题即可（见图 1.1）。网络把马歇尔·麦克卢汉（Marshall McLuhan）在 20 世纪 70 年代提出的预言变成了现实，当时这位富有远见的加拿大营销和传播理论家提出了"地球村"的概念。

丰富性
- 带宽或者可以传播的数据的量
- 能够针对买方的特殊需求，定制产品或者服务
- 买方与卖方可以互动
- 服务可靠性
- 数据和交易流程的安全性，包括支付系统
- 当前性——数据是否为最新
- 全天候运营，每天24小时、每周7天
- 语言不再构成障碍，便于全球覆盖

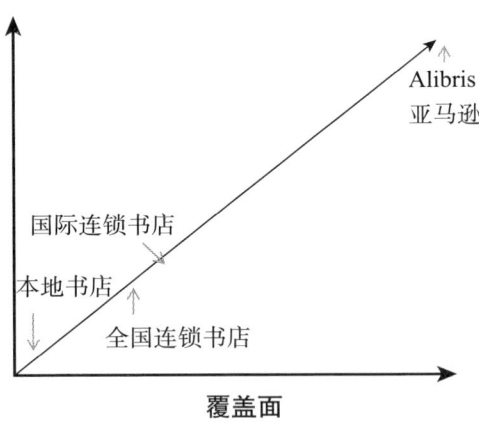

覆盖面
- 可以接触到的人群/客户的数量
- 地域范围
- 分销渠道的新媒介

图 1.1　丰富性与覆盖面

几百年来，产品和产品的分销系统原则上没有什么改变，但是它们的销售方法则日新月异，图书行业是个有力的例子。很久以来，至少从读者的角度看来，书的样子基本上没有太大变化。虽然近年来出现了新趋势——出版公司推出了迎合客户需求的定制图书，还有电子图书也应运而生，比如，亚马逊的Kindle，可是，读者捧在手里的东西大致还是原来的样子。网络对图书行业真正造成的改变是图书进入市场的方式、它们所能延伸的范围以及全新的商业合作关系和隶属关系。Alibris的案例就有力地说明了网络如何影响营销战略的制定和执行。

案例研究　Alibris

Alibris是互联网上最早的出售绝版珍贵图书的网站。它开办于1998年，通过自己的网站采用全球值得信赖的销售网络将首版、签名版图书和其他珍贵的古书推到更广大的市场上，它是这一领域的先驱者。2015年时公司在市场仍旧活跃，但是已经面临激烈的竞争。2008年亚马逊公司收购了AbeBooks时提高了股价。AbeBooks成立时间比Alibris还要早三年，是来自于维多利亚的两对夫妇出资成立的。AbeBooks在加拿大不列颠哥伦比亚省的维多利亚总部仍旧保持独立经营状态，并且在德国杜塞尔多夫设有欧洲分部。毋庸置疑，Alibris也开始了公司的并购。2010年2月23日，公司宣布收购Monsoon Inc.，后者是一家总部设在俄勒冈的点子公司。Alibris是一家网上商城，独立卖家可以在它的平台上进行新旧图书、音乐和电影买卖，它由此让全世界45个国家的独立卖家聚集在一起。它为消费者、图书馆和零售商提供了1亿多部二手书、新书、绝版书以及影视和音乐作品。

Alibris创立于1998年，缘起于书商理查德·韦瑟福德（Richard Weatherford）酝酿了很久的一个点子，他喜欢旧书和新技术。理查德在大学里教了几年书,后来转行做起了古董书生意,在自己位于西雅图附近的家里用专门的目录销售二手书,西雅图后来也成了亚马逊的总部驻地。

  Alibris是一家只能存在于网络时代的公司。只有网络时代才能提供丰富的资讯,使人们能够搜寻到很难找到的二手书,并且通过网络遍及全球的覆盖范围,把成千上万的卖主与数千万的买主集合到一处进行交易。公司从创办之初就建立形成了复杂专业并且低成本的物流,使之能够处理订单、包装、海关发票和低成本海外送货等诸多事务。因为Alibris收集了大量与图书交易相关的信息,公司渐渐能够向顾客和卖主双方提供及时而关键的市场信息,比如,价格、可能的需求量和产品的多寡等。2015年Albiris已经在网络上聚集了很多声名显赫的合作方,几乎所有的从业企业如亚马逊,巴诺公司(Barnes & Noble)、Blackwell、Follett和Foyles,另外还有一些醉心于购买珍贵图书的发烧友所熟悉的公司。

—— 海量的智能数据

  营销人员不知餍足地渴望获取信息和数据。他们对一切可能帮助他们了解客户的需求、偏好、购买习惯或者购买力的信息都持来者不拒,多多益善的态度。网络给信息收集带来了两个重要的特点。首先,信息可以实时收集。这意味着他们收集到的信息是最新的,也许比几周前或者几个月前的信息更为有效,当时的市场或许呈现为另一番态势。比方说,我们无法想象,2009年6月股价直线下跌的时候,有一位股票经纪人想要分析股票投资人的观点,依据的却是几周乃至几天前收集到的信息。

——打破障碍，使游戏规则更加平等

成功的营销策略有一个标准，那就是让新进入者无法轻易打入自己的市场，或者至少让他必须付出你曾经付出的成本，才有可能打入市场。在网络时代，实力雄厚的大公司与市场的新进入者之间的游戏规则变得平等。在许多情况下，市场上老资格的玩家，不管它们看起来多么不可撼动，它们早期付出的投资都几乎不再起作用。伦敦的劳埃德保险公司拥有从事保险业长达300多年的悠久历史，可是，通过网络和电话进行的保险直销出现之后，它一下子就被打败了。

案例研究　英国在线零售平台 Moonpig

2015年4月，克兰菲尔德的MBA尼克·杰金斯有理由对其人生的新阶段兴奋不已了。他加入了经久不衰的有英国电影学院提名的BBC的一档节目"龙潭"。该节目主要见证了新手企业家为争取获得启动资金而开展的宣传。时年46岁的尼克在1999年启动了他的个性化在线贺卡业务 Moonpig，尽管低调的他自信公司会获得成功，他也没有料到自己起初的想法会有这么大的发展。2011年7月，公司成立仅仅12年后，他将公司以1.2亿英镑的价格出售给法国一家提供网络相册的公司 Photobox。

Moonpig 自身提供一系列超过1万种个性化的贺卡，用户可以自行添加照片、姓名和他们自己的信息。正是由于电视上那些令人讨厌但难以忘记的叮当声，公司现在年营业额超过3200万英镑，纯利润达110万英镑。

在开办公司之前，尼克在莫斯科从事了八年的商品贸易，主营蔗糖业务。一次棘手的交易之后，他的房门上被人钉上了死亡威胁，加上对这一行当失去了热情，一家贸易公司一次性出资收购了他的全部产权使

他又回到了英国。回国后他在克兰菲尔德开始了 MBA 的学习，在校期间他萌生了一些创业的想法。他酝酿并书写了公司方案就是开办 Moonpig，毕业一周之内他就开始把公司组建了起来。

尼克·杰金斯知道以公司的名义依靠口头促销也不乏是一个合适的特性。他想要一个容易被人记住的域名并且还要滑稽有趣以便人们乐意向朋友介绍谈起。他当时在寻找一个两个音节的域名但是没有找到合适的，但又不想从别人那里花钱购买。尼克在学校里的绰号 Moonpig 就这样被派上了用场。当时如果你在谷歌上输入这个词后，什么也找不到，这倒有了另一个好处，它可以成为很好的一个 logo。人们很容易记住这个带着宇航员头盔的猪的形象。

—— 网上卖场与实物店铺

当然，网络交易世界和"现实社会"的商业世界是有所重合的，有时候还会相互转化。例如，2009 年，英国的百年老店 Woolworth 在繁华的商业街上倒闭，却在网上起死回生。许多传统企业进入电子商务的领地，在建立网上卖场的同时，也保留了原来的实物商场。一家全国连锁的零售企业宣布，它要成立单独的电子商务分支；开展这项新业务的一大好处是："客户了解和信任我们，使我们具有得天独厚的竞争优势。"这种信任源自顾客能够实实在在地看到公司所代表的品质。英国一家领先的互联网软件公司推出一款软件，该软件提供一种智能网络工具，它能够对顾客的购买习惯做出反应，根据顾客表现出来的兴趣向顾客推荐相关的话题和网站。它希望用这种做法来建立类似的相互信任，只不过是在网上。公司在本地经营店铺，供顾客"挑选并进行包装"，然后用较小的交通工具在本地范围内送货上门。

—— 病毒式营销

人们发明了病毒式营销这个词，用来形容网络的威力；它能够通过口碑宣传，迅速激发人们对某样产品的关注和兴趣。为了了解这种现象背后的数学力量，我们来简短地回顾一下近年来通信技术的发展及其运作原理。最简单的通讯是"一对一"的播放，比如，电视和收音机。在这些系统中，网络的总价值与听众的规模存在简单的正相关关系：听众规模越大，你的网络的价值就越高。数学上，听众规模用 N 表示，网络的价值随着 N 值的升高而升高。这种关系被叫作萨尔诺夫法则（Sarnoff's Law），该法则是以广播和电视媒体界的先驱萨尔诺夫命名。接下来更高一级的价值来自电话网络，这是一种"多对多"的系统，人人都可以与别人建立联系。这种关系中的数学公式稍微有所变化。N 个人与他人建立联系，其中每个人都可以与 N–1（减去自己）个人建立联系。所以，N 个人与人建立联系，可能建立的联系的总数是 N（N–1），或者 N^2-N。这种关系被叫作梅特卡夫法则（Metcalf's Law），这是以计算机网络的发明者鲍勃·梅特卡夫（Bob Metcalf）而得名。根据梅特卡夫法则，网络的规模随着 N 值的增加而急剧增加，远远大于单纯的一对一网络。不过，网络还补充了一个新特点。网络用户除了可以相互交谈，还可以组成小组，这是电话用户很难做到的。任何一位网络用户都可以加入讨论小组、竞拍小组、社区网站等。这时候，它的数学就变得更加有趣。美国莲花软件公司（Lotus Development Corporation）曾经的雇员戴维·里德（David Reed）指出，如果某个网络有 N 个人，理论上他们可以组成 2^n-N-1 个不同的小组。你可以用一个较小的 N 值检验一下这个公式，比如说 N 等于 3，也就是 3 个人，甲乙丙。他们可以组成 3 个由两个人组成的小组：甲乙、甲丙、乙丙，还可以组成一个由三个人组成的小组：甲乙丙，一共可以组成 4 个小组，符合这个公式的计算结果。随着 N 值变大，网络的规模会发生爆炸性发展，如图 1.2 所示。

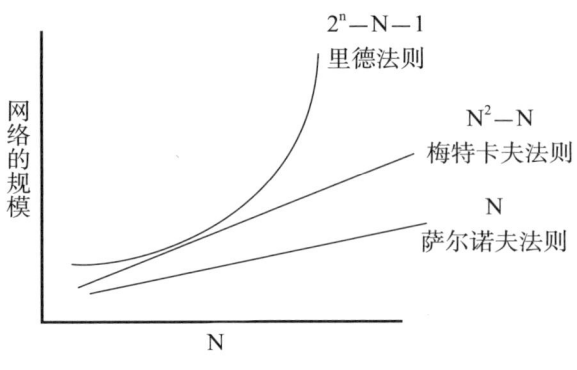

图1.2 网络中的数学

病毒式营销充分利用了梅特卡夫法则，这种营销法的诞生被归功于 Hotmail 的创始人，他坚持主张 Hotmail 用户发出的每一封电子邮件，都应该附有"免费注册 Hotmail 邮箱"这一行字。点击这一行字，收件人就会进入 Hotmail 的主页。由 Hotmail 公司自己发送这样的邮件不会起到多大的效果，可是，如果一位业务伙伴或者朋友发来的邮件下方附有 Hotmail 的主页网址，那么效果就会大不一样。业务伙伴或者朋友用 Hotmail 发邮件，表示他认可 Hotmail 的邮箱，他只要与别人沟通，就自动为 Hotmail 公司做了广告。这封 Hotmail 邮件让收信人了解到，Hotmail 邮箱很好用，自己尊敬或者喜欢的某个人已经在使用它。有害的电脑病毒在几个小时乃至几天之内就可以传遍全世界，你只要看看病毒传播的情况，就会明白病毒式营销的潜在威力。对于一家小公司来说，这种技术还有一个额外的好处，即它价格低廉，易于实行。你可以看看几个大型网站，从中汲取灵感和启发。进行图书交易的网店都为你提供了发送电子邮件给朋友的链接，让你可以方便地把自己在该网站"碰巧"看到的一本书推荐给朋友。旅游网站鼓励你发送电子邮件给朋友，把你自己不打算参加的优惠活动告知朋友。但是，病毒性营销的妙处和局限性是相同的，它只在你谈论一样好的产品时有用。谁也不会推荐自己不喜欢的东西给别人。

—— 新世界——新威胁

虽然有些公司认为，电子商务的好处寥寥无几，但他们还是发现自己面临着一系列全新的威胁。例如，在没有网络之前，公司面临的竞争对手是国内或者本地大大小小的公司以及世界其他地方的跨国公司。有了网络以后，总部设在世界各地的同类小公司也成了自己的竞争对手，他们都在争夺相同的市场。这样一来，公司的竞争对手无形中增加了成百上千个。

此外，这些同类的小公司行动灵活，具有远见，它们可以由于在网上占有一席之地而大大抬高自己所呈现的价值，至少抬高它们在顾客眼中的价值。即使它在网上开展的业务或者其他活动极少，也会抬高它的价值。网上店铺提供的一些好处是无关紧要的，可是顾客还是会因此对它留下好印象，认为自己有朝一日也许会加以利用。这种现象有一个生动的例子就是 24 小时零售购物。很少有人真的会在凌晨两点钟到超市购买蔬菜水果，可是如果超市打出这样的招牌，顾客就会更倾向于在这家超市购物，而不是光顾常规时间营业的同类超市。

综上，由于网络的出现，小公司面临的全新危险有：

● 它们有了遍布世界各地、规模不等、形形色色的竞争者，后者可以通过网络打入自己的市场。

● 网上交易几乎成了不得不开展的业务，随之而来的公司成本也无法避免地增加。公司如果不在网上开展交易，与那些建立了网站的公司相比会显得老旧过时。

● 没有进入电子商务并制定网络战略的公司会错过许多只能在网上达成交易的机会。对乡村市场尤其如此，因为网络为人们提供了原本只在大城市才有的选择范围。

● 它们的员工也许会跳槽到更具有刺激性的工作场所。

● 它们也许会错过通过电子商务节约运营成本的机会，从而失去竞争力，乃至在与其他公司的角逐中败北。

新世界——老机会

当然，网络还不能完全取代旧世界的经商格言和赚钱机会。市场上没有被人注意到的赚钱机会还有很多——网络不可能把所有的钱都赚走，总会给其他商业活动（无论其成功与否）留下赚钱的余地。网络真正提供的其实是一部分全新的暗藏的价值，类似于废品回收公司的生财之道。

案例研究 购买 Boo 的划算交易

2015 年 3 月，Lanker 公司的"全部业务的外包排名"将 Boo 列为历史上第 6 大失势的互联网公司。Boo 由 3 位瑞士的创业家厄恩斯特·马尔姆斯滕（Ernst Malmsten）、卡萨·利安德（Kajsa Leander）和帕特里克·赫德林（Patrik Hedelin）于 1999 年创办，它是第一家真正意义上的全球时装和运动服饰网上零售企业，或者说它想成为全球首家这样的网上卖场。《瑞丽》杂志形容卡萨和厄恩斯特是"欧洲两位名副其实的摇滚明星"。1997 年 8 月，他们创办的网上书店 bokus 轰动一时，出乎所有人的预料，迅速成了排在亚马逊和 Barnes & Noble 之后的世界第三大网上图书卖场。1996 年 2 月，帕特里克·赫德林受到挽留，担任了 bokus 的财务顾问，不久之后，他通过谈判达成了把公司卖给斯堪的纳维亚最大的零售和媒体公司、瑞典 KF 合作社（Swedish Cooperative KF）的交易。

Boo 就在这个时候诞生了。它的远景规划很明确——在 Boo 的一位创始人口中，它的目的是成为世界领先的网上时装和运动服饰零售商。实现这个目标的途径就是最前沿的网站和充满活力的团队成员、从世界各地精挑细选出来的时装、新媒体、营销、技术和金融。其结果是打造

"令人叹为观止的网上购物体验，我们认为这里的购物体验胜过目前网络上存在的一切其他体验"。这个零售网站还办了一份互动的网上杂志 boom 作为辅助，该杂志把世界各地的街头潮流、时尚、运动和技术全部融合到一起。

Boo 从一开始就致力于打造一个全球品牌，所以它同时在欧洲和美国开展业务。它还想创立一个极其成熟的网站。后来的发展变化表明，他们唯一达成的目标大概就是建立了这个网站。

在不到 18 个月的时间里，Boo 的团队"烧掉"了 8900 万英镑，包括奢侈品集团 LVMH 的伯纳德·阿诺德（Bernard Arnault）、贝纳通（Benetton）和高盛等在内的投资人默默承受了这一切。

时间很快到了 2010 年，丹·瓦格纳（Dan Wagner）仅以 24 万英镑的价格就在 Boo 遭遇重创之际攫取了它的剩余价值，也就是 Boo 网站的技术平台，瓦格纳用它来支持特易购（Tesco）的时装网站和 TK Maxx 及 Panasonic 的网站。瓦格纳的公司 Venda 是市场上的领头羊，它按照客户的需求提供电子商务解决方案。瓦格纳是早期的金融信息公司 MAID 的幕后推手，他成功地促成了该企业 1994 年分别在伦敦股票交易所和纳斯达克上市。瓦格纳经验老道，他擅长搜寻和达成划算的交易；他当年拒绝为 Venda 这个品牌名支付 500 万英镑，虽然他唯一想要的只是这个品牌名称；到了网络泡沫破裂之际，他仅花 1.2 万英镑就把它收入囊中。

第二章
买方行为

- 理解营销
- 了解客户
- 从财务角度限定值得获取的顾客
- 市场调研
- 市场细分

第二章
买方行为

在过去,顾客只是商家出售产品的对象,企业创新的重点在于降低成本以开拓更为广阔的市场。亨利·福特有一句名言曾被广泛引用:"只要是黑色,请你随便挑"。选择黑色曾经是为普通大众生产汽车的一条稳妥的、万无一失的战略。没有任何证据表明福特真的说过这句话,但是从1908年到1927年间,底特律的皮科特汽车厂(The Piquette Avenue Plant)在巅峰时代组装的T型车达到1500万台,它们的设计几乎是一成不变的。它成了除大众的甲壳虫以外,在市面上最为经久不衰的车型。尽管如此,T型车仍被认为是20世纪最有影响力的车型。

后来,商业社会把关注的重点从价格销售转变为营销,这个趋势被《哈佛商业评论》(Harvard Business Review)上的一篇文章捕捉到了。1960年,西奥多·莱维特(Theodore Levitt)在《哈佛商业评论》上发表了一篇题为"营销近视眼"(Marketing Myopia)的论文。莱维特1959年加入了哈佛商学院的教师队伍,于2006年6月去世;他后来陆续写过十几篇思想深刻的论文,但是没有一篇文章的销量能赶上这一篇,它当时售出了85万册。

莱维特理论的主要内容是,营销与销售的区别远不止是文字的差异而已。他认为,销售把重点放在卖方的需求上,营销则放在买方的需求上。销售一心考虑卖方的需求,也就是把产品变成现金,而营销则考虑通过产品和一系列与生产、交付以及最终消费相关的活动,满足顾客的需求。他接着指出,在有些行业,满负荷批量生产的诱惑力如此之强,以至于最高管理层几乎是耳提面命地告诉销售部门:"你们去把东西卖掉;利润的事让我们来操心吧。"相比起来,真正以营销为重的企业总是努力想要生产商品、提供服务,满足消费者的需求和价值预期。

莱维特看到，企业把重点从批量生产和销售转向了营销，这种转变的好处在于，消费需求是持久的，而产品却可能更新换代。他用铁路来举例说明，铁路是一项非常具有局限性的商业活动。在世纪之交的美国，精明的投资人对铁路趋之若鹜，对铁路投资极度忠诚；欧洲的君主也纷纷加入进来。当时人们的普遍观点是，铁路可以带来滚滚财源和无尽的利润，再没有其他交通手段能够在速度、灵活性、耐久性、经济性和增长潜力等各个方面与之媲美。即使汽车、卡车和飞机出现之后，铁路大亨们也依旧岿然不动。如果你告诉他们，再过几十年他们就会破产，届时他们将不得不请求政府补贴，那他们一定会认为你疯了。而这正是日后所发生的真实情况。莱维特指出，之所以出现这种情况，并不是由于社会发生了天翻地覆的变化。今天，人们依旧到处旅行，货物配送也在照常进行，只不过满足这些需求的方式变了。

少数企业家明白了这个道理，其中就包括理查德·布兰森（Richard Branson），他的维珍品牌拥有城市间的铁路公司，还在几家航空公司持有相当份额的股份。他创办维珍银河（Virgin Galactic），似乎要把整个交通运输业延伸到浩瀚的外太空。

案例研究　Dunnhumby

Dunnhumby的创始人克莱夫（Clive）和艾德维娜（Edwina）基于对买方行为的了解提出了他们整套的商业理念而成立了这家公司。这一理念是根据客户的行为来获取并分析客户数据，使得公司能够开展与客户关系更为紧密的营销活动。他们与雇主一起探讨这一方法，但是对方不愿将利润投资到这一全新的理念。克莱夫坚持认为这一想法值得一试，因此当他对公司缺乏远见失望之极时，从公司辞职，自己追求这一理想。当时艾德维娜已经与克莱夫结婚了，她回忆道，"他们认为我会与他们的企业形成竞争关系，十分钟后我就被解雇了。"她获得了一笔不菲的费用，足够打消她对这次不公平解雇的索赔意愿。结果市场上出现了新的一员 Dunnhumby，它使 CACI 在市场中能够迎头赶上，从成立之初就能够独领风骚。

毫无疑问，当公司把特易购（Tesco）纳入自己的客户后开始崭露头角。少数几个著名的跨国零售商如沃尔玛、麦得隆、家乐福、阿诺德和特易购都在全球市场上一决雌雄，其首要目的就是占有更多的市场份额。为了获得额外多的市场份额，这些零售商必须了解他们的竞争对手，但了解市场更加重要。早些年特易购店铺的发展与其说是靠科技不如说是靠艺术。但公平地说，其他零售商的运行模式都是一样的。特易购的创建者杰克·柯汉（Jack Cohen）将其最初的战略置于市场摊位的经营之上，这种运行方式廉价方便，能够迅速追踪客户，而不是要求客户主动上门。但是如果你要客户主动找你，那么你的战略一定是基于科技而绝非艺术了。一家经营面积 13 万平方英尺的超市建造成本大约 4500 万英镑，在正式动工之前，前期规划和审批可以使一家大的零售商再多花费数百万。因此特易购的大量投资就处于危险之中，他们积极寻求了解他们的客户并鼓励他们的忠诚度也就不足为怪了。特易购对于这项业务情有独钟并为此支付了一亿英镑，使得这对夫妻继续开展他们全新的事业。

2014 年他们募集了 470 万英镑（750 万美元）资助 Starcount，其目的是为社交媒体上名流查看他们先前的公司使用特易购会员卡的情况。到 2015 年 Humby 夫妻俩已经成为风险投资团队的一分子，正考虑从经营不善，时下正艰难凑集现金的特易购手中买下 Dunnhumby 的全部产权。

了解客户

没有客户，任何企业都无法顺利运行，更别提生存了。了解你的顾客，了解他们需要什么，可以"消费"多少，这些消费者经由哪些渠道购买你的产品，这些似乎都是十分基础的信息。我们很难相信，会有那么多人从来没有考虑过这些问题就贸然行动起来，可实际情况真就如此。

有一句古老的商业格言说，"客户总是对的"。但这并不意味着他们对你来说也一定是对的。所以，除了要知道谁卖东西给谁，你还要知道哪些人对你不合适，努力引起这些人的关注是在浪费宝贵的资源。

有位成功的化妆品企业创始人，他在被问及是如何取得成功的时候回答说："我们在工厂生产香水，我们在商场里兜售梦想。"

我们从事商业活动，通常采取的第一步就是从物理意义上定义自己的业务。站在另一面的顾客则认为，企业的基本价值在于能够满足自己的需求。有些公司将让客户满意乃至让客户喜出望外奉为企业的宗旨，不过，就连此类公司也经常发现，这个宗旨并不像它乍听起来的那么简单。

案例研究　Eat 17

Eat 17 是由创始人西奥班·奥德内尔（Siobhan O'Donnell）、他的同胞兄弟丹（Dan）、同母异父弟弟詹姆斯·布兰德尔（James Brundle）和他的合伙人克里斯·奥康纳（Chris O'Connor）在伦敦西南部的瓦莎姆斯托（Walthamstow）成立的。乍看上去它就像一个磨坊似的便利店，但一走进内部，立刻就能感觉到其提供的商品与众不同。首先，克里斯是一名训练有素的厨师，他通晓专业的技术，能够保证商品在一整天之内都保持新鲜诱人。除了提供一些小规模的供应商制造的独立的工艺品和地方农产品之外，他们还在那里有一家面包坊和比萨店，并且成立了自己的一系列现成的食物搭配方案。每周他们都尝试用 20 余个新品来补充主打产品。这一战略保持了较多的回头客并且吸引了那些厌倦周边超市里销售的常规商品的顾客。他们最近新开发了一款辛辣的烤肉，并取了一个名字"腊肉酱（Bacon Jam）"，将其陈列在货架上，和那些常规货物摆放在一起，这些商品都是他们的合伙人品牌便利店 Spar 提供的。这个腊肉酱使得公司的业务稍微有点偏离了方向，因为它本身已经成为一类商品，现在已经进入整个英国，包括塞尔福里奇、维特罗斯和特易购在内的 3000 家大型分销点。它现在甚至已经扩展到一系列五种不同的风味了。

2014—2015 年度，也就是他们开业的第七年，销售额翻了一番，年营业额达到了 100 万英镑以上。他们最近又买下了位于克兰普顿（Lower Clapton）的凯斯沃斯路（Chatsworth Road）上一家以前的斯诺克台球厅，对 Eat 17 风投 50 万英镑。布兰德尔估计他们的产品拥有广阔的未来。现如今的客户期望提供与众不同的产品，他们的购物不仅是简单采购日用品的琐事，而更应该是人们兴奋地参观的目的地。

除非能够明确地定义市场的需求，否则你无法着手提供产品或者服务来满足这种需求。所幸的是，帮助近在手边。美国心理学家亚伯拉罕·马斯洛（Abraham Maslow）经过研究发现，"所有的顾客都是追逐目标的人，他们通过购买和消费来满足自己的需求。"马斯洛在波士顿的布兰迪斯大学（Brandeis University）任教，现在，该校的国际商学院（International Business School）在《经济学人》（*Economist*）对著名商学院的排名当中名列前茅。他后来再深入一步，把顾客的需求分成了 5 级金字塔，他称之为需求层次，如图 2.1 所示。

—— 自我实现

这是马斯洛需求层次的最高点。在这个层次，人们寻求真理、智慧、正义和意义。马斯洛认为，这种需求从来得不到完全满足。只有很少的一部分人曾经达到了愿意多花钱来满足自己需求的层次。而只有像比尔·盖茨和汤姆·亨特爵士（Sir Tom Hunter）这样的人才会捐出数十亿的资产来奠定基础，把自己的财富用于有价值的事业。我们普通人基本上都在这个金字塔的较低层次攀登和挣扎。

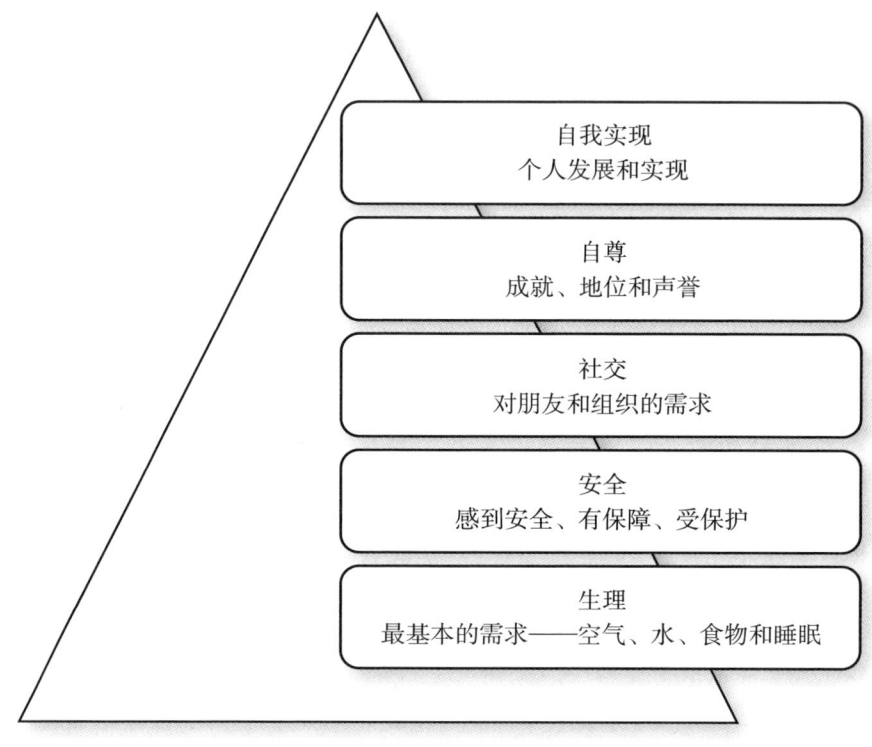

图 2.1　马斯洛的需求层次

—— 自尊需求

在这个层次，人们关心的是自尊、成就、关注、认可和声誉等事物。顾客寻求的好处包括感觉到如果自己拥有某种特定的产品，就会给别人留下好印象。品牌营销的目的，基本上是要让顾客认为，把制造者的商标或者标识穿在醒目的位置，让别人能够看到，可以为自己赢得"尊敬"。了解了马斯洛需求层次中的自尊这个层次如何在起作用，对 Responsibletravel 的创始人至关重要。这家网站创办于 2001 年，由已故的安妮塔·罗迪克（Anita Roddick，"美体小铺"创始人）资助，由贾斯汀·弗朗西斯（Justin Francis）在自己位于布莱顿的起居室创办，与他合伙的是哈罗德·古德温（Harold Goodwin）。该网站的定位是全世界第一家提供环保的旅游和假日服务公司。这是第一家为旅行者提供碳抵消旅游计划的公司。该公司声称，它拒绝了许多想把名字列在其网站上的旅游公司，被它拒绝的旅游公司数量超过了最后被它接受的数量。它对那些想要得到认可的消费者具有吸引力，这些消费者也希望被社会认为是负责任的。

—— 社交需求

对朋友的需求，在某个协会、俱乐部或者其他机构的归属感，给予和获得爱的需求，这些都是社交需求。在"较低"层次的需求得到满足之后，这些与人际之间的交往相关的需求就凸显出来了。Hotel Chocolate 由安格斯·瑟尔沃尔（Angus Thirlwell）和彼得·哈里斯（Peter Harris）在家庭厨房里创办，它是一个建立在满足消费者社交需求基础上的极好例子。它推销从家里发货的高档精致巧克力，但它的销售是请 Tasting Club 每月对巧克力产品进行考核而产生的。这个俱乐部的概念是，你邀请朋友们过来，用公司的评级系统来给巧克力评级，给出反馈。

—— 安全需求

消费者的第二基本需求是安全感。如果环境或者提供给顾客的产品或服务让他们感到自己可能受到伤害，那么，他们就没有心思提出更高的需求。当年查尔斯·里格比（Charles Rigbiy）创办了 World Challenge，把具有挑战性的、到世界各地富有异国风情的地方游历的机会推向市场，目的是唤醒年龄在 19 岁以上的年轻人，让他们摆脱自己的舒适域，教他们学会克服逆境。但他知道，他自己也面临着挑战：那就是如何发明一种活动，它既激动人心，让青少年感到刺激和着迷，同时又让家长能够放心地开出支票，允许自己的孩子去接受挑战。公司的网站有整整 6 个部分专门用来解释公司所采取的安全举措，确保它的旅游项目排除一切不可接受的风险，并且富有人情味。

—— 生理需求

空气、水、睡眠和食物都对维持生命必不可少。除非这些基本的需求得到满足，否则，像自尊这样更高的需求将不被考虑。

你可以在 Net MBA 网站读到更多关于马斯洛需求层级的内容，在了解客户时也可以考虑把这些需求融入其中。

产品性能、利益和证明

了解客户的需求至关重要，但是这一点本身却不足以产生适合销售的商业主张。在提出商业主张之前，你必须了解顾客购买以后将会得到哪些利益。性能是指产品或者服务所具有的性质或者本质是什么，利益是产品对顾客有什么好处。奈杰尔·阿珀利（Nigel Apperley）创办了自己的企业 Internet Cameras Direct，现在隶属于 AIM-listed eXpansy plc。当时他是一名商学院学生，他知道，告诉顾客 SLR 或者快门速度毫无意义。这些不是顾客想要的最终产品；顾客寻求的是能够以低廉的价格方便地买到产品，于是他打算效仿戴尔电脑的直销模式，并展示了精美的产品图片。在 3 年内，阿珀利就实现了年营业额超过 2000 万英镑，这个成绩与他当初在家里创业相比，可谓是突飞猛进的进步。

表 2.1 是一个产品性能和利益的例子，图表的内容有所扩展，并把说明这些利益如何兑现的证据也包括进去。这里要记住的一个根本点是，顾客只愿意花钱购买利益，销售方则必须承担产品所有性能的费用，不管顾客认为这些性能有没有价值。利益会让公司的广告和促销活动产生滚动效应。

表 2.1 说明产品性能、利益和证明的例子

性能	利益	证明
我们的孕妇服由时尚专家设计	你穿起来既好看又舒适	请看时尚杂志的媒体评论
我们的记账系统得到了英国税务海关总署的批准	你晚上可以睡得安稳	我们的系统被评价中心（Evalutaion Center）排在第一位

—— 企业买主的需求

在了解企业买主的需求时，一定要牢记，至少有三类人对做出购买决策发挥作用；在分析任何商业市场时，都必须考虑到这三类人的需求：

● 用户或者最终客户，他们是与产品或服务相关的一切最终利益的接收者，这一点与个人消费者没什么不同。产品的功能至关重要。

● 规则制定者（Specifier）；他们希望在性能、送货和其他重要的指标方面，能够保证最终用户的需求得到满足。他们的"客户"既包括最终用户，也包括关心成本、掌控预算的人。"客户"的这两种（甚至多种）身份可能会发生冲突。用酒店的盥洗用品来举例说明，负责推销客房的人希望用高质量的盥洗用品来增强客房的吸引力；而酒店管理者关心成本，成本几乎是他首要考虑的一个因素；而负责把盥洗用品放在合适位置的人则只对它们的用法和包装感

兴趣。

● 不是为了自己消费的购买者；他们是下订单购买产品或者服务的人，但他们也有自己的需求。他们的某些需求类似于规则制定者所表达的需求，只不过他们把价格放在优先考虑的范畴。

市场调研

市场调研的目的是获取关于消费者、竞争对手和市场的充分信息，以便你能自信地做出有根据的判断：将会有足够多的顾客愿意接受你的售价，购买你的产品，从而证明你的商业主张是可行的。

你用不着在把产品或者服务推向市场以后，让事实证明顾客对你的产品或者服务有没有需求。常见的情况是，哪怕预先只是稍微做一些市场调研，也可以获得清晰的指向，提示你的业务会不会成功。

大公司也许会聘请市场调研机构来设计和开展研究。而作为一位MBA，你应该既懂得市场调研的流程，又能够在短时间内，用很少的预算自己完成初步的市场调研。

—— 市场调研的基本目的

对每一位MBA而言，市场调研的目的都有两个：

（1）为商业主张建立可信度。MBA必须首先要让自己满意，然后向同事和上司、最后向融资人表明，他完全明白某种新的产品、服务或者策略的市场状况。要想整合资源来落实自己的商业主张，这一步至关重要。

（2）要制定切合实际的打入市场的战略，确定行动步骤；要了解顾客的真正需求，确保产品质量、价格、促销方法和分销渠道能够相互促进，瞄准目标顾客。

你特别需要研究的是：

● 顾客：谁会购买你的产品和服务？你的业务要满足顾客什么样的特殊需求？有多少顾客？

● 竞争者：哪些实力雄厚的大公司已经满足了你潜在顾客的需求？这些公司的优势和劣势在哪里？

● 产品或者服务：为了满足顾客需求，它们要进行哪些有针对性的调整和改变？

● 产品要定在什么样的价位，顾客才会认为自己花钱是值得的？

● 要用什么样的促销材料来找到目标顾客，他们阅读哪些报纸、期刊？

● 你的营业场所是否便利，顾客是否容易到达且成本低廉？

—— 成功的市场调研的 7 个步骤

研究市场不必很复杂，也不必花很多钱。付出多少努力、花多少钱开展市场调研，在一定程度上要和与商业主张相关的成本和风险挂钩。市场调研要按照下面 7 个步骤按部就班地开展：

（1）提出问题：在开展市场调研之前，你首先应该确立清晰而明确的目标，而不只是搜集一些与市场有关的泛泛而有趣的信息。

例如，如果你计划把产品卖给年轻的、追求时尚的女士，那么你的研究目标可以是：搞清楚年龄介于 18～28 岁之间、年收入在 35000 英镑以上、居住或者在你的销售区域内工作的女性有多少人。这样你就可以判断，市场是否支持你开展意向中的业务。

（2）明确所要收集的信息：用上面的例子，了解市场的大小也许需要掌握几方面的信息。比如,你要知道住户的数量,这条信息也许很容易搞清楚,但是你也许还想知道在你的销售区域工作、逗留、度假或者从事其他活动的人群的情况。也许附近有一所医院、一家图书馆、一座火车站或者一所学校,它们也会把潜在的顾客吸引到这个特定区域。

(3)从哪里获取上述信息?你可能得去图书馆或者上网查询,或者开展实地调查。实地调查既可以自己开展,也可以请人帮忙。本章后面部分提到了这些问题的一些重要内容。

实地调研也就是你得走到外面,向人们提出问题,这是获取第一手信息效果最好的方式,而第一手信息可以让你获得竞争优势。

(4)确定预算:市场调研不可能是免费的,即使你亲自去做,至少也要付出时间。也许还会有日志、电话、书信和实地访问的成本都要提前规划。花费最多的也许是聘请专业的市场调研公司。

以聘请专业的市场调研公司为例,某公司支付了 12000 英镑的费用开展了一项企业间市场调研,该项调查采访了 200 位负责为公司做出办公设备采购决策的企业管理人员。还有一次市场调研是针对长期使用某种银行服务的消费者,调研公司开展了 20 次深入访谈,向某公司收费 8000 英镑。网络调查也是一种可能的选择,但是网络调查可能会因为你把自己的问题强加于人而惹人反感,网民也许会不予配合。

比如 Free Online Survey 和 Zoomerang 这样的公司,它们提供一些软件可以用来开展网络调查并很快得出分析结果。这些机构大多提供免费试用服务。

亲自做市场调研可以节约成本,不过研究的客观性也许会受到影响。如果你的时间很宝贵,也许让外部代理机构来做这项工作更合适。请资料室的图书馆员或者大学生去做一些费力的基础工作,也许用不着花太多钱。聘请专业机构开展市场调研还有一条理由是,它的研究结果也许对投资者更有说服力。

市场调研不管成本高低,你都要在规划预算的时候评估一下它的价值。

如果盲目开始业务可能会造成100000英镑的损失，那么，花5000英镑做市场调研就是值得的投资。

（5）选择市场调研的手段：如果你不能通过案头调研找到自己想要的数据，就要走出去自己去搜集。本节后面的部分以"实地调研"为标题描述了这类市场调研。

（6）构建调研的样本群体：在调研时，把所有可能的顾客或者竞争对手一网打尽既不太可能，也没有必要。你可以划定一个在全部调查人口中具有代表性的样本范围。选择样本的时候必须认真细致，一定要把创新者（Innovator）和早期采用者（Early Adopter）包括在调查样本中。这个问题我们在后文第四章还会讨论，这两类人群对网络产品和其他高度创新的产品门类极其重要，因为创新产品头一年的销售可能只限于这两类人。

样本调查可以节约时间和金钱，得出的结果也许比调查全部人口更为准确。与所有的宠物主人交谈也许要耗费数月之久。等到你写好调查报告，你最早访谈的对象也许已经改变了想法，或者整个状况发生了明显的改变。

有两种抽样方法，它们各有3种变体：

——概率抽样（Probability Sampling）。概率抽样是指在调查总体样本中的每个单位都具有同等被抽中的可能性。简单随机抽样（Random Sampling）是用一种确保随机性的方法从总体人口中抽取样本。比如，用抓阄的方法随机抽取几个人的名字，或者从随机数字表里挑选几个数字。分层随机抽样（Stratified Random Sampling）是把总人口分成几个子群，把每个子群当作一个简单随机样本。如果你预期总体人口中某些群体的行为方式与其他群体不同，就可以采用这种方法。举例说明，把一座城市的所有人口一网打尽既不太可能、也不太现实，但是其中的一部分人则很容易获取。各个区域的邮政编码很容易获取和使用。用邮政编码进行随机抽样，针对这些人群展开调查，就是区域抽样（Area Sampling）或者整群抽样（Cluster Sampling）。

——非概率抽样（Non-probability Sampling）。在概率抽样无法进行的时候，比如，人口构成无法列举，或者人口流动性很强（如在机场的订票大厅），就可以使用非概率抽样法。任意抽样（Convenience Sampling）包括招募志愿者、街头采访或者用学生做真人实验等方法。判断抽样（Judgement Sampling）是指研究人员选择一部分人或者人群作为样本，他们认为这些人在总体人口中构成一个具有代表性的群体。配额抽样（Quota Sampling）是判断抽样的高级形式，样本人群体现了总体人口的某些重要特征，所以具有代表性。举例说明，如果我们知道60%的宠物主人是女性，那么我们也许可以建立一个女性占60%的配额样本。

调查结果的准确性与样本大小成正比，样本越大，结果越准确。这个问题会在第十章讨论。

（7）处理和分析数据：市场调研的原始数据要加以分析，转化成能够引导你做出决策的信息，比如，关于定价、促销和店铺的选址等，以及关于产品或者服务本身的外形、设计和覆盖范围等。

—— 案头（二手）调研

商业界充斥着几乎涵盖每一个商业角度的信息，这些信息包括人们购买什么，购买原因和购买时间以及对采购商品的满意度。对于MBA学习者的一大困难就是如何获取这些信息，以下是最基本的起点。

—— 图书馆

除了光顾图书馆之外，你还可以识别当地图书馆哪些信息不用搜索书架就可以获得。WorldCat有充分的理由宣称自己是世界上最大的图书馆内容和服务的网站，你可以在当地或者世界上数以千计的地区搜索图书馆的所有信息。在搜索框中输入"市场调研"，半秒钟之内就会出现110万条信息，其中有10万条是可以下载的。缩小搜索范围"营销信息资源"提供14万4千条信息，5000条信息可以下载。Worldcat搜索结果经常会直接连接到图书馆网站的帮助界面"咨询图书馆管理员"。你必须得成为图书馆的会员才可以使用这部分资源。

有些国家的国家图书馆通常会有专门的商业研究资源。例如，大英图书馆就有一个商务和IP中心（Business and IP Center）。在这里他们将商业信息入门指导和定性与定量研究这样的讲习班聚集在一起，同时链接到一些组织机构来帮助你充分地开展市场调研。这些课程的费用从免费到25英镑不等。

商业内参（Business Insider）的名录里包含很多了不起的图书馆。

—— 在线报纸

报纸和杂志含有大量有关公司，市场和产品的信息，人们可以根据自己的兴趣爱好选择。实际上世界上所有的在线报纸都在这里了。你可以直接在主页上按照大洲和国别搜索。50余种最流行的在线报纸在主页的顶部正中都有链接。在线杂志也有独立的网址。

—— 使用网络

网上有关于市场的丰富资料，大多数都是免费的，并且非常便利，触手可及。但是这些资料不完全可靠，也可能有失偏颇，因为我们很难，甚至不太可能搞清楚这些信息是谁提供的。虽然如此，你还是可以找到一些有价值的指向标，说明你计划销售的产品是否有市场，这个市场有多大，还有谁在从事这项业务。你可以从以下几个网址着手：

● Google Trends 简明扼要地告诉你，在某个特定时刻，全球最关注的是什么。举例说明，如果你考虑开一家公司提供记账服务，把它输入网址的搜索格，会看到一个色彩艳丽的图表。这个图表告诉你，用搜索量进行判断，网站自 2004 年 1 月开始收集相关资料以后，与你具有相同意向的人数正在增加（还是减少）。你还可以看到，南非有相同意向的人数最多，而荷兰最少。你可以移动这个图表看看它的季节性，你会看到，克罗伊登（Croydon）区在全英国范围内表现出最高的兴趣，而"需求"高峰出现在 9 月份，11 月达到最低。

● Google News，你可以点击谷歌网页最上面水平菜单栏的"新闻"。点开以后，你会看到世界各地各类报纸的链接，按年份包括了过去 10 多年来关于某个特定题目的文章。以儿童衣物的信息为例，你会找到近期关于每个家庭平均花多少钱购买儿童衣物、专门开办的儿童衣物二手店和有机儿童衣物等文章。

● 博客是三教九流的人们交流某个话题的地方。博客信息与其说是事实，不如说是人们对事实的反应。Globe of Blog 创办于 2002 年，它号称是全球首家全面的网络博客名录网站，它链接了 58100 多个博客，可以按照国家、话题或者你能想到的任何标准加以搜索。谷歌也是搜索全球博客的一个搜索引擎。

—— 实地调研

人们开展的实地调研大多由访谈构成，访问者向受访者提出问题，受访者给出回答。目前最常见的访谈形式是：

● 个人访谈（面对面）：45%（特别是消费品市场）；

● 电话、电子邮件和网络调查：42%（特别是调查公司）；

- 邮寄问卷：6%（特别是行业市场）；
- 测试和小组讨论：7%。

与使用昂贵的电话访谈和把相关各方聚集起来进行小组讨论相比，个人访谈、网络调查和邮寄问卷调查显然成本较为低廉。电话访谈要求访谈者态度积极，礼貌，语速不能太快，在坚持要求受访者回答问卷内容的同时要善于倾听。邮寄问卷服务的回收率很低（正常情况下不到10%）。提高问卷回收率的方法有：附信说明调查问卷的目的，解释受访者为什么应该回答此次问卷；为答完问卷的受访者提供奖品（小礼物）；再次寄信催促受访者回复；提供预付邮费的信封等。针对具体个人的电子邮件调查问卷有较高的回复率，达10%～15%，因为受访者比较倾向于回复在自己的私人邮箱里收到的邮件。但是，滥发的陌生电子邮件（垃圾邮件）可能引起收件人强烈的反感：电子邮件调查要想成功，它的关键与邮寄问卷相同，寄件人要说明调查的目的，要给"打开"并回答问卷调查的受访者提供一些奖励。

不管所调查的问题怎么排列组合，设计良好的问卷必须满足几条基本法则：

（1）把问题的数量减到最少。

（2）问题一定要简单！答案选项应该是"是/否/不知道"，或者提供至少4种选项。

（3）避免语意含糊——要让答卷者明白问题的意思（避免"一般来说""通常""经常"这类用语）。

（4）寻找事实性的答案，而不是观点性的答案。

（5）确保一开始就有几个明确的问题，可以去掉不合适的受访者（比如从来不使用某种产品或者服务的人群）。

（6）最后，要有一道问题能够说明受访者的构成。

调查结果要想具有一定的可靠性，样本的大小很关键。第九章"调查和样本大小"一节解释了怎么计算合适的样本大小。

—— 测试市场

市场调研的最终目的是，在你投入大量时间和金钱开展业务之前，找到真正购买你的产品或者服务的顾客。理想的市场调研是，把产品或者服务在相关市场的较小范围或者特定区域进行试销。这样，如果业务进展不像你预期的那么顺利，你也不会让太多人失望。

为了开展这样的市场调研，你也许需要购买少量产品，因为你要接受顾客的订单，来测试你的商业主张是否可行。只要你发现有一部分顾客对你的产品、价格、送货/执行很满意，并且付清了账款，你就可以比当初只是纸上谈兵的时候有更多自信。

要挑选那些需求较小或者需求比较容易满足的潜在顾客。举例说明，如果你要开展记账服务，挑选5～10家距离你家不远的小公司，你可以针对他们宣传你的服务。同样的方法也适用于园艺、儿童看护或者其他服务类项目。产品的测试有点难，但是你可以从竞争者那里购入少量的类似产品，或者自己生产一部分试用品。

—— 细分市场

细分市场是将消费者按照某些共同的特征分成同类的行为，这些特征可以解释并预测他们可能对市场刺激做出的反应。例如，地毯和布艺清洗行业会有私人住户和经营餐馆和旅店的商户。这两个部门有着根本的差异，一个更加关注成本，另一个则在意清洗工作是否会影响他们的生意。商业市场部门可能由较高消费力和重复购买力的顾客构成，因此更值得鼓励他们的忠诚度。

一旦商业通过地域、人口、心理、心智和行为变量对市场进行细分，混合营销（见第三章）就可以以最有效的方式系统阐述，形成特定的部门。市场细分尝试同客户的密切联系中重新获得部分利益，而这正是鼓励标准化理念的大生产之前传统商业经营业态的特长。

—— 起源

市场细分可以追溯到 20 世纪 30 年代，当时盛行的完美竞争和纯粹垄断的理论似乎已经不太适应当时的形势了，出现了全新的垄断理论，该理论基于公司本身都有其重要性和独特性。每家公司实际上都能提供与众不同的产品进而开创当地的垄断地位。这种差异化可以基于某种产品的特性，包装，分销和附加的或真或假的价值，如品牌。经济学家把这一过程叫作"产品的差异化"并由此得出结论说它造成了不同买家群体不同的需求曲线。

公司经理也不遗余力地营造自己的垄断条件，营销者也将观念从"产品"转移到了内容更加广泛的"市场"。

"市场细分"一词及其理念还要归功于温德尔·史密斯（Wendell R. Smith）。在他发表于《营销学报》（1956 年 2 月第三期第 3～8 页）的文章"作为营销策略的产品差异和市场细分"一文中，史密斯提到："市场细分是以市场需求方的发展为基础的，它体现了产品和营销行为的理性和更加精准的调整以适应消费者和用户的需求。"

23 年后的《营销研究期刊》（史密斯编辑）专版的导言中发表的一篇文章"市场细分的反思记录"指出，早期市场细分研究早在 25 年前就已经开始了，其根源可在一些市场营销的从业者和学者的文章中找到，其中公认的领军人物就是已经过世的罗·安德森（Wroe Alderson，1898—1965）。在他的专著《营销行为和执行力》中，他巩固了自己对这一主题的观点，当时他是宾夕法尼亚大学沃顿商学院的教授。

—— 市场细分方法

以下是公司成功运作的主要的几种市场细分方法。

>>> 地域细分

当不同的地区有不同的需求时，你可以采用这种划分方法。例如，中心城区会有很多人采用摩托车开展派送业务，但是使用园艺产品的人很少。地域划分是第一种服务的类型。因为很多公司特别是小公司承担不起营造国内和国际分销渠道的费用，也没有足够的产能来满足大规模的需求。

市场的不同划分可以按照不同的标准来对全国的、地区的和当地来进行分析。例如，在国家层面，可以考虑相应的 GDP 水平，划分为发达国家和发展中国家。购买行为的差异也有本地的标准。例如，饮食习惯也因地而异。例如，在苏格兰蔬菜和酒精饮料的消费在市场表现上就和英格兰和威尔士有很大差别，前者较低而后者则较高。随着理查德·韦伯（Richard Webber）和他的 ACORN（A Classification Of Residential Neighborhoods）的引入，基于地域的市场划分受到了很高的重视。这种方法缘起于利物浦都市化衰退的社会学研究，该研究根据居住的不同区域类型对居民和家庭进行分类。ACRON 划出了 38 个不同的居住类型，都是通过综合人口普查数据中的年龄，家庭结构，住房类型社会地位和就业状况等 40 个变量来确定的。

>>> 人口划分

依据人口变量如年龄，性别，经济社会地位，家庭规模，收入，工作和受教育情况将市场进行划分。市场营销大师菲利普·科特勒（Philip Kotler）和西北大学克罗格管理学院著名的国际营销教授认为"人口因素是区分消费者类型的最普遍的基础"。有很多人口专家援引研究成果建议那些像年龄，性别，职业这些因素都没有很好地反映出市场行为，因此在市场细分时价值有限。但是由于这些数据方便收集，人口属性仍旧是大部分营销者考虑消费者时最基本的选择。

对于生命周期和消费行为的关系的详细广泛的分析可以参考雷纳德（Reynold）和韦尔斯（Wells）合著的《消费者行为》（1977年）一书。他们的模式经改编，如表2.2所示。

表2.2　家庭生命周期

年龄发展水平	家庭生命周期所处阶段
18～34岁成年早期	1. 单身阶段：年轻单身人群 2. 新婚夫妇：年轻无孩 3. 满巢阶段：年轻已婚夫妇有需要供养的孩子 （1）6岁以下儿童 （2）6岁以上儿童
35～54岁成年中期	4. 满巢阶段：上年纪的已婚夫妇有需要供养的孩子
55岁以上成年后期	5. 空巢阶段：上年纪的已婚夫妇没有孩子在一起生活 （1）主要劳力仍在工作 （2）主要劳力已经退休 6. 鳏寡孤独老人 （1）仍在劳动 （2）已经退休

自从这项研究开始以来，事情继续发展到生活方式已经被纳入进来。例如特易购采用忠诚卡数据揭示了每一次管理决策都要考虑的六大领域：高档群体，关注健康群体，传统厨具用户，主流家庭，便利店客户和价格敏感客户。还有另外17个不同的客户群体包括品牌忠诚用户，特殊饮食者，高热量携带者，暴饮暴食者，促销热衷者，伦理道德者和环保主义者等。

作为可变因素的年龄，性别和收入仍然是大众关注的，服装，时尚和饮食市场仍主要取决于这些标准。2013年7月TalkTalk对2000个智能手机用户调查发现，不同的手机型号的用户表现出了显著的人群差异。iPhone 用户比黑莓用户更加重视外在形象，花在衣服上的开销也要多些，但是收入平均要少 2500 英镑。黑莓手机用户最忙碌，安卓用户最有礼貌而且厨艺不错。

47 页的"维多利亚的秘密"的案例研究的确表明全部的业务可以仅仅依靠人口因素来界定。有证据表明人口划分市场十分适合，即使是在数字时代。Lyris 在 2012 年进行的数字优化调研中发现，电邮营销活动进行的人口划分反馈的效果最佳，因为 300 个被调研的公司中有近 40% 有反馈。是所有细分方法中最高的比例。

>>> 心理记录划分

梅森·赫尔（Mason Haire）在《营销学报》上发表的"营销策略中的显示技巧"进行了开创性的研究，将心理因素和消费者的行为联系起来。在他的研究中，受访者在查看了女性的购物清单以后被要求描述一下该女人的个性和性格。给他们两份清单差别仅是所列咖啡的品牌，一个是雀巢速溶咖啡，一个是麦克斯韦尔现磨咖啡（一款经过精细磨制的咖啡豆）。受访者能够断定这两人的性格，他们认为购买雀巢咖啡的这个人懒惰，不善于规划和管理家务，而购买麦克斯韦尔咖啡的人则是生活节俭的贤妻良母。

至此，心理划分逐渐成形，其名称也一度扩展到更加迷人的"心理记录划分"。这一做法将消费者个体划分为几组，年轻有为的雅皮士，敢于举债乐于炫耀的有为专业人士和富有财产的老年乐天派。这些分类就是想要展示社会行为是如何影响购买行为的。

普拉默（Plummer）补充了人口量度，增加了活动，兴趣和观念等指数开发了 AIO 系统，以居住地点，生活方式和生活渴求为基础记录了消费者。同样地，斯坦福研究所的 VALS 系统列出了消费者的 8 种分类，其中有成功人士，即以工作或者事业为中心，偏爱名牌高档商品，还有上了年纪的"困难户"，他们花钱谨慎，控制力强，有一定的品牌忠诚度。

福雷斯特研究所是一家互联网研究机构，它认为决定消费者是否会上网，他们会花多少钱，购买什么东西，人口因素如年龄，种族和性别并不像消费者对待科技的态度那样重要。福雷斯特用这一理念连同其研究形成了技术统计市场定位，这有助于理解人们作为数字消费者的购物行为。福雷斯把网上消费者分为两大类：技术乐观派和技术悲观派。他把这两类人与连同收入水平和他们的收入和所谓的"原始动机"，如职业，家庭和娱乐等因素综合起来对整个市场进行划分。每一个细分市场都赋予了一个新名——"技术奋进者"，"对数据抱有希望者"等。后面会有专门章节解释如何识别，如何判断它们是否适合你的产品和服务，并对每一个群体哪些策略可能获得有益回应提供一些线索（见表 2.3）。

表 2.3 生活方式维度

活动	兴趣	观念	人口统计
工作	家庭	自我	年龄
爱好	房屋	社会问题	教育
社交活动	职业	政治	收入
度假	社区	商务	职业
娱乐活动	休闲	经济学	家庭规模
会所会员资格	时尚	教育	住处
社区	饮食	产品	位置
购物	媒体	未来	城市规模
运动	成就	文化	生命阶段

出处：普拉默，JT（1974）生活方式市场划分的概念和应用，《营销杂志》一月 38 期 33～37 页。

>>> 行为划分

行为划分是根据使用频率，品牌熟悉度，每周或每天购物等购买模式等因素将潜在买方分组。通过利用使用频率，营销者可以利用忠诚卡，打折活动和特价等来重点关注主要客户。大客户通常都是一个利润空间较大的市场，他们的需求与那些小客户不一样。例如，经常坐飞机的人可以鼓励他们定期乘坐一架航班，如果他们可以使用机场的豪华候机厅或者定期给予座舱升级。某些烟酒品牌的大客户通常可以培养他们的品牌忠诚度。因此，强调某一品牌用户的吸引力这一营销策略能够加强并给特定的行为带来回报。

—— 利益细分

这一方法认为不同的人能够从相同的产品或者服务中获得不同的满足感。1958年的一个电视广告上出现了一个激动不已的小孩跑向他的妈妈，大声说道，"妈妈，看啊，没有蛀牙了！"推广的产品是高露洁牙膏，这款牙膏含有一种新的添加剂氟化亚锡。宝洁公司是第一个将产品和市场营销团队结为一体的公司，它在市场上推出了高露洁牙膏，并没有受到它的主要的竞争敌手的"增白战略"的影响。

其他的公司继续把它们的洗发水瞄准分叉的发端，抗头皮屑和其他的益处。Lastminute给用户提供了两个与众不同的利益。第一，旨在提供给用户物美价廉的商品。第二，公司最近强调即时性的效果。这一理念十分接近摆放在结账台旁边那些可能由于冲动而随时购买的商品，这些商品你可能永远也不会购买，除非你在离开时碰巧碰到它们。在印度Goa的10天海滨度假或者一次伊斯坦布尔之旅是否在他们关掉电脑之前从购物篮里跳出来，只有时间能告诉我们一切。

>>> 多因素的划分

当不止一种因素被采用，并且能够提供比一个单一因素更加精确的市场前景时就是多重因素划分。一个日渐流行的市场划分就是将人口统计心理记录和利益细分结合在一起。例如，宝马公司将其客户定义为财大气粗，寻求刺激，争强好胜并通过驾驶寻求终极体验的人群。

>>> 地理人口因素划分

这一方法将地理划分和人口统计划分结合起来。我们一开始可以聚焦一个特定划分，基于地域的偏好销售一款新的食品或者避免在一个禁酒的国家上市新的葡糖酒。像这样的空间布局很容易确定，作为唯一的市场划分基础，这往往不是很充足。下一步就是利用标准的人口统计因素，如年龄，性别，收入，教育情况，社会地位，家庭生命周期等。实际上，许多人口统计因素都有地理特征。特定的地理区域经常会有高净值家庭聚集。地理人口划分力求将二者合二为一，明确满足特定规定人口统计标准的潜在客户的地理聚集。例如，像韦斯特罗斯一样的一家高档的杂货零售商是不可能选择开在高失业率和低收入家庭聚集的地区的。

>>> 产业划分

这通常是多因素划分的一种形式，它根据综合地理位置，主要的商业活动，相对的规模，产品的使用频率，购买政策和一系列其他因素将商业客户分组。

表2.4表现了美国高科技公司思科公司的部分市场份额的具体情况。展现的三个部分占公司营业额的10%～30%之间，每一个市场的份额占比从27%～98%不等，在每一个部分他们都面临着不同的竞争。在交换器领域，他们居于统领地位，占比98.43%，只有朱庇特网络公司可与他们一争高下。

在路由器方面，他们的市场份额是 27.17%，他们面对着 10 个竞争对手，其中就包括朱庇特网络公司。然而在这一部分，只有一个公司 Broadcom 公司占有接近的市场份额（25%）。思科公司对每一部分的处理承认不同的竞争环境和每一个行业部门的特殊需求。

🌐 规则制定者，用户和客户

分析市场划分时，记住至少有三种人在购买决策中起作用是很重要的，他们的行为和需求在所有的市场分析中一定要考虑到。

● 用户，即终端客户将会收到有产品有关的最终利益。

● 规则制定者将保证最终客户的需求按照表现，运输和其他重要的参数得到满足。客户是终端用户，也是相关成本中心的预算负责人。甚至在两个或者多个客户群体之间还会有冲突。例如，对于酒店的盥洗用品，那些负责销售客房的人员想要高质量的产品来提升档次，而酒店经理则将考虑成本视为一项重要指标。那些实际上摆放这些产品的人员的兴趣点在于这些商品的使用和包装事宜。

● 下了订单非消费买方也有自己的需求。有些需求和规则的制定者的需求是一致的，他们最大的需求就是价格。这里一个典型的例子就是购买礼品。他们的需求和接受礼品人士的需求可能是不同的。例如，购买礼品的人既关注包装也在乎里面的内容。手表，钢笔，香水和美酒都是礼品，他们的包装对于购买的人来说就是最重要的。然而对于实际使用者来说这些包装经常立刻就被丢弃了。

表 2.4　思科公司市场领域的竞争

公司名称	领域	服务提供者视频	全部公司收入的占比	市场份额
思科公司	—		10.63%	28.28%
博通公司		全部	100%	43.65%

续表

公司名称	领域 服务提供者视频	全部公司收入的占比	市场份额
PMC-Sierra 公司	全部	—	2.72
博通公司	宽带通信	26.78%	11.69%
摩托罗拉点子公司	实业	31.78%	13.65%
公司名称	领域 名称路由器	全部收入占比	市场份额
思科公司	—	17.52%	27.17%
康宁公司	电信	25.92%	5.97%
CIENA 公司	全部	100%	6.45%
JDS Uniphase 公司	通信	44.21%	2.27%
朱庇特网络公司	基础设施	79.6%	11.63%
F5 网络公司	全部	—	4.7%
博通公司	全部	100%	25%
PMC-Sierra 公司	全部	—	1.59%
博通公司	宽带通信	26.78%	6.82%
摩托罗拉点子公司	实业	31.78%	7.96%
公司名称	领域 名称交换器	全部收入占比	市场份额
思科公司	—	29.45%	98.43
CIENA 公司	分组光纤交换器	11.3	1.57
朱庇特网络公司	交换器	—	—

🌐 市场分类的价值标准

下面四条有用的规则可以帮助你确定是否值得进入一个市场。如果他们听说过，那么这种产品可能给人老旧过时的感觉。

（1）可度量性。你能够估计出该领域有多少客户。这些客户是否足以值得你提供与众不同的商品。

（2）可接近性。你能否与这些客户沟通，最好是直接联系到本人。例如，你可以在一个专门给老年人看的杂志上打广告接触 50 岁以上的人群。

（3）利润空间。客户一定要花钱购买你提供的商品。

（4）规模。领域要达大到值得你开发它，但又不能太大以至于找来更大的竞争对手。

抵达这一领域额

下面九个步骤可以帮助你进入一个行业合适的市场细分。

（1）确定你的重要的市场营销目的，包括规划视野中的销量，利润和利润空间等。

（2）基于对不同客户群体的观察，选择最初的市场细分基础，例如，像年龄、性别、职业、教育、收入以及心理记录变量因素等人口因素。

（3）选择一组市场假设这部分市场与市场之间可能出现的联系。例如，使用手机的差异、语音、视频、APP、短信等，这些差异都可以用来描述不同的分类。拿 APP 为例，我们可以看到六组：一无所知者占市场的 25%，使用量极少。基本使用者也占 25% 左右。在往上，一般用户占 17%，信息查询者占 12%，熟练使用者 10%，使用高手 8%。

（4）记住上述情况和某些人口统计标准或心理记录标准，一些用户样本可以进行测试，证实或基于提议的市场分类并加以修正。

（5）采用问卷调查或者其他基础措施来收集数据，质疑选定部分的样本。

（6）以收集到的数据为基础确认市场细分。

（7）每一个市场划分都建立一个明晰的图表数据和相应的规模大小。

（8）为每一个目标市场确立明确的营销策略。例如，对于 APP 一无所知者，相关的知识工具，特价产品和免费试用是比较合适的。对于能够熟练应用和使用高手来说，更高级和更昂贵的，并且有独特功能并且更注重论坛功能和用户群的 APP 应用也许效果会更好。

（9）确保这些市场细分和由此而提出的策略会产生充分的效果以满足你主要的营销目标。

市场细分给公司带来的效益

市场细分会帮助你的组织获得很多意想不到的效益，它在利用营销组合开发一套营销策略时会十分有用。这一过程对编制营销预算和设计营销组织机构都有重要意义。

其主要益处如下：

（1）更好地了解和界定市场。细分你的市场有助于更加全面地了解对于不同的客户来说什么是重要的，有多少客户拥有一样的价值和需求，在每一个细化的而市场中，怎样才能更好地显示你比竞争对手优秀和与众不同。

（2）找出市场的空白。细化市场有助于找到客户和当前需求还没有得到充分满足的潜在客户，在"维多利亚的秘密"这一案例中，毫无疑问，男人花钱消费，但是他们的需求没有得到精准定位。

（3）提高对客户需求的匹配度。因客户的需求差异为每一个细化市场提供不同的商品和服务，而不是给客户提供一个千篇一律的选择，要让客户有更佳的选择。

（4）实现保有终身客户。客户很难获得，你保有时间越长，他们就会越有价值。然而，客户的情况是随着时间变化而变化的。他们年龄逐渐增加，会组建家庭，会更换工作和得到升迁，会买房置地或者改变他们的消费模式。在不同的人生阶段，对于客户有吸引力的产品，通过营销，公司能够保留客户，否则他们就会转投其他的产品、品牌和供应商了。

（5）获得市场细分的更高份额。拥有占优的或者领先的市场份额是实现利益最大化一个重要因素。精准的细化市场使公司运营和营销成本更加具有竞争力，这也是客户在这一市场中的最佳选择。世家（Saga）是为55岁以上人士服务的旅行社，在旅行市场的市场细分中不是最大的。14～54岁年龄组在英国全年出行5570万人次，其中2390万人次出国。55岁以上国内游是1970万人次，出国游是820万人次。由于市场细分，55岁以上出行一样有价值，他们有不同的需求和购买习惯。他们往往错峰出行，飞机和旅馆都有很多空间，他们居住在维护良好的住处而不是自己准备饮食，因此花钱更多，他们假期时间较长，因此平均交易成本较低，而且他们对于经济下滑趋势也不那么敏感。

（6）瞄准营销沟通。采用大水漫灌的广告和客户交流效果不好，而且代价高昂。将你的营销讯息直接传递给相关的客户群体，确保关键的客户不被错过，目标客户可以实现经常覆盖且成本较低。以世家公司为例，在一流报社和其他媒体打广告很可能覆盖到55岁以上的客户，但是你也要为数以万计不可能成为你的心仪客户群的那部分人支付费用。媒体是按照目标群体的人数来收费的，因此找到目标55岁以上或者大部分是55岁以上的媒体成本就会少很多，无效联系群体的人数也会少很多。

案例研究　维多利亚的秘密

罗伊·雷蒙德（Roy Raymond）毕业于塔夫斯大学，在斯坦福商学院学的MBA。1977年他在斯坦福购物中心用贷款的8万美元开了第一家"维多利亚的秘密"商店，贷款其中一半来自银行，一半是从亲属那里借的。开业第一年，就获得了成功，销售额突破50万美元。在英国的第一家店铺于2012年8月在伦敦新邦德大街开业。

"维多利亚的秘密"是全美著名的服装品牌，全球拥有1600家店铺，其访问量最大的网站可以追溯到1998年，每天发行4亿份商品目录。公司轻松挺过2008年以后的经济下滑。2014年在经济形势不好的前提下，"维多利亚的秘密"的所有店铺和"维多利亚丽人店"以及维多利亚直营店业务分别增长了10%和3%，毛利润增加了5%，达到9亿4530万美元，毛利润增长了270个基点到39.4%，营业收入上涨接近1%，达到3亿零80万美元，营业利润稳健地提升了12.9%，几乎是该行业最好的水平。

维多利亚成功的秘密是什么呢？据说，公司成立时，令雷蒙德尴尬的是，在他给妻子买内衣时百货商场公共购物区的购物环境不是令人很舒服。没有了男顾客，雷蒙德认为内衣行业会错失一半的潜在客户，实际上男子是一块尚未开启的市场。他认为，如果商店的内饰和维多利亚时代风格大厅相一致，配有东方的挂毯，古香古色的衣橱展示内衣的陈列，男士会感到更加惬意。公司取名灵感就来源于罗伊和当时他妻子盖伊居住房子的风格。态度和蔼、魅力十足的店员走过来使得购买内衣丝毫不会感到尴尬，这是一件再正常不过的事情了。

1982年雷蒙德把"维多利亚的秘密"公司连同六家店铺和43页的商品目录和每年六百万的毛收入以4百万美元的价格卖给了The Limited公司的莱斯利·威克斯纳（Leslie Wexner）。威克斯纳本人就是一个收购狂，他已经在1977年将Limited Brands在纽交所挂牌上市了，公司代码LTD。他又继续收购了Lane Bryant商店，在1985年又花了100万美元单笔购进了Henri Bebdel商店，出资2亿970万美元买了798家Lerner商店。最后在1988年，花了4600万美元收购了25家Abercrombie &

Fitch 商店加入他的投资组合。2010 年他分几期将公司出售给风投公司 Sun Capital Partner Inc. 最终全身而退，这体现了威克斯纳的最好水准。

"维多利亚的秘密"基于简单的人口市场划分标准成立的，是买方的性别而不是实际用户。"维多利亚的秘密"今天仍旧按照人口统计的标准来划分市场，只是划分的更加详细。公司了解目标市场的年龄，性别，收入和社会阶层，他们经营的每一个领域都提供特定的信息，始终改进他们的营销策略。

对于这个公司的案例研究是西奥多·杜斌提供的，他是位于达特茅斯的塔克商学院数字战略中心的 MBA 学员，他的导师是副教授凯瑟琳·L. 毕罗。他回顾了"维多利亚的秘密"是怎样开始收集数据开始进行市场细分的。他们以近期购物者对于邮递商品目录更加敏感为基础（绝大多数都是购物常客和近期的大宗订单客户），发展了杜斌提到的被称作近期，频率和货币价值（RFM）的高级算法。

后记

不幸的是，作为公司的创始人罗伊·雷蒙德的未来并没有像他的公司那样一帆风顺。拿着出售公司的 65 万美元，雷蒙德又开办了一家新的公司 My Child' Destiny。这是一家专卖儿童产品的零售店，公司经营不善，雷蒙德也没有选择合并重组，他负债累累。他又继续开办了一家儿童书店，一家函购的居家五金店和一家以治疗癌症失去头发的妇女为对象的假发店。雷蒙德和他的妻子失去了两处房宅和汽车，1993 年离婚了。更加令人感到雪上加霜的是，与此同时，"维多利亚的秘密"已经成为全美最大的内衣零售商。1993 年的 8 月 26 日，46 岁的雷蒙德从金门大桥上跳桥自杀了。

市场细分的帮助资源和建议

决策分析家。他们拥有一些免费的营销研究的数据软件和研究市场分类的白皮书。

市场细分公司。市场细分公司（Tmsc）成立于1995年，创立者是麦尔科姆·麦克唐纳和关注客户市场划分的主要从业者易安·登巴尔，截至2003年，前者都是英国克兰菲尔德管理学院的市场营销教授和副主任，现在他是那里的荣誉教授。他们给想要开展市场划分并用来主导营销策略的公司提供了专业知识中心和共享资源。

市场细分研究指南。这是免费的市场细分，市场瞄准和市场定位的研究指南。

战略商务观察。VALS利用引起消费行为的一套独特的心理特征和主要的人口分析，将美国的成年人分为八类或者八个精神状态。

第三章
市场营销战略

- 市场营销战略，主要方案
- 考察市场份额
- 跻身第三位的重要性
- 品牌投资
- 营销组合

"战略"起源于军事,韦伯斯特《新世界词典》中将"战略"一词定义为在与敌交战之前,策划和指挥大规模军事行动,调动部队至最优势态势的学问。历史上最早的著名的讨论战略的专著是著于公元前400年的《孙子兵法》,其中各章节的标题——《始计篇》《作战篇》《谋攻篇》《军形篇》《兵势篇》《虚实篇》《军争篇》《九变篇》《行军篇》《地形篇》《九地篇》《火攻篇》和《用间篇》,都很好地用到了商战中。

20世纪初,战略的思想才开始进入商业词汇。到19世纪后期,公司一般开始在集中的市场范围内开展一些小打小闹的活动,应用了一些有限的功能。的确也有一些例外的情况。英国的东印度公司被授权垄断了所有和东印度群岛的贸易并且拥有一只舰队、一部分军队和一套管理组织来加强它的权利。但那是极特殊的情况。就在那时,一个全新的公司类型登上了历史舞台,首先出现在美国后来扩展到欧洲和全世界。这是一个自上而下的集中的多维度的有大股东参与的企业,它能够将大量的投资注入到加工制造行业和市场营销过程,并且用严格的等级管理来指导和控制它们。

在20世纪30年代,彻斯特·巴奈德在哈佛大学短暂地研究过经济学,他是美国电报电话公司的高级主管,他声称,"经理应该认真关注基于个人的或者组织行为的战略因素"(《经理的职能》1968,哈佛大学出版社,剑桥,马萨诸塞州)。阿尔弗莱德·斯洛恩,1923—1946年任通用公司的主管,在他的领导下,通用成为世界第一大公司,他将成功归结为:"1921年的计划,政策还是战略,不管你怎么称呼吧,我认为都要优于一个单个的因素,它使我们能够进入20年代快速变化的市场,我们坚信,我们自己了解正在进行的商业活动,而不是在追逐什么幸运之星"(《我在通用的那些年》1964,双日出版社,纽约)。

对战略的学术研究可以追溯到 1912 年,当年哈佛管理学院提供了一门核心课程,学生能从更宽阔的视角来看待公司高管面临的战略问题。20 世纪 50 年代初,乔治·阿尔伯特·史密斯(小)和罗兰·克里斯滕森这两个哈佛的教授,教导学生们去质疑公司的战略是否与竞争环境相匹配。一旦估计好了竞争环境,学生就得确定,在特定的行业中,一个公司与其他公司竞争的基础是什么?为了参与竞争,要保持特殊的能力都需要具备哪些素养?(《政策的形成和行政管理》1951,欧文,芝加哥,伊利诺伊州)。

彼得·德鲁克是公司管理的幕后操作者。他认为"管理并非被动的,调整性的行为,其本意是采取行动使得心想的成果得以实现。"他的大作《管理实务》(1954 年纽约)在他从纽约商学院临时借调到通用公司两年后出版的。他后来的作品中引入目标管理的概念,其本意是公司应该进行自我管理以实现自己的战略目标。伊戈尔·安索夫是卡内基·梅隆大学研究生院产业管理的教授,他的代表作《公司策略》于 1965 年出版,书中他采用了分类策略来帮助理解所涉及风险的本性,无论是从市场开发的低风险区域还是到多样化的高风险区域。

到 20 世纪 60 年代后期,哈佛大学开始使用 SWOT 工具分析来协助竞争战略的形成,这一过程在有重大影响的《商务政策,文本与案例》(1969,里尔尼德等著)中得到了很好的解释和扩展。该书的第 7 版修订版在 20 世纪 90 年代初仍旧在全球商学院中使用。

20 世纪 60 年代和 70 年代初期见证了包括波士顿咨询集团,贝恩公司,AT 科尔尼公司和麦肯锡公司等居于统治地位的战略规划咨询业务。它们提供了大量工具和概念来推进实际商务环境中使用战略规划的实用性。

"市场营销战略"是 MBA 课程的一门核心课程,许多商学院都有专门的教授来讲授这门课。举例说明，田中洋（Hiroshi Tanaka）就是日本东京中央大学（Chuo University）战略管理研究生院（Graduate School of Strategic Management）的一名营销战略专业的教授。他的履历包括曾经在蓝筹股公司如雀巢、美国运通、联合利华、IMB、史克必成（SmithKline Beecham）、欧盟、联合航空公司和丰田等机构和企业工作。

市场营销战略有3个方面：理性分析和思考，以确定大致的战略方向；构想和制定具体的营销行动，以推行营销战略；通过开展营销和推行商业计划来落实营销战略。企业如果在这3个方面的任何一个环节出错，都可能导致所瞄准的目标无法实现，他们也许会在市场上被远远地抛在后面。最糟糕的结果就是一蹶不振，彻底倒闭。在所有3个方面都做得恰到好处，这样的结果与其说是一门科学，不如说是一门艺术，因为企业管理层必须考虑周全，行动迅速，同时在企业内外具备天时地利人和的有利条件。

案例研究

2015年3月16日，迈克尔·戴尔（Michael Dell）跟往常一样在新财年之初宣布，"整合我们全球销售力量的时候到了"，他最主要的信息就是庆祝。"花点时间就记住你的团队取得的成功。戴尔2015年的财年取得了不俗的成绩，我们可以拿出足够的时间来庆祝。"事实上，过去的几年是很艰难的。2013—2014年销售平平，利润减少，公司花大量的时间在抵制爱康（Caellcahn）这个恶意收购大师，在250亿美元的杠杆收购交易的收购中将公司私有化。

公司的新活力在2010年恢复，他环顾四周，看着自己一手缔造的帝国，定会觉得踌躇满志，颇为自得。将近25年前，他在德克萨斯大学的宿舍创业的时候只有19岁，如今，公司已然是另一番景象。他用1500美元的原始股缔造了一家年收入超过600亿美元的企业，它的PC销售额占到全球的将近16%。1980年，他有了第一台电脑以后，那是一台苹果二代，就创办了自己的公司 PC Limited，当时的目标是打败 IBM。他最早的产品 Turbo PC 为顾客提供无条件退货和上门服务。1988 年的 IPO 给他 4 年前用 1000 美元创办的企业估价高达 8500 万美元。戴尔从一开始就立下了 3 条黄金法则：摈弃存货、倾听客户的需求和取消中间商。

作为网络的先行者，公司在 1984 年推出了静止的网上订单页面；1997 年，Dell 成了第一家网上销售达到 100 万美元的公司。

戴尔从创办初期就一直把重点放在与竞争对手截然不同的差异化战略上。它和苹果不同，它从不设计外观漂亮的电脑，也不在世界各地设立零售卖场网点。戴尔的战略是创造一种最简便的供应链，直接把产品交到最终用户手中，并且让用户选择自己想要拥有的产品特性。它把这种成功的战略推广到相关产品比如服务器、打印机和存储装置等上面，建立起全球每天送货 140000 多件产品的商业系统——每秒钟送货一件以上，成为财富 500 强企业排名 34 位的世界领先品牌。

不过，就在戴尔看似地位不可撼动之际，它却把世界最大的个人电脑制造商的头衔拱手让给了惠普公司。惠普公司是 1939 年在帕洛阿尔托的车库里创办的。惠普公司经历过挫败，它看到 PC 电脑市场从企业扩大到了消费者，从发达国家延伸到了新兴市场（在新兴市场，人们使用互联网并不那么方便，对网上购物也较为谨慎），便敏锐地抓住了机会。此外，过去的成功和日新月异的创新使高科技企业在新的前线展开的竞争日趋激烈，拍卖网站如易趣和 uBid 等的 PC 销售量节节攀升。戴尔认识到，它必须制定全新的战略来应对全新的情况。它在努力打造网站并推出"IdeaStorm"（"IdeaStorm"是一个博客网站，已经收集了 9000 多条由客户提出的改进建议）的同时，公司现在还在全世界开了 10000 个产品卖场。它在精益定制服务以外建立了批发供应链，开始在产品设计方面积极追赶，而不再仅仅制造高度规格化的计算机。戴尔还买断了 IT 系统管理行业的几家公司，它认为行业未来的发展趋势是由产品驱动转向由服务驱动。为了重新定位并执行新的战略，戴尔不得不减少 30 亿美元的开支，辞退 8800 多名雇员，让工程师和设计师扭转过去的陈旧观念。

制定营销战略——概论

制定简单明了、把握全局而切实可行的战略，最早是由迈克尔·E. 波特（Michael E. Porter）提出来的。他在普林斯顿主修经济学，后来又在哈佛商学院攻读了 MBA（1971）和博士（1973 年）学位，现在他是一名教授。他的著作《竞争战略：分析行业及竞争对手的方法》（*Competitive Strategy: Techniques for Analyzing Industries and Competitors*）（1980，Free Press, Old Tappan, New Jersey, United States）如今已是第 63 次印刷，被译成 19 种文字。书中提出了一套普遍接受的制定战略的方法。波特的这本书成了商学院的规定阅读材料，全世界有 80 多所大学根据波特的著作开设了课程，使用哈佛大学开发的教学大纲、录像内容和辅导材料进行教学。

—— 三类战略

波特观察到，有两个因素对企业长期盈利的能力具有至关重要的影响。首先就是企业的吸引力或者说是它所从事的产业的吸引力。其次，从企业的影响范围来说，更为重要的是企业在这个产业中如何给自己定位。从这个角度来看，企业可以只享有成本优势，以低于其他竞争者的成本制造产品或者提供服务。企业也可以针对消费者的特殊需求努力实现差异化，提供独特的产品和服务、至少也得是较为独特的产品和服务。波特在这两点之外又补充了自己的解释说明。企业可以享有成本优势，可以在整个产业当中寻求差异化，还可以走第三条路，即凭借成本优势或者差异化，专攻一个狭窄而具体的细分市场。他把这种战略叫作"集中化战略（Focus Strategy）"。表 3.1 列出了企业决策三类战略时所要获得的比较优势。

表 3.1　获得比较优势

市场范围	竞争优势　低成本	独特的产品和服务
宽泛　整个市场	成本领先	差异化
狭窄　特定的市场部分	焦点　低成本	差异化

—— 成本领先

不要把低成本与低价格相混淆。低成本的企业也许会、也许不会由于成本低而让消费者享受低价格。二者择一，它可以采用低成本战略，用严格的成本控制和低利润率来有效地防止其他人进入市场或者扩大对市场的占领。低成本战略在市场广大的情况下成功的概率最高，这样的市场要求大规模的资金投入，生产或者服务的总量很大，长期来看可以实现规模效应。

低成本战略不能凭借侥幸，可以采取下列重要行动来实现：

● 经营效率：新流程、新的工作方法或者降低成本的工作方法。瑞安航空公司和 easyJet 就是两个典型例子。它们分析了整个运营过程的每个构成要素，尽量剔除重要的成本因素，比如，餐饮、免费行李和座椅分配，同时完好地保留了最根本的主张——航空公司把乘客从 A 地送到 B 地。

- 产品重新设计：要从根本上对产品或者服务的主张进行重新思考，想办法采用效率更高的工作方式或者廉价的替代材料。汽车产业用"共享平台"（Platform Sharing）实践了这种做法，大型汽车企业包括雪铁龙、标致和丰田等重新思考了他们的汽车型号，实现了重要的零部件共享；这在汽车产业已成为行规。

- 产品标准化：大量的产品和服务号称可以让消费者有更多选择，它们都要求增加成本。但是很难保证这种多样化能够真正给消费者更多选择，真正为产品和服务增加价值。2008 年，英国铁路网花费很长时间开展了一项调查，认真研究了它的数十种票价结构和几十个名称，发现一模一样的价格结构自从 1960 年代以来就基本上没有改变过。于是，英国铁路网便把它们精简为 3 种基本的产品主张。他们估计，目前销售价值 50 亿英镑的车票的交易成本是 5 亿英镑，在整个铁路网采用了这些常用的标准以后，这个交易成本可以大大降低。

- 规模效益：只有规模大或者大胆的举措才能实现规模效益。同样的总公司、仓储网络和分销渠道，可以支持特易购的 3263 家商店，却只能支持萨默菲尔德（Somerfield，在它被 Co-op 收购之前）的 997 家商店。特易购享有低成本优势，它可以用来分摊成本的商店数量比萨默菲尔德多，购买力也比萨默菲尔德大。

—— 经验（或者学习）曲线

成本会随着产品或者服务的产量增加而下降，这一点虽然早已广为人知，最早却是 1936 年由美国宇航工程师莱特（T. P. Wright）提出的会计处理方法。他提出的这个过程被叫作累积平均模型（Cumulative Average Model）或者莱特模型（Wright Model）。后来，这个模型被斯坦福大学的一组研究人员进一步发展，叫作单位时间模型（Unit Time Model）或者克劳福德模型（Crawford's Model）。波士顿咨询集团（BCG）推广了它的学习曲线，说明做某件事情（制造产品或者提供服务）的时间每增加一倍，单位成本就会下降一个可以预测的常量。成本下降的原因有：

- 重复让人们对任务更加熟练，因此做起来速度更快。
- 由于经验曲线效应的缘故，随着成本降低，供应商本身有了效率更高的原料和设备可供使用。
- 组织、管理和控制流程得到了改进。
- 工程和生产问题得到了解决。

BCG 由布鲁斯·D. 亨德森（Bruce D. Henderson）在 1963 年创办。亨德森以前是一名圣经推销员，持有范德比尔特大学（Vanderbilt University）工程学学位。他在只剩 90 天即可从哈佛商学院毕业的时候离开学校，去西屋公司（Westinghouse Corporation）任职。他在西屋公司一直做到了亚瑟·D. 理特（Arthur D. Little）管理服务部的负责人。后来他加盟波士顿平安储蓄信托公司（The Boston Safe Deposit and Trust Company），并为这家银行创办了一家从事咨询的分公司。这条学习曲线成了一种战略工具，它让 BCG 走上成功之路，并且就此不断发展下去。

经验曲线作为一种战略手段的价值在于，它可以帮助企业预测未来的单位成本，在成本未能下降到历史水平的时候发出信号，这些都是企业谋求成本领先战略的重要信息（见图 3.1）。行业不同，经验曲线也不同，而且，经验曲线是随时间的推移不断变化的。你可以在这个网站看到更多计算本行业曲线的方法：管理与会计网。美国国家航空航天局（The National Aeronautics and Space Agency）提供了一套学习曲线计算工具（Learing Curve Calculator）。

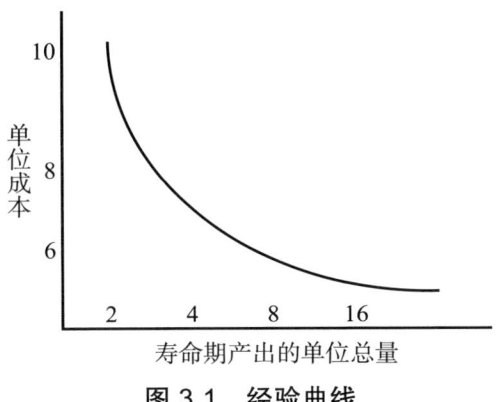

图 3.1　经验曲线

— 差异化

差异化的关键在于深刻理解顾客真正的欲望和需求，更重要的是，真正理解顾客愿意多花钱来满足自己什么样的愿望和需求。苹果的战略从一开始就是围绕使用图标的"好玩"的操作系统，而不是索然无味的 MS-DOS 操作系统。这种信念的依据是，苹果明白，电脑用户主要是年轻人，他们喜欢直观的操作系统，苹果提供的"图形用户界面"（Graphical User Interface）正好满足了电脑用户的这个愿望。苹果继续实行差异化战略，不过在便于操作的基础上又添加了时尚的设计，从多个方面为产品赋予了额外的价值。索尼和宝马也是差异化战略的典范。它们的产品都具有鲜明而卓越的差异性。这两个品牌以及苹果的产品价格在本行业都不算便宜，消费者却很看重其产品的差异性，愿意为了其产品固有的个性化差别多花钱。

差异性不一定局限于营销领域，如果这种差异化在不知不觉中过了时，也不一定能成功。北岩银行（Northern Rock）为了继续营业不得不国有化，虽然它的战略——筹集资金然后在货币市场上进行抵押，可以说是稳操胜券的做法。当年这家银行的发展比其他银行都快，它的资金来源主要依靠存款。只要利率低，货币市场运行正常，这种战略就能行得通的。可是一旦作为其发展动力的差异因素发生逆转，它的业务模型马上就遭到失败。

—— 集中化

集中化战略是指集中全力服务一个特定的市场或者一片划定范围的地域。举例说明，宜家把年轻的白领作为主要的顾客细分，在全世界30多个国家开了235家店。英瓦尔·坎普拉德（Ingvar Kamprad）是一位来自瑞典南部斯莫兰（Smaland）的创业家，他在20世纪40年代末创办了宜家，专门为人们提供结构精巧、设计别致的家装产品，价格控制在年轻人可以负担的范围之内。他采用降低成本而不影响产品质量的简单策略做到了这一点。

沃伦·巴菲特是全世界首屈一指的富人，他懂得集中化的重要性，他与著名糖果商玛氏（Mars）联手，于2008年5月以230亿美元（116亿英镑）的价格买下了美国口香糖制造企业箭牌（Wrigley）公司。箭牌公司总部设在芝加哥，在19世纪90年代曾经推出过白箭（Spearmint）和黄箭（Juicy Fruit）口香糖，从那以后一直专注生产口香糖，业绩持续领先于种类繁多的同行企业。箭牌是唯一的大型消费品公司，其市场的发展速度稳步领先于人口和通货膨胀率的增长。举例说明，在过去的十多年来，其他消费品公司纷纷采取了多元化战略。吉列（Gillette）公司收购了金霸王（Duracell），进入电池行业并用以推动它的许多产品。雀巢买下了美国宠物食品制造商普瑞纳（Ralston Purina）、冰激凌制造商Dreyer's、Ice Cream Partners和冷冻食品生产商Chef America。可是上述企业的业绩都落在箭牌后面。

企业常常会由于时间的流逝在不知不觉中失去专注的焦点，因此，企业必须时不时地重新发现自己的核心战略目标。它必须重新找准专注点，才能遏止增长缓慢的势头。宝洁公司就是一个例子，2000年，在公司名列前茅的9

个产品门类当中，有 7 个门类的市场份额在下降，公司在两个季度内 4 次调低收入预期。这种情况促使公司对核心业务进行了重组和重新调整专注点：大品牌、大客户和大国家。公司卖掉了非核心的业务，成立了 5 个全球业务单位，专注于门类集中的产品组合。

—— 抢占市场先机的误区

抓住"先发制人"的优势，这句话好像成了一句至理名言，人们用这句话来作为高昂支出和匆忙采用新战略的理由。这个概念是商业理论和实践过程中最经久不衰的一条经验。创业家和功成名就的商业巨头永远都在赛跑，个个都想跑到第一名的位置。20 世纪 80 年代以来的研究发现，市场先行者在分销、产品线宽度、产品质量，尤其是市场份额方面占有持久的优势，这些状况更加强调了这一原则的正确性。

先发制人理论的欺骗性在于：它也许是错的。南加利福尼亚大学的杰拉德·泰利斯（Gerard Tellis）和纽约大学斯特恩商学院（Stern Business School）的彼得·戈尔德（Peter Golder）在他们合著的《野心与愿景：迟来的竞争者为何能主宰市场》(Will and Vision: How Latecomers Grow to Dominate Market)（2001，McCraw-Hill Inc.，United States）中对先发制人理论提出了质疑；他们开展的后续研究也表明，此前人们对先发制人理论的研究存在很多瑕疵。首先，早先的研究所依据的调查对象是存活下来的公司和品牌，剔除了那些失败的先行者。这样，有些公司看起来好像是最早进入市场的，其实不是。宝洁公司自称开创了美国的一次性尿片行业。其实，有家 Chux 公司比宝洁公司提前 25 年，早在 1961 年就把一次性尿片推向了市场。

此外，早先的研究中，用来收集数据的问题大多模棱两可，结论难免具有误导性。举例说明，"最早开发此类产品或者服务的先行者之一"这句话被用来代替"最早把产品推向市场"的意思。两位作者列举了几种常见的误解，以佐证他们的观点；他们分析了 66 种市场，考察了这些市场真正的先行者。网上图书销售（的先行者）：亚马逊（错），Book（对）。复印机：施乐（错）、IBM（对）。个人电脑：IBM/苹果（错），微型仪器与遥测系统（Micro Instrumentation Telemetry Systems，简称 MITS）公司 1974 年推出了第一台个人电脑 Altair，价格 400 美元，它之后的坦迪公司（Tandy Corporation，现在 Radio Shack 的前身）在 1977 年在市场上出售过个人电脑。

实际上，一切研究中最具有说服力的证据是，采用抢占市场先机战略的公司有将近一半必败无疑，而紧随其后的公司成功的概率是它们的 3 倍。泰利斯和戈尔德称，最佳战略是在先行者之后 19 年进入市场，从先行者的错误当中吸取教训，学习先行者的产品和市场开拓方面的长处，此时进入市场的竞争者对消费者的偏好也有了更大的把握。

—— 产业分析

除了提出商业战略的一般方法，波特在这个领域的重要贡献还有后来被叫作产业结构 5 种作用力的理论（见图 3.2）。波特提出，每个行业都有 5 种作用力在推动竞争，企业在选择 3 类战略时必须把这 5 种作用力视为战略的组成部分。他指出的这些作用力是：

（1）替代威胁：除了你的产品以外，顾客是否可以购买别的产品？举例说明，苹果的笔记本电脑具有鲜明的独特性，让其他商家很难替代。索尼的独特性也很鲜明，不过比苹果稍差一点。反过来，戴尔就必须与其他供应商展开激烈的竞争，因为它们的产品几乎一模一样，差别只在价格上。

（2）新进入者的威胁：如果你的市场很容易进入，创办公司的成本很低，进入没有障碍，比如没有知识产权保护之类，那么威胁就很大。

（3）供应商能力：一般来说，供应商越少，供应商的力量就越大。石油是个典型的例子，整个市场只有十几个国家提供石油，所以它们可以规定价格。

（4）买主能力：在食品市场，举例说明，少数几家实力雄厚的超市拥有成千上万家小公司充当它们的供应商，超市就可以对供应商提出各种条件。

（5）行业竞争状况：竞争对手的数量和实力是企业力量的一个决定因素。竞争对手少，产品或者服务比较缺乏吸引力，可以降低这个市场门类的竞争激烈程度。这样的市场往往会出现寡头垄断（见第七章）行为，倾向于串通而不是竞争。

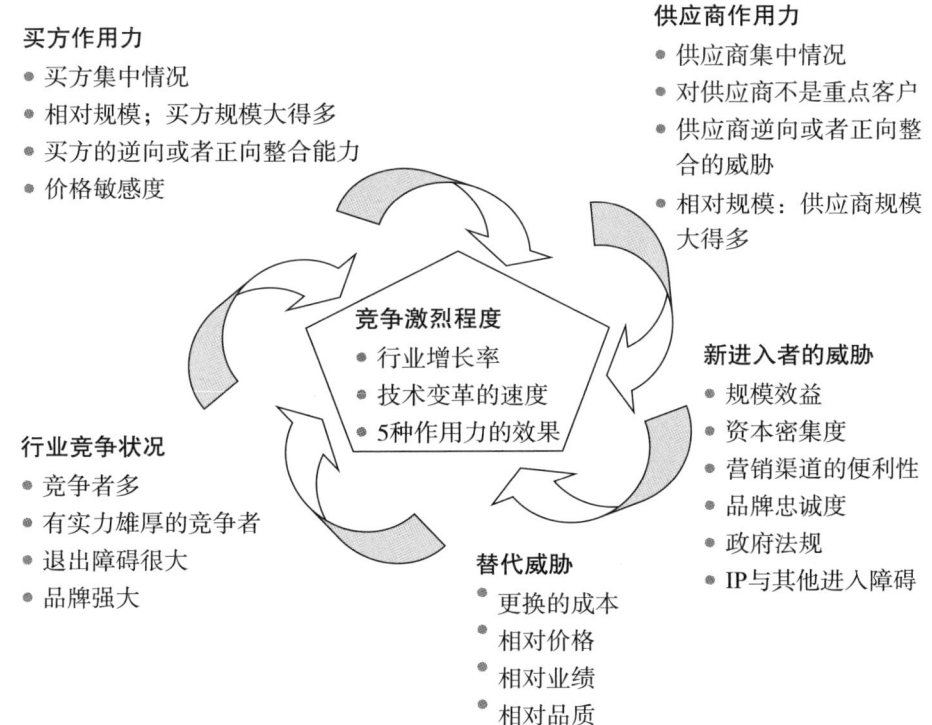

图3.2 产业分析的5种作用力理论（完善后的波特理论）

读者可以在哈佛商学院的网站看到波特教授讲授这个5种作用力模型的视频短片。

—— PEST 分析

这种理论框架是在波特的 5 种作用力之前提出的，它把影响战略的外部因素分为政治、经济、社会和技术力量等。后来人们又添加了两个因素，即环境和法律，把它的首字母缩写变成了 PESTEL（见图 3.3）。

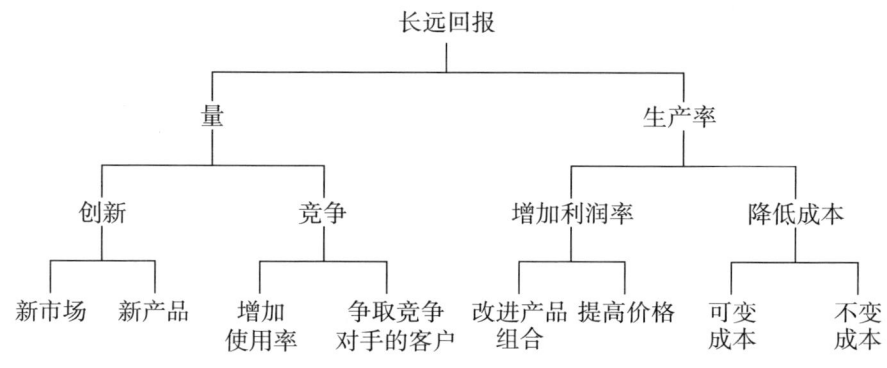

图 3.3　PESTEL 分析框架

PEST 事务对营销战略产生重要影响的例子有：

● 英国最大的汽车经销集团 Pendragon（Strastone 经销豪华品牌梅赛德斯、宝马和捷豹等，Evans Halshaw 经销以量取胜的福特和欧宝）2008 年亏损了 1.94 亿英镑，濒临倒闭的边缘。它的股价跌到每股不到 2 便士，而一年前它才刚刚经过激烈的竞争，以 5 亿英镑的价格接管了同类企业 Reg Varly 的经营权。不过，公司到 2010 年就恢复了赢利，股价也比 18 个月前的最低点上涨了 3000%。这个奇迹般的结果是通过巧妙的市场营销实现的：汽车业在 2009 年迫使持怀疑态度的工党政府接受了一项二手车报废计划，从而使该企业避免了彻底倒闭的厄运。二手车报废计划规定，购车人用 6 年以上的旧车以旧换新时，政府提供 2000 英镑的补贴。

● 葛兰素史克响应英国政府提出的名为"专利盒"（Patent Box）的计划，该计划相当于为在英国发明的专利产品减税，减到只有 10%，希望就此新增

1000个就业岗位。瑞士、比利时和荷兰已经在推行同类计划，英国奋起直追之后，在英国研发新药就变得比此前更具吸引力。

设法衡量市场

制定市场营销战略的第一步是明确你所身处或者瞄准的市场范围。市场营销战略的制定取决于企业的目标、使命和远景，它们构成了企业战略的根本。这些是第十二章战略部分要论述的内容。对大多数MBA来说，这些是"已知条件"，它们不会妨碍你运用本章所探讨的营销能力。举例说明，比如说你从事的是"美体小铺"（Body Shop）、麦当劳、IMB、A Hospital Trust 或者 Prison Service 等行业，那么，你当前业务的主要市场一目了然。日后你也许希望改变、也许必须改变战略方向，但是有效的营销基本上是关于怎么对待确定的产品（服务）/市场范围。这些概念适用于一切营销活动。不过，你会发现，如果你把它们用在你所从事的行业或者你所了解的行业，这些概念会比较容易理解。

—— 评估相关市场

市场营销的目的基本上是为了实现目标，比如销售一定量的产品或者服务，或者占有市场份额。MBA经常被要求执行一项具有挑战性的任务，即考察市场的大小。现在，原则上这项工作已经不那么难了。案头调研（Desk Research）（见本章后面的"市场调研"部分）会得出大量统计数据，这些数据的可靠性各有不同。你会发现，举例说明，面包在欧洲的消费是每年100亿英镑。但是首先，你要给面包下个定义。整个糕饼业的行业定义包括切片和非切片面包、面包卷、快餐点心和特制面包。它包括工厂烘焙的产品；店内面包师制作的面包，以及精品面包师售卖的产品。

所以，评估相关市场要对全球数据加以遴选，从中找到你的市场的真正范围。如果你的企业只在英国市场上经营，那么，它拥有一个价值超过27亿英镑的市场，相当于每天1200万块面包，这是食品行业最大的一个部门。

如果你只经营精品面包，那么相关的市场缩小到1350万英镑；而如果你只在25英里（1英里≈1.6千米）范围内经营，那么这个市场进一步缩小到970万英镑。

—— 市场份额的重要性

相关市场由各种相互竞争的企业按照不同的比例共同占有。一般来说有一位市场领袖，有几位市场追随者，还有大量的企业跟在这些企业身后。每位竞争者在市场上所占的那一块就是它的市场份额。你会发现，营销人员的眼睛牢牢地盯着市场份额，他们对市场份额给予的关注也许比具体的销售还要高。企业想打败"敌人"，在排行榜上占到靠前的位置，看起来这是一件十分寻常而合情合理的事情，但是它其实有着更为深奥和复杂的逻辑。

早在1960年代，美国就有一家管理咨询公司观察发现，生产某种产品（或者提供某项服务）的成本与这种产品在寿命期间生产的总量存在相关关系。他们注意到，累积的生产量每增加一倍，总的单位成本（劳动力和材料）就会下降20%到30%。（见本章前面部分关于经验曲线效应的详细内容）。

图3.4表现出了即便市场较小，但市场份额有优势，即利基市场，公司也会运转良好。奈恩（Nairn）较大的市场份额使得它比市场份额较小的竞争对手利润多了8个百分点。自然平衡食品（Natural Balance Foods）是Nakd和Trek酒吧的品牌。它是由来自加州的寇慕斯家族的杰米（Jamie）和克莱格（Cregg）

兄弟俩成立的，获得的给英国体操协会供货的合同强化了它的信誉，这至少在一定程度上提高了市场份额，也解释了 2015 年 3 月公司聘用专业的行业顾问斯坦福伙伴（Stamford Parters）来寻求新的投资者注资发展的原因。

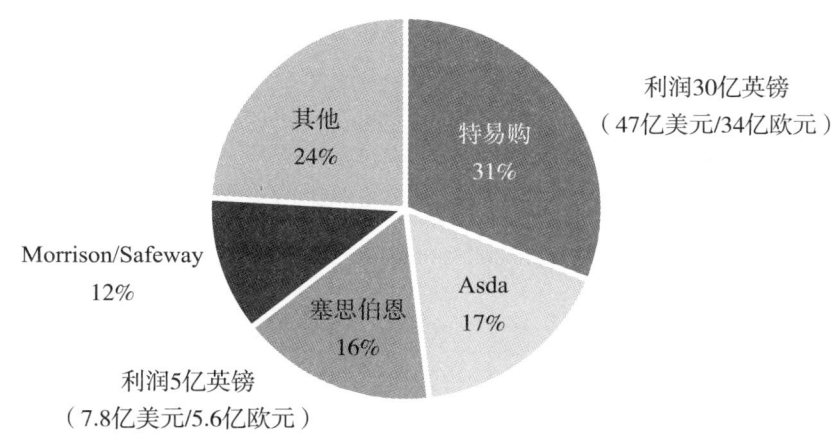

图 3.4　英国无麸质食品占食物市场的份额

—— 竞争地位

因此，既然市场份额和相对规模是重要的营销目标，你就要评估自己的产品和服务在相关市场上的相对竞争力。进行这项分析常用的方法是 SWOT 和认知图（Perceptual Mapping）。

>>> 优势、劣势、机会和威胁（SWOT）

这是 20 世纪 60 年代晚期由哈佛大学的勒尼德（Learned）、克里斯滕森（Christensen）、安德鲁斯（Andrews）和古思（Guth）发明的一种适用范围广泛的工具，他们出版的经典著作《商业政策》教材（*Business Policy, Text and Cases*）（Richard D. Irwin，1969）论述了这一思想。SWOT 的框架由一个十字构成，每个象限的空间总结了你的观察，如图 3.5 所示。

优势	劣势
1. 品牌开始被认知。 2. 在印度式餐饮业站稳了脚跟。	1. 没有自己的生产线。 2. 需要更多的股权融资才能大力打响广告。
机会	威胁
1. 我们可以在印度式餐饮业更加充分地利用各种关系。 2. 我们目前只在英国经营——所以可以追求面向全世界。	1. 如果大的竞争者瞄准我们的市场定位，我们的地位会很脆弱。 2. 我们的行业看起来好像成了大幅增税的目标，总需求可能会减少。

图 3.5 对假想的蛇王啤酒公司竞争对手的 SWOT 分析图例

这个例子中，只在几个方面做了 SWOT 分析，而在实际生活中，分析内容的条目可以增加到十几条甚至几十条。SWOT 分析的目的是提出建议，改善竞争地位，进而增加市场份额，同时尽量减小已经看到的威胁和危险。对该公司来说，SWOT 认为值得采纳的一种战略是开发低酒精产品（避开税收风险），这是对所有餐馆都有吸引力的做法，不仅是印度风味的餐馆（扩大市场）。公司还可以利用英国品牌的国际化商标，在印度开拓市场，打开销售渠道。这样可以进一步扩大市场，抵御英国国内的大型竞争者可能对本企业造成的破坏。

SWOT 还被用作战略分析的工具，实际上通用电气 20 世纪 80 年代就是这样做的。它是一种把大量信息综合起来的有用办法，便于管理者消化吸收。在用作单个的细分市场时效果极好，因为一个细分市场的优势也许是另一个细分市场的劣势。举例说明，假定某种产品的特性可以增强它对退休人员的吸引力，那么，它可能会减少对其他细分市场的吸引力。

案例研究　Tom Tom

2015 年 2 月 TomTom 的 CEO 哈罗德·高德金（Harold Goddijin）声称，公司已经完全步入正轨，完全能够在 2015 年下半年利用实时地图交易平台取代地图制作系统。就在前一年 TomTom 公司声称占有欧洲 52%

的 PDN（便携式导航装置）市场，据估计销售 700 万台装置，年收入接近 10 亿英镑。公司自从 1991 年成立之初一路走来，开启了改变人们驾驶模式的新征程。

哈罗德·高德金和柯林·维格露（Corinne Vigreux）20 多年前结婚，是引领卫星导航装置这一领域公司的联合创始人。维格露在一家巴黎的商学院学习时入职了一家法国的游戏公司，后来进入英国的 Psion 公司，后来又进入了手持的 PDA 这个因个人数字助手而著名的 FTSE100 强公司。高德金在阿姆斯特丹大学读的经济学并为一家风投公司打工，期间偶遇 Pison 公司的手持电脑和个人电脑记事本并对此产生了深刻的印象。他找到 Pison 公司建议成立合资分销公司，在荷兰出售公司产品。维格露被派去荷兰与高德金协商，那是两人的第一次见面。他们于 1991 年结婚后维格露就从 Pison 辞职，搬到了阿姆斯特丹。

短暂地在荷兰奶制品合作社工作一段时间，维格露就患上了技术戒断综合征。联合软件能手皮特弗兰斯·鲍文（Peter-Frans Pauwels）和皮特·格林（Pieter Geelen），她开办了 Palmtop 软件公司，后来变身成为 TomTom，设计一些诸如词典、财会包和减肥手册等软件，这些软件都可以装在 Palm Pilots 和衣袋电脑里。1998 年年底，高德金和维格露看到了一个电脑导航系统，逐渐地这个想法成型了。三年后，这四个人投资 400 万成立了 TomTom 并以 799 欧元的价格发布。即使这个较低的价位，也比现存的产品便宜和优越，因为它有触摸屏，这是这个领域的首创。

产品发布一年以后，公司上市，出售 50% 的业务来为公司的发展和并购筹集资金。但是 2008 年他们的业务出现了动荡。信用紧缩，市场饱和，负债率高，谷歌开始免费提供地图服务使得问题变得更加严重，一年之内见到了所有可能出现的问题。公司重组削减债务，现在一半的收入都是出售地图许可证，为汽车产业提供内置地图系统和汽车信息服务。TomTom 汽车信息服务公司成为主要的信息服务供应商，全球有35万份订单。2013 年，TomTom 发布了自主品牌的 GPS 手表，只需看一眼就能够提供基本的身体表现的指标，为跑步者，骑行者和游泳者实现他们的健身目标提供帮助。公司现在员工达 3600 人，已经是全球知名品牌。

>>> 认知图

营销管理人员多使用认知图或者定位图（Positioning Map）从两个角度来确定自己的产品和服务相对于竞争对手的地位。如图 3.6 所示，几家企业在同一个行业参与竞争，它们比较了各自的价格和质量，按照从高到低的图谱做了定位。

你可以把任何对顾客而言很重要的变量结合起来，画出类似的图表——比如便利性、产品品种、售后服务、市场形象等。这种工具有多种用法，包括它可以强调指出可能存在的市场空白，比如某个象限缺少竞争者，指出需要加强或者可以拓展的领域，或者采用 USP（见下文）来创造竞争优势。

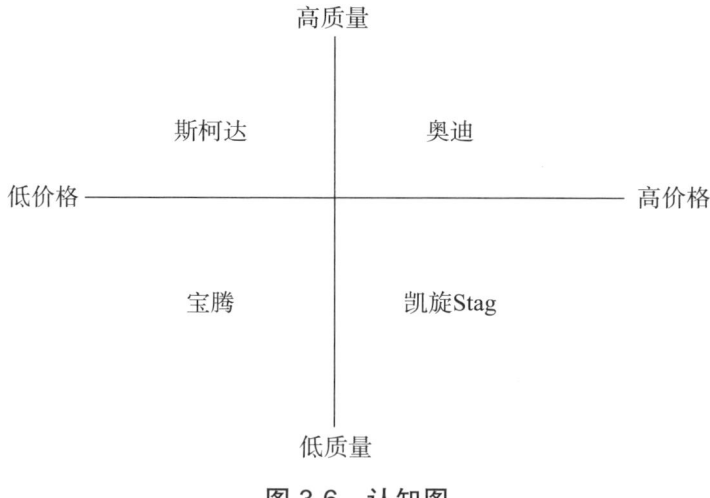

图 3.6　认知图

品牌

品牌是一个具有区别性的商标，标识，名称，词汇，句子或者是上述各项的组合。它可以在市场上区别于其他公司的产品和服务，以便在目标群体中创造一个积极的反应，使之成为忠实客户。该词源于北欧语"brandr"，含义为"燃烧"，是指物品的主人在上面（通常都是牛身上）烧上痕迹或者烙印。从20世纪50年代起，品牌的概念进入市场营销的主题。快速消费品公司如宝洁、联合利华、亨氏形成了一套规矩，任命经理监督一款产品和一组产品，确保他们能够销量超过他们的竞争对手。这些被任命的人士很快就以品牌经理著称，他们的职责是赋予一款产品一个身份，使得它能够在提供同款产品的竞争者中脱颖而出。一块品牌肥皂比市场上其他同款的肥皂销售量都要大。

品牌经理的任务是理解他们的目标消费者。这样他们就能够创造一个高于产品单一功能的价值主张。这种情感价值被反复的促销攻势所强化，假以时日，情感价值逐渐会对提供类似功能的品牌起到保护作用。一个强大的品牌在顾客眼中看来能够提供比其竞争者更加出色的价值，从而允许公司收取一定的额外费用。如果额外费用高于打造品牌的成本，那么公司就有了品牌价值。

—— 树立品牌

在营销组合的产品/服务层面，树立品牌被认为就好比耶稣在最后的晚餐时用过的圣杯那样神圣。品牌所涵盖的内容不光是产品是什么，有什么用途，还包括标识、符号、形象、声誉和这个品牌所引发的联想等因素。麦当劳的M形字母所代表的品牌，就像一盏醒目的指路明灯，它热情地欢迎顾客走进店里。树立品牌就是用一种让人浑然不觉的方式突出产品的差异性，吸引并牢牢地抓住市场，让顾客对品牌形成一定的忠诚度。可口可乐的味道与超市里的其他品牌没有太大差别，可是可口可乐在推销的时候，通过广告传递给消费者一种感觉，喝了可口可乐，消费者就可以分享一种潇洒的、令人向往的生活方式。苹果的 iPod 与老式的 MP3 播放器的区别与可口可乐的例子差不多。英特尔和奥迪是树立品牌的典范，它们让消费者相信，它们会让消费者在不熟悉的领地获得不一样的价值。"美体小铺"国际集团的品牌洋溢着关心环保问题的道德感，而其他化妆品牌则只关心怎么把顾客打扮得漂亮。

树立品牌需要时间，需要投入高额的广告预算。但是建立品牌价值以后，这种产品与其他无品牌或者品牌不够给力的竞争者相比，就可以收取高价，这样，企业最终拥有了一笔宝贵的资产。

如今，互联网上的品牌还不是很成功。品牌起作用的时候对消费者和供应商来说都有好处。客户喜欢品牌，因为这省去了很多时间去寻找他们要购买的产品和服务的特色和益处。一个熟悉的品牌可以确保产品和服务有某种保证。理论证明客户愿意花这个钱来获得这个保证。这就是供应商期待的效果。

不幸的是，并不像很多人希望的那样，品牌理论很难移植到互联网上。问题在于真正需要在互联网上建立起来的服务品牌，对于大部分人来说是不可见的。这反过来使得互联网品牌更加难以获得消费者期望获得的品牌益处：同行的羡慕或者是嫉妒。T 恤衫或者运动鞋的标识赫然在目，对于一些消费者来说是重要的交易价值。但是所有的互联网公司都在提供一种别人看不见的服务。当提供一款有形的商品，例如，一本书或者一张唱片，你的互联网提供商只是一个旁观者，他可能并没有看见你的供应商是谁。电子商务的另外一个问题就是竞争敌手的信息就是鼠标一点，客户会变得更加反复无常，购物的时候也往往更容易货比三家。

—— 品牌给公司带来的好处

在 2008 到 2015 年间，品牌数据库 BrandZ 中确定的前 100 个品牌的股票价格比标准普尔高出 40%。实际上标准普尔跌去了 11.5% 的市值，品牌 100 强增值 18.5%。经济困难时期品牌的突出表现主要归因于以下几点。

- 品牌产生超越公司业务的信任度。消费者忠实于宝洁，可口可乐和沃尔玛，就如公司用户忠实于思科，汇丰和高盛的产品和服务。根据 BrandZ，购买活动中对品牌的考虑 2005 年以来已经提高了 20%，因此在经济条件还不明朗的时刻，人们会选择他们信任的一个已经确立起来的品牌。

- 品牌几乎出现在世界上的任何一个角落。中国，印度和俄国的品牌在法国，英国或者美国都很盛行。今天十多个新兴市场经济体中都有世界品牌，而 2000 年他们一个都没有。这种全球的视野使得拥有顶级品牌的公司可以跨界发展。当西方发达国家的经济在 2008 到 2010 年间收缩的时候，中国，印度，巴西和大部分南美国家却高歌猛进。

- 顶级品牌的数量相对稳定，反过来使得这些品牌可以大张旗鼓的制定和贯彻长期的战略，而不是受到动乱的冲击。七个品牌同时出现在 2007 年和 2013 年的 brandZ 的排行榜上。确实有些位置出现了变化，现在排名第一的谷歌，2006 年排在第七位，IBM 从第八位上升到了第二位。这种弹性变化意味着公司如星巴克，三星和埃克森有能力快速从困境中得以恢复。埃克森在 1989 年瓦尔迪兹原油泄漏事故后实际上已经为社会所遗忘，但不到十年又回到了排行榜中，位列第三十九位，高于迪斯尼、奥兰治和高露洁。如果幸运的话，英国石油公司也会出现在榜单中。

—— 品牌陷阱

品牌为全球所见，因此很多问题看似很远，然而会突然间得到放大，无所不见并且会伴随不幸的后果。2009—2010 年品牌排行榜位列 26 位的丰田和第 34 位的英国石油这两个最成功的品牌，由于局地和一点点特殊的问题使得他们名誉在全球范围受损而跌下神坛。这两个品牌质量、正直和诚实都遭到了灾难性的打击，尽管这种打击并不是致命性的。

当英国石油正在墨西哥湾全力应对原油泄漏的时候，它比 2008 年 7 月 29 日宣布一个季度创造破纪录的 35 亿英镑利润时受到的世界媒体的关注高出四倍。尽管这个品牌能够在世界舞台上生存下来，但是当地海湾地区的网站调查显示 48% 的美国加油站会选择 Amoco，这个品牌是英国石油公司收购的公司旗下的已经放弃的品牌。丰田和几乎消失的丰田主席丰田明夫也成为不受公众欢迎的风暴中心，当时公司由于各种原因召回了几百万辆车，其中包括加速器踏板和方向盘锁故障。

—— 有关品牌的信息资源

BrandZ 是一家研究全球品牌的公司，曾经问询过 31 个国家 150 万消费者和专业人士，自从 2005 年以来每年对比 5 万个品牌。他们每年都对 100 强品牌进行排名。

超级品牌以国别列出顶级品牌，同时提供该国顶级品牌的相关资讯。

市场组合

市场组合是指可以使营销策略得以确立和贯彻的成分的组合。这些成分，最初指的是 4 个 P：价格（Price），产品（Product），促销（Promotion）和位置（Place）。现在已经拓展到 7 个 P：人口（Population），过程（Process），物理属性（Physical Evidence）。为容纳业务中日益增加的消费者中心，就像做饭一样，不同比例的相同成分，会产生不同的产品。市场组合成分仅仅体现大概的而不是全部的公司可控的要素，那些不可控的要素包括经济状况，法律的更改，新的强有力的市场进入者和快速发展的科技。

起源

"营销组合"这个词的来历可以追溯到20世纪40年代末。当时，营销管理者用这个词来指把各种因素综合起来制定战略。詹姆斯·W.寇尔顿（James W. Coulton），哈佛商学院教授，最早在一篇《营销成本》的文章中提到了"组合"一词。在对制造商研究成本的研究中，寇尔顿把营销主管描述为一个决策者，艺术家，以及诸多成分的混合者，有时候遵照着别人的做法，有时候也有自己独特的方法，有时候调整即刻可得的成分，有时候经实验或者新造一些别人没有尝试的方法。

寇尔顿的一个哈佛大学同事，内尔·伯顿（Neil Borden）非常喜欢他的观点，把营销主管叫作"成分的混合者"，他不断地将营销过程和营销策略创意地融入打造一家盈利的企业之中。他在1953年美国营销协会会长讲话中引入了营销组合概念。1964年继续在他的文章《营销组合概念》提炼他的观点（广告营销杂志，4（2），2～7）。伯顿的作品发表之时，很多相关的学术文章都已经出现了。佛尔顿（P. J. Verdoon）的《从制造者的角度来看营销》（营销杂志，1956年1月22日，221～35）和阿尔伯特·W.弗雷的《有效的营销组合：最佳结果的规划（1956）》（达特茅斯学院，阿莫斯塔克学院，新罕布什尔州，汉诺威）是最有影响力的两篇相关文章。

早期营销混合的支持者提出了一系列决策变量的清单，给出了一系列不同的表格。直到后来者E.杰罗米·麦凯锡（E. Jerome McCarthy），密歇根州立大学的营销教授创造了4P这一表达方式：产品，价格，地点和促销，这是最时髦的提法。20 世纪 60 年代他的专著《营销基础：管理方法》中，麦凯锡表明，在营销组合中将变量减小到四个基本的要素即产品，地点，促销和价格是十分有用的。

玛丽·乔·比特那（Mary Jo Bitner，亚利桑那州立大学）和伯纳德 H. 布姆斯（Bernard H. Booms，盛顿州立大学）在 1981 年的论文《服务公司的营销策略和组织结构》将传统的营销组合因素从四个 P 修改并拓展到 7 个 P，增加了人口，过程，和物理证据。在营销这种无形的服务中，作者脑海中都有一些独特的问题，然而，几乎每一个产品都有一个主要的服务元素，在主流的营销组合分析中 7P 都被采纳了。

采用营销组合

营销因素的变化方式集于一处能够产生一个适应满足特定市场部门的需求。例如，精装书要比平装本更贵一些。然而，来点巧妙的宣传，在平装本出版前，出的精装本价格高涨能够创造出独特的氛围可以满足特殊群体的客户。在平装本之后仔细选择发布电子版的时间可以收获类似的效果。

在如今电子商务大行其道的时代，相同的法则依然成立。你可以随便提出一种商业主张，只要改变营销组合中多个要素的组成方式，就可以更有针对性地迎合你所瞄准的目标细分市场，使你付出的努力不至于白费。以网上股票交易为例。它的重要细分市场也许包含形形色色的客户，比如，日内交易者、新股民分享俱乐部和成熟的私人投资者。公司的核心"产品"是提供信息，让投资者能够做出选择，下单购买股票。在营销组合的其他要素发生改变的时候，核心"产品"也要随之改变，以迎合特定的细分市场，使产品具有更大的吸引力。

在组织中成功使用营销组合可以使你的组织得到如下帮助：

- 更适合你的产品服务标准和客户细分要求。通常每一个组织都是花费更多的时间向内看而不是向外看，结果它们的所作所为都是满足自己的需求而不是客户的需求。利用营销组合要素生产一种产品和服务以相同的成本和较低的成本产生更高的价值是营销分析的主要益处。

- 创造更多的利润。如果你通过改变营销组合因素能更好地满足特定市场细分客户的需求，你就能提出更好的价格或者获得更大的市场份额。

- 提高营销努力的效率。分析营销组合和它们对客户的重要性会有助于改善你和用户打交道的方式。如果客户想要一个报价单，你不能马上提供，那么价格因素你就需要考虑了。如果某些重要的细分客户想要不同尺寸的产品，就像"9·11"以后所有登记行李的液体包装都有规定，那么生产小于100毫升的盥洗用品的机会就来了。

- 提供新产品的机会。英美烟草这一世界第二大烟草公司2013年前半年销量暴跌至3320亿支香烟，而2012年前半年销量是3440亿支，证明了成熟的市场不赚钱。公司拥有Lucky Strike，Dunhill，Kent，和Pall Mall等品牌，2013年上半年收入75亿7千万英镑，比前一年增加了2%，税前收入也有所增加。烟民平均的消费比前一年增加7%，部分原因在于价格上涨和消费者品牌的升级。英美烟草决定积极拓展刚刚兴起的电子烟草行业以抵制下滑的销量。2013年8月，公司开始在英国网上销售Vype电子烟，并推销到欧洲，美国也计划随后加入。英美烟草公司的公司事务部的主任金斯利·韦顿（Kingsley Wheaton）声称该项业务是业内领军者的公开宣言。当前市场还很渺小，并且呈碎片化，但是前景广阔，是个可以"自造炒作"的热点。

- 开发独特产品的特性。iPhone 4S是个典型的案例，2011年10月发布，介于2011年6月的iPhone 4和2012年5月的iPhone 5之间。iPhone 3于2008年上市，因此4S体现了一点调整以适应营销组合。4S发布在苹果的联合创始人和苹果 iPhone 和其他一系列产品的灵感源泉史蒂夫·乔布斯去世的前一天。4S 引入了新的特征为一款全新的语音激活助手"Siri"。

- 引入新的服务选项。服务是最快捷，最廉价的改变营销组合的因素。某些品牌提供的实时流量避免系统，例如，TomTom（HD 流量）和 Garmin（3D 实时流量）中程高端卫星导航体现了市场引领者之间怎样在自身和不太敏感的竞争对手之间保持着健康的距离。

- 建立最佳的分配策略。随着互联网的出现，经典的市场路线是由"实"入"虚"，取实物存在为线上销售。亚马逊（Amazon）和奥凯多（Ocado）都是相对比较古怪的极端典型。另外一个集团从网上起家到实物在线一直都在致力于打造市场最佳路线的是链接学院（Connection Academy）。2001 年上线时有学生 400 名，他们为幼儿园到 12 年级的学生提供了一个完全的全日制在线教育。他们的目标市场是那些为了工作，健康和能力获得意愿需要在家里学习而不是在学校中学习的人。然而，链接学院的执行副校长史蒂文·古德塔克（Steven Guttentag）认识到，尽管这对于学生来说是一根救命稻草，但是这毕竟是桶中的一滴水罢了。链接学院拥有这个国家潜在的 5000 万学生中的 3 万名，而整个市场是 200 万。将一个具体的场所发布的网上材料和学习结合在一起，在那里学生可以上体育课，吃午饭和老师一起在校园交流，这对于进入更大的市场是至关重要的。2005 年他们成立了第一所学校，2009 年他们和德州的男生学校合作，现在已经建立起了自己的混合学校并正在申请获得混合办学许可。

- 优化产品定价。营销组合最容易的因素就是价格，从增加的销售量和利润来说，它能产生令人震惊的结果。Book 这个旅店网上预定网站改变了公寓佣金的定价模式，实现了在目的地的首页上竞价。Priceline 是 Book 的母公司，见证了收入从 2010 年的 30 亿 8400 万美元到 2012 年 52 亿 6100 万美元的激增。

案例研究　Match网站

"在线约会"现在是全球范围内的一个主流业务。那些寻求友谊和真爱的人士已经将触角从地方分类的广告延伸到最远的大洲。纽约和波士顿的人可以和西贡和马尼拉人拍拖，一点也不必费力。根据美国统计局的统计，美国9000万单身人士中有4000万尝试过网上约会。Yougov数据表明英国五分之一恋爱关系的确立始于网上。

通过网上见面是第三方相亲方式，前两位是通过朋友引荐和酒吧相识。如今Match网站一年创造4亿美元的收入并拥有180万的付费用户。

加利·克雷曼（Gary Kreman）是Match网站的创始人，他起步于完全不同的领域。1989年，完成了斯坦福的MBA学业，他与人合伙创办了Los Atlos技术公司。这是一家为军方和其他公司从硬盘上清理敏感数据的公司。1992年公司出售给了一个雇员，这家公司至今仍在运营。在LAT，克雷曼注意到了一个重要的人口统计变化。如IBM的莲花笔记本上的新系统使得管理人员直接发送电子购物订单而不用求助于IT员工的协助。那反过来意味着越来越多的妇女可以使用这个工具实现首次上网。基于电话交友机构的用户本身也看到了并行的潜力，当前在线人数虽少，但会有越来越多的女士在线。

1993年成立了电子分类公司后，克莱曼有了做分类电子广告的想法，并且想要测试婚恋市场一些类似的想法。他见到了印刷媒体从分类广告中获得了令人垂涎的收益。《洛杉矶时报》40%的总收入来自分类广告，其中1/4来自个人广告。两年以后，测试很成功，他开办了Match网站并获得了20万欧元的风投资金，公司成了第一家利用互联网推进婚恋进程的网站，同时公司也是第一家服务收费的网站，这反过来也为创造价值增加了压力。1995年的时候很少有人上网，网上征男友的女性也就更少。克莱曼设计网站的时候优先考虑女士。"整个系统的设计对象是女士，而不是男士。"他说,"谁在意男人想什么,因此安全和匿名是最重要的,一些琐事,例如谈论体型,而不是具体的重量。绝不要询问女士的体重。"但是Match网站的注册人数增长速度仍旧很缓慢。在线婚恋就像一个数字游戏。克莱曼让每一个他认识的人加入,同时让他的员工也都在网站上线征婚,他和女友也都注册了,结果都是未知的,也有令人不快的经历。克莱曼的女友通过这个网站认识了别的男人后随即离开了他。从正面来看,他有积极的证据表明网站是有效果的。

代号"Synapse",Match确立了一套算法,考虑到用户提出的喜好,例如心仪的年龄段,头发颜色和体型等,它还通过网站上的行为加强了解。如果一个男人说他不想约一个三十岁以上的人士,但是经常查阅40多岁群体的资料,那么Match就会断定实际上约见年龄大一些的也是可以的。Synapse还使用"三角法"查看类似的用户的行为和相关因素。Match使用客户信息运行一套变化的定价策略。Match网站在一个高度竞争的碎片化的市场中运行,进入市场参与竞争的门槛较低。网上婚恋软件便宜,网站的创建简单,市场前景巨大。尽管最大的年龄组是30～49岁,15%的会员都是50岁以上,考虑到较高的离婚率和大量出生的婴儿潮,年龄组别会快速增加。然而据估计全球有8000位竞争者和1000个新的网上交友公司运营,每一年的价格都是敏感的问题。

Match在电视,广播和网络搜索和分销合伙人上支付了7000万美元的费用,将人们吸引到网站上来,但是定价策略的使用使他们开支紧缩。Match网站的层层定价菜单反射出行业中著名的价格歧视策略——"金凤花女孩"。通过给出三个价格选择,潜在的客户实际上可以选择好——较好—最好三档。对于不明确自己需求的人通常会选择中间档,所以提供中间选择是对对话率进行可接受查询的关键。Match网站采用菜单点菜式的定价策略。除了每个月的订阅费,订阅者还有额外与其他潜在对象沟通的渠道，如视频，语音，短信等。一旦成为基础会员，网站会通过提供额外和补充服务增加收入。每个季节都有选择，例如可以利用圣诞节过后的萧条期作为寻求浪漫的时间。节礼日和新年这段时间是婚恋网站最忙碌的时间，某些网站的流量都是三位数的增加。只那一周，Match 网站就有超过 300 万电子邮件信息发给上网征婚者。

克莱曼和他的董事会很多意见不一致，结果导致1998年公司作价700万美元出售给一家康涅狄格消费者服务公司胜腾集团。一年后，胜腾又以500万美元卖给了IAC，交易名ticketmaster。克莱曼从最初交易中获利很少，只有五万美元和网站的终身账号。这也没有什么价值，他以较低的技术含量通过一个共同的朋友认识了他的妻子并结了婚。克莱曼的财富来自异性。2001年，他因一个争议的域名得到了6500万美元，这个域名是他在20世纪90年代注册的。2004年在电子分类退出这一行后，为了获得有价值的专利，克莱曼花了2万美元买下了公司后立刻卖了170万美元。

接下来的五章对这些组合因素进行拓展，阐释他们契合整个的营销过程。该组合解释了它们在整体战略营销过程中的适用性。

为营销组合提供帮助和建议的参考信息

分析合作伙伴：他们有一个整洁的免费营销组合建模工具，可让您"利用营销混合模拟进行商业计划"。

如何实现有效的营销组合。英国特许市场营销学院：在这里你可以找到这个工具来帮助你找到最适合你的业务的营销组合。

第四章
产品和服务

- 掌握产品集合
- 产品门类
- 生命周期战略
- 产品线——深度与广度
- 质量很重要
- 过程

第四章
产品和服务

菲利普·科特勒是凯洛格管理学院国际营销学专业的杰出教授，他给产品下了个定义：向市场提供的可供购买、关注、使用和消费的事物，可以满足某种需求或者欲望。

"营销组合"这个词最早出现的时候，人们所谓有价值的贸易，基本上都是实物商品的交易。服务肯定是存在的，但是主要由法律、会计、保险和金融等行业提供，营销的概念在这些领域统统都是禁忌。今天，产品被普遍认为是一个多方面"满意度"的综合体，既包括有形的产品，也包括保修期、担保或者售后服务支持等无形的因素。大体而言，"产品"和"服务"这两个词在本章的这一节被用作同义词。

一个成功的产品包含实物和服务两方面的性质，内容如下：

- 颜色、味道、气息、手感。这些都是感官要素，对于化妆品而言，它们都是至关重要的要素。即使是像电脑这样平常的产品，也可以巧妙地运用颜色来为它注入额外的价值。

- 付款条件。事实证明，能否使用信用卡是决定某种产品是否"成交"的一个至关重要的条件。汽车销售在信用紧缩期间和之后急剧下滑，首要的原因就是顾客不能够使用信用卡购买，后来原因变成了贷款购买的价格过于昂贵。

- 规格和功能。它们用于描述产品的功能。举例说明，你如果不能提供一台电脑的内存、运算速度等之类的细节，就无法向顾客推销这台电脑。帮人们找工作的网站，必须在它的服务内容部分提供它如何寻找候选人、如何对他们进行面试，并给出评价等信息，然后才能为他们推荐适当的工作机会。

● 性能和好处。人们使用产品或者服务，他们实际购买的却是产品和服务背后隐含的好处。商务人士通常用性能来定义自己的产品。另一方面，顾客只关心产品和服务能为自己做什么。比较一下 Bic 笔和帕克笔。它们的书写功能基本上一模一样。可是，派克笔可以赋予顾客一种无形的好处，那就是使用者的身份会显得尊贵。他们花那么贵的价格购买，主要不是为了它的书写功能，而是为了这种尊贵感。

● 设计。设计是产品最难描述的一个元素，可是从多方面来看，它是目标市场最容易看到的产品特点。举例说明，苹果的 Mac 在促销宣传时，既强调它时尚的设计，又突出了它先进的图形功能。苹果认为，自己的产品主要吸引那些创造力丰富的人群。这类人认为，拥有一台苹果电脑比一台普通电脑更有意义。所以苹果的产品力图在外观上独树一帜，突出苹果与其他产品相比的差异性。你必须认真考虑你的产品在外观上看起来应该是什么样，网站是你呈现产品外观形象的第一个、也是最主要的平台。我们会在后文谈到网站的设计。

● 品牌。品牌通常与设计密不可分，就是给产品或者服务赋予独特的身份气质。前面一章论述了这个题目，本章丰田的案例研究再次探讨了这个话题，特别涉及品牌与质量的关系。

● 质量是另一个复杂的领域，通常质量与价格之间可以存在正相关的关系。在一定程度上，这条规律是成立的，不过，你的产品线的所有环节都必须具有类似的质量，否则品牌的价值就会大打折扣。梅赛德斯在市面上也有价格较低的小型汽车，但是它们的最终质量水平都达到了体型最大的汽车的标准。在网络上，质量既体现为你的网站的外观要素，也体现为网站的功能性和客户支持状况。迟迟不对投诉或者求助进行处理，也许会损害你希望树立的高品质形象。不过，你也不必错误地以为每个环节都必须达到高品质。这里的要求只是说，网站的质量必须适合你所瞄准的细分市场、适合竞争对手的产品质量即可。

- 包装指的是包裹在产品外面的东西。可以说,包装就是顾客把所购物品打开时首先看到的东西。这里你可以再次看到,对于许多网络公司而言,网站起到的作用就相当于有形商品的外包装。在网上销售、但是送货上门的软件必须使用包装,起到保护产品、提供信息和赋予产品价值感的作用。电脑软件的包装盒体积庞大,通常附带厚厚的说明书,它们的作用远远比不上软件本身。如此包装的道理在于,如果顾客收到一封信件大小的包装盒,也许会感到失望,因为他们为软件花了一大笔钱。

- 担保可以让人们放心地在网上下订单,确信自己会按时收到产品,产品会如网站描述的那样发挥适当的作用,如果出现毛病和故障,顾客可以拿到退款。顾客还希望得到保障:即在网上进行财务交接是安全的。如果在网下购物,顾客几乎没有这些顾虑。他们可以亲眼看到产品,甚至可以试用。他们可以回到自己当初购买产品的地方要求帮助、更换或者退货。

- 售后服务。客户支持已经成了所有产品都必须附带的重要内容。对于网上购物者,网络的虚拟性使客户支持变得更加重要。你如果能够迅速解答顾客的疑问,帮助他们解决问题,就可以建立客户忠诚度,形成竞争优势。除了在网上提供良好的支持服务,你还可以把其他顾客的知识和经验积累起来。你可以设定常见问题解答(FAQ)网页,对大多数顾客在使用你的产品时可能遇到的问题给予说明,讨论区的留言板也可以起到这个作用。你还可以把自己的网站变成一个不可或缺的参考资料网站,提供大量有用的超级链接和其他信息,帮助客户更好地使用你的产品。

- 性能和可靠性。它们涉及产品或者服务能够持续发挥功能的所有问题。举例说明,故障或者使用率是许多产品主张的一条标准说明。汽车轮胎通常附有使用里程说明,告诉你它们可以行驶多远的距离。

- 安全性。顾客希望供应商保证,其产品或者服务不会造成有害的副作用——药品是个典型的例子。许多不那么复杂的产品也附有安全保证。例如，食品就提供详细的脂肪含量的说明。

- 便利性。对于有些产品，不容易获取反而成了它的优点。梅赛德斯、摩根和其他奢侈品或者特制汽车品牌常常要你"排队"等待取货日期，也许还会邀请你亲自到工厂观看汽车的制造过程。诸多环节全都是为了营造品牌的神秘感。不过，一般来说，购买诸如口香糖、香烟或者葡萄酒的顾客希望产品放在货架上，伸手可取。

- 送货。送货是指产品或者服务抵达客户手中的方式。看到某些公司表示，只能在上午 8 点和下午 6 点之前送货，或者在工作日的半天时间送货，许多顾客都会很不满意，因为在这些时间段，他们也许全家人都出门在外或者必须上班。如果你当时不在家，就必须重新安排送货，或者最糟糕的是，必须亲自到一个极不方便的地方去取货。

市场营销经理在处理产品相关的问题时可以使用的主要工具有下列几种。

🌐 一般产品门类

产品和服务可以分为两大类，即消费品/消费服务和行业产品/服务。

—— 消费品和消费服务

消费品可以这样定义：产品的买主和消费者要么是同一个人，要么两者密切相关，购买过程中的整个价值主张全都由买主或者消费者决定。消费品可以进一步分为：

- 便利品，基本上是人们经常购买的产品，其便利性和价格比多数其他因素更为重要。食品和基本衣物大多属于这个范畴。

● 亏损商品和特卖品，旨在提供不一样的价值，只有在有限的时间内才可以买到。它们的目的是诱惑消费者走进商店或者登录网站。卖方一定要把这些产品与常规产品隔离开，以免它们损害常规产品的价值。

● 商场购买的产品，这类产品是顾客不经常购买的产品，人们比较注重它们的品牌价值，会在购买之前进行多方比较和调查，至少要确保产品符合自己对规格的要求，性能可靠，花出去的钱物有所值。衣物、家具、电脑、高科技设备都属于这一类。商场购买的服务包括保险或者休假等。

● 专卖品，这类商品通常价格较为昂贵，比如特制的服装、名表、汽车、家具和诸如电视机、洗衣机、洗碗机等商品和医疗或者法律服务等。消费者会在购买之前进行大量研究，确保自己所买的产品或者服务可以满足需求，他们还会要求强有力的售后支持。

—— 行业产品 / 服务

行业或者业务产品是指，客户购买这类产品往往是作为一个流程的组成部分，目的是为某些未来的终端用户增添价值。这类产品包括：

● 资本货物，比如设备、机械和建筑物等，它们要充当生产流程的某个环节。资本服务包括专业的纳税咨询，企业为筹集资金、开展收购而寻求的金融服务，知识产权保障等。这些产品的购买较为频繁，通常在专家团队的支持下由董事会做出购买决策，专家团队的成员往往包括受过 MBA 教育的任职者。

● 材料、供给物和零部件。这些是生产流程要使用的原材料，在相对较短的时间内消耗掉，所以是频繁购买的物品。

● 供给物、服务和公共事业。这些产品通常不构成成品的部件，虽然它们在生产流程中发挥重要的作用。举例说明，没有电话或者文具，就什么也无法制造和销售。网络服务提供商（ISP）、办公室清洁工、广告代理机构和商业咨询师都是此类供应服务的提供者。

产品/服务生命周期

企业的产品和服务像一切事物一样具有生命周期，这个概念最早出现在管理文献中是在 1922 年。当时，研究人员在查阅资料，分析美国汽车业发展壮大的过程时发现，每一款汽车的销售都呈现为钟形模式。在其后的 40 年，各行各业的从业者和研究人员把生命周期概念做了增删，改换名称以后，如图 4.1 所示的 5 个步骤，并继续开展进一步研究。对于流行一时的时髦物品，产品生命周期的长度可以是几个星期，也可以是几个月，比如呼啦圈或者魔方等。

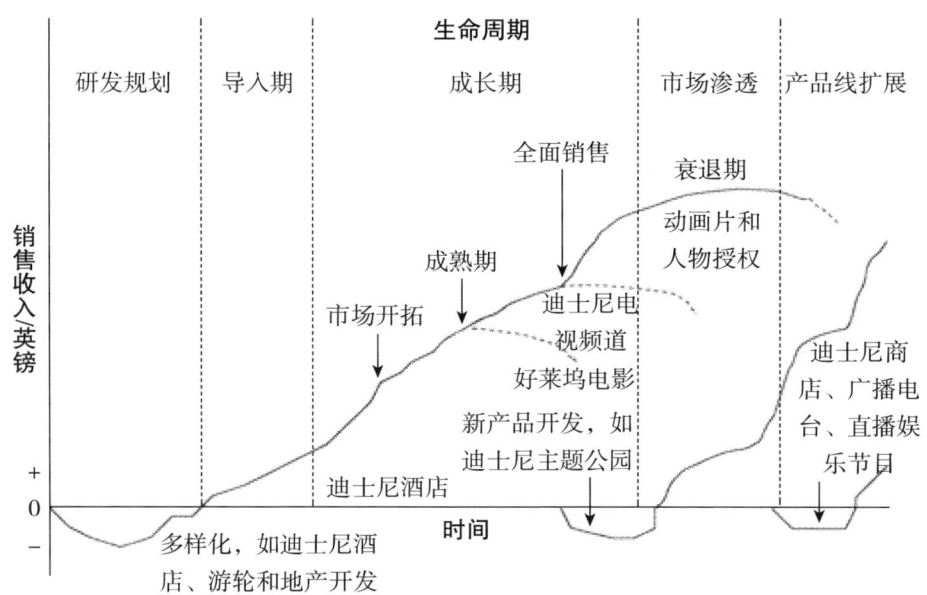

图 4.1　产品市场战略和产品生命周期

—— 产品生命周期的几个阶段

产品从诞生到死亡或者重新上市（如果事实证明重新上市是可行的市场营销战略），通常要经过几个界限分明的阶段：

● 产品开发：这一步通常只有现金支出，可能持续几十年（如药品开发），也可以短到几个月甚至几个星期，就可以推出一款简单的消费品。

● 引入期：产品在这一时期被推向市场，也许只是推向某个初始细分市场，可能不过是一次试售行为。这一时期的成本很高；企业首先要承担广告和销售成本，销售收入很少。

● 成长期：这一时期，产品在公司的各个细分市场销售，得到市场的接受，开始盈利。

● 成熟和饱和期：在达到消费者消费能力的极限时，销售达到最高点，竞争对手或者替代产品进入市场。为了打败竞争对手，随着价格下降和广告费用逐步增加，产品的利润逐渐减少。

● 衰退期：销售和利润不断下降，竞争变得激烈，更好、更具有竞争力或者技术领先的产品进入市场。

产品生命周期作为营销工具的用途在于，它可以作为一种辅助手段，帮助决策者决定采取什么战略比较适当。举例说明，在引入期，广告和促销的目的也许是告知和教育消费者；在成长期则要突出强调产品的差异性，牵制竞争对手，使之无法接近自己；在成熟期，要提醒消费者你依然活跃在市场上，消费者该再次购买了。在衰退期，广告预算也许可以削减，价格可以降低。与产品相关的所有重大成本都必须在这个时期得到解决，这个时期应该仍然是一个盈利的时期。

当然，这些只是举例说明几种可能的战略，而不是必须遵守的法则。举例说明，许多产品在衰退期重新推出以后再次取得了成功，因为它改变了营销组合的某个要素，或者针对不同的市场做了重新定位。发达经济体的烟草制造商对衰退的市场做出反应，他们瞄准了非洲和中国的市场，甚至在那些市场从事生产，买断当地的品牌来扩展自己的产品种类。

图4.1的虚线表示，没有市场营销的干预，销售会自然减少。

—— 独特的定位主张

过去人们把这个概念叫作独特的销售主张（USP），但它仍然属于销售范畴。对于营销人员，这个名词与朗朗上口的广告语是同义词，它要抓住产品的价值，在用户脑海里留下印象。它应该突出你的产品相对于竞争对手的定位，让竞争对手很难模仿或者抢先占领市场。举例说明，约翰·刘易斯（John Lewis）把"绝不故意抛售商品"作为传达给消费者的强有力的信息，让消费者在做出选择的时候，可以安心地抛开价格因素不予考虑。

另一个战略是把一句话据为己有，再把它变成一个形容词。胡佛（Hoover）真空吸尘器和联邦快递（FedEx）的隔天送货，就是采用这种方法的典范。

—— 产品线

一般来说，除非是公司很小或者刚刚创立，否则，企业只提供单一的产品则被认为是太危险了。有两个选择要考虑：

● 产品线深度：它是指公司在某个门类拥有许多产品。洗衣粉和早餐麦片是企业为同一个市场提供多种产品的两个典型的例子。它对公司的便利性在于，它可以使用相同的分销渠道和买方途径。弱点在于，所有这些产品会面临相同的风险和危机。举例说明，不管你的啤酒和烈酒类产品多么种类繁多，你都可能面临相同的提高税收的风险；如果有人认为你的产品对人体健康可能有害,你也难免背上骂名。

- 产品线宽度:这是指公司拥有各种类型的产品,比如万宝路既出产烟草,也生产时装,或者3M公司提供各种各样的粘贴物品,甚至包括即时贴等。

── 产品/服务接纳周期——谁先买

顾客不会坐等一家新公司开门营业。新开了一家公司的消息是经由各种各样的顾客群体传播出去的,而且传播的速度很慢。即便这时候人们知道有一家新公司存在,你也不难注意到,首先购买这家新公司的产品的人,一般来说都是偏向于冒险性格的人。只有这些人给产品盖上了批准通过的印章,"追随者"才会跟上去。我们把这个过程叫作接纳过程。研究表明,这个接纳过程涵盖了5种鲜明的顾客特点,从创新者到落后者,每个群体的总人数各有不同。

产品/服务的采用周期如下:

- 创新者:占总市场的2.5%;
- 早期接纳者:占总市场的13.5%;
- 早期大众:占总市场的34.0%;
- 晚期大众:占总市场的34.0%;
- 落后者:占总市场的16.0%;
- 总市场:100%。

让我们假设你为自己的网络礼品服务找到了市场。最初你的市场只限于有钱的专业人士。为了降低送货成本,这些顾客只限于你的住处方圆5英里的范围内。所以,如果市场调研表明,有100000人符合你对理想顾客的要求,这些人也定期使用网络,那么,一开始就向你开放的市场也许只有2500人,这就是创新者所占的2.5%。

对于真正具有创意而价格相对昂贵的产品和服务，这个接纳过程表现得最为明显：只占 2.5% 的创新者是第一批购买新产品的顾客，落后者则是只会向已经从业 20 年的商家购买。不过，这种一般的新产品接纳规律对所有的企业都成立。除非你已经把产品卖给了创新者，否则无法实现大额销售。所以，第一项重要任务是找到这些顾客。这里要牢记一点：你从一开始对潜在顾客的了解越多，你成功的可能性就越大。

在构建营销战略时，另一个要牢记的问题是，创新者、早期接纳者和所有其他的细分顾客不一定使用相应的媒体、网站、杂志和报纸，也不一定对相同的形象和信息做出反应。所以，要采用不同的方式对他们进行营销。

案例研究　Intuit Inc

到 2010 年，Intuit 已经走入它创立之后的第三个 10 年，它仍在致力于打造一系列"对我合适"的消费者主导的产品和服务，为小企业的管理提供帮助。建筑网站、零售商店、不动产、财富 500 强公司和会计师事务所都纷纷使用它的软件来帮助管理项目和客户，追踪销售，监测库存。公司的净销售收入超过 30 亿美元，利润超过 5.4 亿美元，员工人数达到 8000 多。

Intuit 公司于 1983 年由斯科特·库克（Scott Cook，如今仍为执行委员会的主席）和汤姆·普罗克斯（Tom Proulx）创办，它致力于用革命化的方式为个人和小企业提供财务管理服务。

公司最早的产品 QuickenÒ 于 1984 年一经推出便契合了消费者的需求，自此以后变成了个人理财的代名词。QuickenÒ 的成功大大推动了 Intuit 其他业务的诞生，首先就是 1992 年推出的 QuickBooksÒ 小企业会计软件和 1993 年推出的 TurboTaxÒ 个人纳税软件（通过收购 ChipSoft 获取）。为了给这些产品增加价值，Intuit 开创了日常财务用品业务，把纸质支票、格式和信封销售给软件客户。1995 年，公司率先提出电子财务的概念，给 Quicken 增加了网上银行和账单支付功能。

可是，Intuit 进军网络的雄心抱负差点沦为一场噩梦——至少在 1996 年差点落败。1995 年年底，Intuit 进入"反思期"，公司重新思考了"我们是谁，我们是做什么的"等问题。它此前刚刚经历过一次打击，原计划与微软合并的事宜彻底流产，它必须重新思考自己的发展方向。

Intuit 的一大长处是非常认真地对待客户研究。他们询问客户想要什么，并努力满足客户的需求。1996 年，经过反思之后，Intuit 的管理层决定探索进入网络。他们询问客户是否愿意把自己的个人财务信息放在网站上。

答案是斩钉截铁、众口一词的否定。没有条件，不容分说——客户的否定干脆利落。可是今天，该网站有几百万条个人理财的投资组合信息，人们纷纷用 Intuit 在价格上具有竞争力的软件 QuickBooks Online Basic（9.95 美元／月）和 QuickBooks Online Plus（34.95 美元／月）管理自己的个人账户。

Intuit 开展市场调研失败了吗？也许没有。看起来它的客户群具有相当正常的新产品应用比例。也许只有 2.5% 的人（创新者）说，"好的，我们愿意把财务信息放在网站上，"其余 97.5% 的人则以各种方式表示反对。可是，它新推出的网络产品很快就流行起来，起初只有创新者纷纷购买。后来，早期采纳者、早期大众甚至一些落后者也渐渐开始在网上打理个人财务。

Intuit 克服了市场最初的抵制，它采用与银行相同的数据加密技术，把 QuickBooks Online 变成了 VeriSign Secured® 产品，确保了网上的数据安全。因为它的会计功能和数据都在网上，可以用世界上任何一台电脑进行操作，所以业务职能很容易外包。此外，因为财务管理在网上进行，数据能够自动备份，也不会遗失。

质量

除了使用高效的统筹和控制流程，企业还必须交付高质量的产品或者服务。在经营概念和在营销概念中，质量这个词的意思不尽相同。在营销概念中，质量指高标准的东西。在经营概念中，质量是指达到一系列预先规定的指标，满足了预期的性能。换句话说，质量是指企业做出承诺，并且兑现了承诺。不过，质量也是企业效益的组成部分。不达标的质量会造成很大的浪费，打乱生产计划，丢掉订单，所有这些问题都会给企业的市场营销造成直接的影响。

—— 产品/质量/价格主张

有 9 种战略性的市场营销方案，它们可以对产品或者服务相对于其质量和价格在市场上进行定位（见图 4.2）。在这里，任何一种战略的采用都必须与营销组合的其他因素相辅相成，与产品构造的每个要素协调统一。举例说明，高价品应该使用优质的包装，提供强有力的售后服务。但是有时候，企业想给质量相对较次的产品设定高价；例如，有些手表品牌就试图占领这一块市场。他们试图用过度而高质量的包装来弥补拙劣的质量，但是这么做很少能够实现客户满意度，客户也不会再向其他客户推荐该公司的产品，而推荐是树立口碑极其重要的手段。

—— 检查

弗雷德里克·W. 泰勒（Frederic W. Taylor）在他的著作《科学管理原理》中写道，管理层最明确的一项任务是，确保残次品不得流出工厂或者车间。这就引出了对产品检查问题的重视,每件产品都要经过检验,必须达到产品规格。这项任务在生产流程的最后一步进行,由一些经过特殊训练的检查人员执行。质量检验背后的道理是,用防止残次品的方法来确保质量控制。检验在现代质量实践中仍然发挥重要作用,不过不再作为唯一手段,而是作为一系列手段当中的一种。

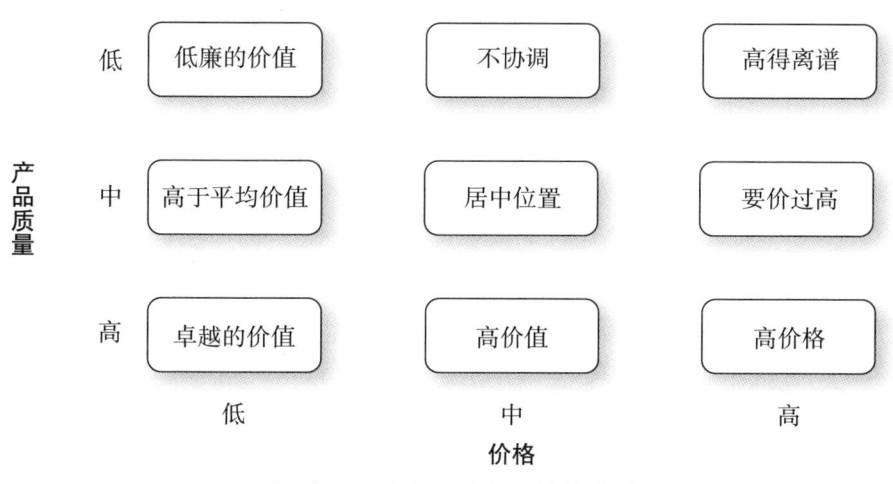

图 4.2　产品 / 质量 / 价格主张

—— 质量背后的原理

美国统计学家、纽约大学商学院(The New York University Graduate School of Business)和哥伦比亚大学教授爱德华兹·戴明(W. Edwards Deming)在 1993 年去世前十天还在坚持授课。戴明被认为是现代质量管理之父。他引入了统计学的概率法,把质量控制当中的检验看作一个步骤。他认为,质量应该被设计到产品和流程当中。他还认为,大规模质量检验是多余的;如果流程失去了控制,使用控制图进行统计抽样,就会使问题暴露出来。

戴明最为人称道的是他的"质量管理 14 条法则"。他用这一套法则解释了注重质量的企业对每个人的要求,从最高管理层开始,"要欣然接受新思维,为参与其中的每个人寻求更高利益,实现持续不断的改进。"他希望人们把口号、目标和数字指标去掉,向企业内部的每位雇员强调,要想进行变革,要想长期不懈地改善流程,必须依靠每个人付出努力才能实现。戴明的观点被日本企业热心接受。当时日本经济由于第二次世界大战遭受重创,日本企业愿意并欣然准备迎接激烈的变革。直到日本汽车打入美国本土市场并占领了相当可观的份额,美国工业界才恍然意识到戴明关于质量的劝告是有道理的。全面质量管理(Total Quality Management)、质量圈(Quality Circle)和"六西格玛(Six Sigma)"等戴明理论的变体和扩充以及其他质量先行者的著作纷纷流行起来。"六西格玛"早在20世纪20年代就在使用了,数学家用它来作为衡量产品质量变化单位的符号。但是直到20世纪80年代中期,美国摩托罗拉公司的工程师们才确立了减少生产过程中瑕疵的目标,最早用"六西格玛"作为这个目标的非正式名称,后来作为其品牌。他们之所以选择"六西格玛"这个名称,是因为在数学上,它表示百万分之3.4的瑕疵,这是极高的质量水平。

案例研究　丰田

2015年2月,丰田汽车表示,预计上个财年的营业利润为2.7万亿日元(合230亿美元),较上年同期增长17.8%。真正的总量没有增长,但《金融时报》援引丰田公司的高级管理人员拓夫佐佐木的表述:"我们在日元表现强劲时期做出的努力,坚决削减成本并提高每车的盈利能力,因此,我们已经建立了一个精简结构,不依赖销售增长和货币表现状况"(见《金融时报》,2015年2月4日)。

这与2010年1月的目标相差甚远,当时丰田汽车宣布在欧洲召回多达180万辆汽车,其中包括英国约220000辆汽车。与此同时,美国交通运输部对多款丰田车型的制动问题展开调查。消息传出后,公司股价下跌了250亿美元(159亿英镑)。车辆召回事件并不是第一次了。通用汽车1981年召回了近600万辆汽车,原因是前悬架螺栓有缺陷,有一处铆合不良,1996年由于可能引发着火的点火开关故障,福特已经在1996年召回了近800万辆汽车。福特2009年也召回了450万辆汽车;巡航控制系统会存在可能过热并引发着火的隐患。

这一次,丰田之所以遭遇如此重创,原因在于它的精神遗产、战略和品牌价值主张都与产品质量息息相关,密不可分。1890年丰田佐吉(Sakichi Toyota)发明了一台木制纺织机,并用自己的名字给它命名。自此以后,公司就一直以生产可靠的产品为己任。在接下来的几十年里,丰田对这台纺织机进行了许多创新,包括添加了纺线断掉时的自动停机装置。1929年,他前往欧洲和美国考察之后,把他拥有的自动纺织机的专利权转给英国公司普拉特兄弟(Platt Brothers),他本人则开始致力于研究一种新产品,这种产品由于能够批量生产而登上了世界各地的报纸头条。这就是汽车。1933年,丰田自动纺织机有限公司(Toyota Loom Works Ltd)成立了汽车部;1935年,日野汽车(Hinode Motors,现在的爱知县丰田公司[Aichi Toyota])投入生产。它的汽车最初以家族的姓名丰田为品牌进行销售。1936年9月,公司发起一场设计新标识的竞赛。管理层从近30000个入选方案中,选中了把"丰田"(toyota)的3个日本文字画成圆形的设计。但是,丰田佐吉的养子丰田利三郎(Risaburo Toyota)喜欢在设计大赛中获得第二名的方案,因为它把"丰田"(toyota)的日文用8笔写成(8是个幸运数字),而且图案看起来十分简洁。后一种设计还可以把公司与它过去的历史隔离,比如务农等古老的业务——"toyota"的字面意思恰恰是"肥沃的稻田"。公司采用这个新的商标之后,于1937年8月正式注册为"丰田汽车公司",开始在专门的厂房Koromo工厂(The Koromo Plant,现在的Honsha工厂)投产。

丰田汽车公司在1961年推出了全面质量控制(Total Quality Control,

简称 TQC），1965 年获得戴明应用奖（Deming Application Prize），该奖以美国质量控制大师戴明的名字命名，丰田的管理方式深受戴明理论的启发。

丰田对质量控制的重视体现为公司内部奉为圭臬的 5 条原则：
- 挑战；
- 持续改善（Kaizen）；
- 现地现物（Genchi Genbutsu）；
- 尊重员工；
- 团队合作。

丰田也是最早采用精益制造和即时生产模式的企业，这两种策略都能够使产品达到卓越的质量和价值。

在公司现任总裁丰田章男（Akio Toyota）看来，丰田的质量问题是由于企业的发展速度过快，来不及培养适当的技术人才所致。他接着说，"公司工作重点的传统排序依次是安全、质量和产量，近年来顺序颠倒，把产量放在了靠前的位置。"

2010 年 1 月，世界最有价值品牌的最新排名公布，丰田仍然被排在汽车行业的第一名和所有行业 500 强企业的第 10 名。梅赛德斯和宝马分别排在汽车行业的第 3 名和第 2 名。

过程

营销组合中的这一元素关注客户与供应商的交易体验。本质上，这将公司的服务元素变得更加清晰。流程可以遍及客户/供应商关系的各个方面。例如，最近 Nespresso 的报价，从 2015 年 3 月起，Nespresso 咖啡机上的"25 英镑俱乐部奖励"在兑换奖励的过程中变得不再那么吸引人了。

如何参与此项优惠：

（1）购买 Nespresso 咖啡机。从 Nespresso 网站上购买任一款的 Nespresso 咖啡机并注册加入 Nespresso 俱乐部，你将收到 Nespresso 俱乐部会员账号。

（2）收到你的机器并申请 £25 俱乐部奖励。一旦你收到你选购的机器，你必须在 Nespresso 网站上在线申请你的 Nespresso Club 信誉积分卡。你需要上传购买凭证副本并输入机器的 19 位序列号。或者，你还可以从 Nespresso 网站上下载申请表，附上购买证明的复印件，并在截止日期前按照申请表上的地址寄回。

网站和移动应用程序 APP 是潜在客户对公司流程不满的另一个来源。谷歌已经推出了"方便移动处理的测试"，它会分析一个网址，并报告该网页是否具有支持移动设备的设计。

通过激励，Google 在其页面排名标准中支持适合移动设备的网站。

凭借众多的评级服务和美国及英国的国家跨行业客户满意度基准，该计划通过国内外企业提供的产品和服务质量来衡量家庭消费者的满意度。商业产品，服务和流程，以上这些都成为前所未有的关注焦点。行业基准年度研究涉及美国约 70000 名客户，以及英国约 30000 名受访者，对他们使用最多的产品和服务进行了调查。调查数据评估了 43 个行业和 10 个经济部门的 300 多家公司的客户满意度，以及国家和地方政府机构提供的各种服务。

第五章
广告与促销

打广告的原因
媒介与内容
衡量广告效果
公关的威力
使用网络
销售
社交媒体策略

第五章
广告与促销

在一定程度上,广告是一项看不见的活动,虽然广告费是实实在在的真金白银的付出。正如萨奇广告公司(Saatchi & Saatchi)前负责人贝尔爵士(Lord Bell)所说,广告实在是"人与人交谈的一种极其昂贵的方式"。

广告和促销,简称A & P,发展成为今天的市场营销人员一眼就可以辨认的模式,已经有将近400年的历史了。1631年,法国报纸《公报》(La Gazette)刊登了最早的分类广告。80年后,世界上第一份杂志《闲话》(Tatler)问世。A & P到1841年已经成为司空见惯的商业活动,以至于沃尔尼·B. 帕尔默(Volney B. Palmer)在美国费城创办了历史上第一家广告公司。到1892年,美国邮购巨头西尔斯公司(Sears)打响了第一场直销宣传战,向顾客发出8000多份手写的明信片,结果收到了2000多份订单。1905年,默片明星"胖子"阿巴克(Fatty Arbuckle)成了首位为品牌代言的名人,他代言香烟品牌穆拉德(Murad),号称这种香烟是"有教养的人理所当然的首选"。

世界各地的商学院马上认识到了广告是市场营销的一个重要的分支,广告和促销专业的教授应运而生,其队伍迅速壮大。CEIBS(中欧国际商学院)聘请罗伯特·F. 劳特朋(Robert F. Lauterborn)为客座教授。他是北卡罗来纳大学广告学专业享有詹姆斯·L. 骑士席位(James L. Knight Chair)的教授,该席位得到骑士基金会(Knight Foundation)百万美元的资金支持,旨在"改进广告学的教学"。哥伦比亚、田纳西、密歇根和波尔州立大学(Ball State University)等先后设立了专门的广告学教授或者消费者心理学等相关领域的课程。

法国名列前茅的商学院兰斯管理学院(Reims Management School)更是

向前迈进一步，指定了一名教授专门研究香槟的促销问题。大型香槟生产厂家包括酩悦（Moet & Chandon）、凯歌（Veuve Cliquot）、慧纳（Ruinart）、库克（Krug）、罗兰百悦（Laurent Perrier）、丽歌菲雅（Nicolas Feuilatte）及伯瑞（Pommery），它们共同出资为这个荣誉席位提供资金。

A&P 专业人士可以使用的媒体大大增多，它们的相对重要性不断地受到科技进步的影响。

营销和通信公司之一的 WPP 的媒体采购部门 M 集团的研究预测，2016 年世界广告预算将继续保持上升趋势，增长率为 3.9%。令人惊讶的是，电视广告将保持其份额，数字媒体将快速成为最大的产业。在英国，所有促销支出中有 50.1% 将用于数字媒体，其中所占比例最大的是瑞典（47% 的广告支出将是数字媒体），丹麦（43%），澳大利亚（42%）和挪威（40%）。

广告领域最深刻的变化就是媒体的观看方式。作为观看平台，2013 年智能手机和平板电脑超过个人电脑和台式机，到 2015 年，这些新兴设备的市场份额增长两倍。手机采用率是史无前例的。美国的无线电用户历时近四十年的时间达到了 5000 万；Facebook 花了 3 年的时间达到了同样的水平，而 Instagram180 天就到达了这个水平。据可靠的市场预测，到 2020 年移动设备将占美国数字广告支出的 75%。

🌐 打广告的法则

传媒传播方式正在转型，广告的基本规则得以延续。除了最小的企业之外，负责营销领域工作的 MBA 不太可能直接参与设计或提供宣传材料。他们需要对潜在原则和关键领域进行完善的概述、上下线、推拉等，以及对机制的基本掌握。

下列 5 个问题的答案是一切广告和促销策略的基础：

（1）你希望达到什么效果？

（2）达到这种效果的价值是多少？

（3）要传达什么样的信息，才能达到这种效果？

（4）哪种媒体的效果最好？

（5）怎么衡量你的心血和花销的效果？

—— 你希望达到什么效果

你希望潜在的顾客访问你的网站，打电话，写信、发电子邮件给你，回复卡片，还是通过邮寄下订单？你希望他们马上就对你的广告做出反应、产生需求呢，还是希望他们记住你，将来某一天在产生需要的时候，想到你销售的产品或者服务？

潜在顾客可能做出的反应是下订单、增加访问量、打电话或者索取资料。为了达到目的，你对他们的反应越是有明确的认识，你的促销活动就越可能具有针对性，你就越能够准确地评估自己的促销活动的效果和它的投入产出比。

—— 这个效果对你具有多少价值

只要你知道了自己希望一次促销活动达到什么效果，就比较容易估计它的成本了。假设你准备花 1000 英镑打一次广告，你希望这次广告可以引来对你产品的 100 次询盘。如果经验告诉你，平均 10% 的询盘最后会成为订单，你的利润率是每件产品 200 英镑，那么你可以预期多获取 2000 英镑的利润。这笔收益远远超过了打广告的费用 1000 英镑，所以打广告是值得的。你心中有了这个目标,就可以决定每个月花多少钱来打广告,并且根据经验适当地调整广告费用的金额。

—— 明确广告内容

你的促销信息必须以公司和产品的事实为依据。这里要强调的是"事实"这个词,关于你和你的产品,也许有五花八门的事实,顾客感兴趣的只有两点:一是影响他们购买决策的事实,二是你的企业和产品有在竞争中独树一帜的地方。

有时候我们认为,每个人购买产品都是出于明显的、合乎逻辑的理由,但是,我们也见过无数的例子,说明实际情况并非如此。人们只有旧衣服穿破了才买新衣服吗?老板的办公桌比普通员工的大,是因为他们要在桌上放更多的文件吗?

因此,广告内容应当遵守 AIDA 模式:唤起注意(Attention)、抓住兴趣(Interest)、创造欲望(Desire)和鼓励行动(Action)。我们依次来看这几个要素:

● 唤起注意要求有一个切入点。色彩、幽默感和设计都是为了让人们抛开脑子里杂七杂八的想法,把注意力集中到你的产品上。

● 让人们介入产品的某个方面,引起他们的兴趣。你可以提出一个问题,比如,某节食公司提出的问题是:"你想在两周内减掉两公斤吗?"

● 欲望是让人们看到,他们在拥有或者使用过你的产品以后会达到什么效果。所有的快艇广告都有一个身穿比基尼的漂亮姑娘倚在船头,它暗示说,如果你拥有一艘快艇,就会有一个姑娘倚在你的船头。

● 行动的意思是不知不觉地促使人们掏钱购买。免费试用、退款担保、促销活动只持续到本周末等,都是用来达到这个结果的策略。

UACCA——无意识（Unawareness）、意识（Awareness）、理解（Comprehension）、说服（Conviction）、行动（Action）也是在这个意义上人们经常使用的缩略语。

── 选择媒介

你做了市场调研（见第三章）以后，应该搞清楚哪些人是你潜在的客户群，然后就可以对症下药，想办法找到他们。可是，即使你知道了自己的广告信息针对的是哪些人，此后的过程也不总是一帆风顺的。举例说明，"钓鱼时段"（The Fishing Times）也许非常准确地找到了钓鱼者，可是却找不到他们的配偶或者伴侣；这些人也许希望购买渔具，作为圣诞或者生日礼物送给自己的另一半。还有，"钓鱼时段"这样的广告还会引来蜂拥而至的竞争者。那么你自然会想到，值得考虑的也许是在列有潮汐表的网页上打广告，这样可以避免与其他竞争者正面交锋，还可以把渔具放在礼物栏，吸引钓鱼者的配偶或者伴侣的关注。

如果消费者已经知道自己想买什么，正在寻找该产品的供应商，根据统计数据，60% 左右的消费者会去查阅商业电话号码簿（或者其他类似资料），12% 会使用搜索引擎，11% 会打电话询问，还有 7% 会查询网上商店的电话号码，只有 3% 会请朋友推荐。但是如果你想说服消费者考虑在特定时间内购买某种产品或者服务，那么，散发传单或者小广告也是不错的选择。这里要再强调一遍你打广告的目的，你的目的越明确，就越容易选择合适的媒介。

>>> 线上和线下

广告媒介往往分成两大类，线上（Above The Line）和线下（Below The Line）。这里必须指出，虽然这个"线"正在变得越来越模糊，但它仍然是人们用来确定广告预算的一个术语。

线上　线上（ATL）是利用常规的非个性化大众媒体来促销产品和服务，直接对消费者说话。主要的线上手段有：

- 电视、电影和广播广告：各地的报纸、电视频道和数字广播站都可以让你的这种广告策略达到目标，瞄准目标人群。
- 报纸、杂志、名录簿和分类广告等纸质广告：各种形式的纸质广告都可以持续较长的时间，所以可以用来传达比广播或者电视等较为复杂的广告内容。
- 网络横幅广告可以用作一个切入点，请读者点击查看更为详细的内容。
- 搜索引擎：搜索引擎广告主要有两种形式。点击付费广告（PPC，Pay Per Click）是指你可以购买某些关键词的使用权，消费者搜索相关的产品，就会在搜索结果的自然排名当中看到你的广告。举例说明，谷歌提供一种服务：只有别人点击你的广告，你才必须向网站付费；你可以设定每日预算，说明你每天准备花多少钱展示自己的广告，起价是每天 5 美元。
- 播客，网络用户可以免费下载声音和录像。现在播客已经成了一种重要的网络营销手段。
- 海报和广告牌。

线下　线下（BTL）广告用下列媒介以较为个性化的方式向消费者说话：

- 直接邮寄（Direct Mail）——小广告、传单、产品手册：众所周知，这类广告的应答率极低，邮寄广告达成的交易还不到1%。但事实证明直接邮寄有一个优点，即它可以接近非常确定的细分市场，瞄准广告对象。
- 直接电子邮件和病毒式营销（Direct E-mail & Viral Marketing）：病毒式营销是指，首先制造一个热门话题，收件人看到以后，会把邮件转发给朋友和同事，随着邮件的不断转发，产生对产品或服务的更多需求。笑话、游戏、图片、谜语和网络调查都是病毒式营销的例子。
- 促销（Sales Promotion），包括销售点管理系统（POS）材料：这方面的活动有免费样品、购买前试用、折扣、赠券、奖品和返利、竞赛以及博览会和展览等特殊活动。

● PR（公关，Public Relation）：这是指面对形形色色的"公众"，把你和你的企业放在某种好看的光环下——几乎不需要支付成本。这也是一种比一般的广告更有影响力的沟通技巧，因为人们相信社论点评。有的时候你还必须与媒体打交道，比如，你希望自己的新产品引起公众的注意。或者你在遇到逆境时想要解决问题，比如，你的产品由于质量问题必须召回等。

● 信笺题头、文具和名片往往是首当其冲地并且可能是唯一能够凸显自己企业形象的方式，可是很多时候，在吸引顾客注意的努力中，人们却把这些细节的地方忽略了。

● 博客，人们在网上社区比如 MySpace 这样的地方，通过博客分享观点和体会，博客也是一种延伸的广告手段。互联网流量监测机构尼尔森公司（Neilson NetRatings）报告称，2008 年，仅英国一个国家，网民每个月访问的网络社区就高达 20 多亿个。

推和拉 与线上和线下广告一样，推和拉也是两种广告策略，可以用来达到不同的效果。拉式广告是，如果消费者正在积极寻找你那一类产品或者服务，你就要设法吸引客人走进你的地盘。这样的例子有搜索引擎、在网上或者网下的名录簿里列名、广告黄页和购物门户网站等。

推式广告是你设法把信息传到潜在的客户群当中，希望他们当中的一部分在广告时段内考虑购买你的产品或者服务。杂志、报纸、电视、横幅广告、直接邮寄、线上和线下广告都是推式广告的例子。

与线上和线下广告一样，推式和拉式广告的分界线也越来越模糊，但是这两种广告所传达的信息还是有所区别的。拉式广告是假定人们想买，你只要说服他们该买你的产品即可。推式广告则要传达不同的信息，首先你要说服顾客，让他们对你的产品产生需求和欲望。

—— 衡量广告效果

如表 5.1 所示的广告分析，你就会明白该怎么解决这个问题。表中说明了在伦敦经营的某小公司的广告效果。乍看起来，《周日报》（Sunday）上的广告产生的询盘最多。它的费用也最高，为 3400 英镑，单个询盘的成本比其他媒体略微高一点。但这次广告的目的不仅是要引起消费者的兴趣，它还想在这个过程中实现销售。《周日报》带来的 75 个询盘当中只有 10 个变成了订单——每个订单的广告成本为 340 英镑。这样算来，《周日报》就比其他媒介贵了 2.5 至 3.5 倍。

表 5.1　衡量广告效果

广告媒介	单条广告成本/英镑	询盘数量	单个询盘成本/英镑	顾客数量	单个顾客广告成本/英镑
《周日报》	3400	75	45	10	340
日报	2340	55	43	17	138
海报	1250	30	42	10	125
地方周报	400	10	40	4	100

高档孕妇装品牌 Blooming Marvellous 的联合创办人朱迪·利弗（Judy Lever）坚持认为，不但要考察广告效果的价值，还要监测广告媒介能不能到达它的客户。她说："刚开始我们在母婴类媒体上打了几次 1/16 页的广告，后来，事实证明，在这类媒体上打广告效果很好，我们逐渐把广告放大到半页纸。经验证明，半页纸是广告的最佳尺寸。平均每年有 700000 多名孕妇，母婴类杂志的流通却只能达到 30000 人。我们还必须想别的办法，在合适的时间找到所有的潜在顾客；换句话说，在她们怀孕不久后就得找到她们。"

>>> 确立正面的知名度

正面的知名度是指你要在各种"公众"面前呈现你自己、你的企业的正面形象——支付一定的成本或无须支付成本。树立正面形象比普通的广告具有更大的影响力，可以实现更好的沟通——人们相信报纸和杂志的评论文章。在危急关头，这是尤其重要的沟通策略，你必须让顾客或者投资人放心。商学院就这个问题采用的经典案例研究是巴黎天然泉水（Perrier）。20多年前，人们发现该品牌的矿泉水受到污染，苯含量超标，公司召回了所有的瓶装矿泉水，它的公关信息发布很不成功，几次改变内容。后来这个品牌被雀巢收购，再也没有恢复往日的辉煌。

案例研究 洛可可巧克力

巧克力生产商尚塔尔·考迪（Chantal Coady）曾经在英国哈罗德百货公司历练，她创办洛可可（Rococo）时只有22岁。她写了一份商业计划书，拿到了25000英镑的创业启动资金。她达到收支平衡的早期战略有个里程碑式的转折点，那就是她精心酝酿了一场公关宣传活动。她给自己的巧克力产品及其包装注入了时尚元素——别出心裁地率先在《时尚》（Vogue）、《哈泼斯与名媛》（Harpers & Queen）以及色彩搭配杂志上发布了消息。她以区区几张邮票的成本成功地占用了价值4万英镑的广告空间。这一招巧妙之极，不仅保障了她的公司顺利开业，后来还促成她与贾斯珀·康兰（Jasper Conran）签订合同，后者向她为自己的春季时装发布会订购了大量巧克力。

>>> 撰写媒体公告

媒体公告要想取得良好效果就必须能够即刻抓住眼球，其内容必须易于理解和记忆。你希望自己通过媒体公告呈现什么形象？你可以心中牢记这个问题，研究和效仿你希望效仿的某家报纸、杂志或者网站的风格，也许可以突出你的形象：

- 版面设计。媒体公告应该打印在单页 A4 纸上。用双倍行距，两边留出较宽的空白，使正文易于阅读和编辑。标题用黑体字写明"媒体公告"或者"新闻发布"，标明日期。

- 标题。标题必须能够吸引编辑继续读下去。如果它不能引人关注，马上就会被抛开。编辑们在寻找醒目、新颖、个性鲜明的东西；有时候，适度的幽默感也可大大加分。

- 开场白。这一段内容应该见解有趣，它应该提纲挈领地总结全文的内容。这段内容可以用引号标示，它也许会成为唯一见报的内容。不要把旨在促销的内容简介加在这一段当中，那样会显得宣传味太浓，会让编辑记者为难。

- 后面的段落。这几段文字应该扩充开场白的内容，并用翔实的细节为它增添色彩。多数文章应该最多不超过三四段。编辑们在寻找填补报纸空白的豆腐块文章，简短的媒体公告极有可能引起他们的注意并最终见报。

- 联系方式。在媒体公告的结尾处写明你的姓名、手机和其他电话号码以及电子邮箱，以备读者进一步与你联系。

- 风格。用简单的语言和简短的句式，避免使用专业术语（除非是专业性极强的杂志）。

- 图片。你可以给责任编辑记者寄送一张你自己、你的产品或者其他与文章内容相关的标准图片，还应该给对方发送一份对应的电子图片。

- 后续追踪。有时候你把媒体公告发给对方之后，要打电话或者发送电子邮件确认，询问对方是否会采用你的稿件，这么做是有益的，不过你必须自己判断是否要经常这么做。

>>> 瞄准目标媒体

你可以查找相关的编辑、记者或者作家的姓名，在信封上写明请对方亲收。要记住，媒体通稿的读者是专业的编辑；稿子是否见报要由对方决定。所以媒体通稿不是"销售宣传"，而是旨在引起编辑关注的事实陈述。许多小公司对自己的产品满怀热忱，忽略了销售宣传册和公关稿的区别，所以近来有一项调查显示，只有6%的公关稿能够成功见报，其余的94%都石沉大海。英国的编辑每周平均会收到80～90份媒体通稿，所以一定要让你最新的公关稿值得引起公众的注意，不过，文章当中千万不要夸大其词，也不要使用专业术语。

网站和在网络上树立正面形象

许多企业的网站做得很差，效果不好，其主要原因在于网站从不更新，它就好比一份放在网上的宣传册；或者因为网站设立时只注重视觉效果，网站被交给一些对网络一知半解的经理们负责，他们没有充分认识到网络宣传可以起到多大的作用。在这个问题上，MBA应该能够起到立竿见影的效果，资深管理人员也期待MBA至少比自己掌握更多的知识。要想使你在网络上的存在起到积极效果，良好的网站设计至关重要。简短的上传时间（使用图形，不要用图片）、简洁明了和易于阅读的正文、吸引人的页面设计，都是用户友好型网站的重要特征。研究显示，"如果点击三次鼠标还看不到自己感兴趣的内容，所有的访客都会离开"。所以必须设定清晰的标示，包括每一页的菜单，这样访客才能返回主页或者继续点击鼠标浏览其他页面。

你可以与其他商业网站建立链接，提高网站的访问量，或者使用关键词来使你的网站能够被读者找到，你还可以用网络之外的宣传来提高访问量——在所有的产品和刊物上突出显示网站的地址。你要在主页定期更新各种各样的"成功故事"，给首次购买的客户提供折扣，请顾客用"书签"收藏你的网站，或者把它添加到他们"经常浏览"的网站当中。你还可以尝试与相关业务领域的制造商、分销商建立合伙关系。

网站设计指南

正确的做法

（1）用心设计。创建统一的视觉主题，把相关要素集中起来，以便读者轻松地阅读你所展示的信息。

（2）准备好内容。内容应该聚焦于目标访客的需求，应该是可信的、新颖的、及时的且多变的。

（3）做好网站导航。页面的组织方式应该符合人的本能，易于导航。

（4）考虑可用性和便利性。要尽量少用图片，因为并非所有的用户都有超快的网速。要优化HTML，尤其是主页，尽量缩小文件大小，缩短下载时间，去掉多余的空间、评论、标签和解说。

（5）优化搜索方式。建立关键词、标签和记号，使你的网站容易被找到。

错误的做法

（1）长篇大论。第1.5到2页之后的内容通常都会被访客忽略。

（2）没用的动画设计。许多动画设计只是干扰视线而已，其色彩和格式设计拙劣，毫无必要地增加了文件大小，放慢了读者搜索和浏览的速度。

（3）使用颜色不当。颜色的选择至关重要；黑色的文字呈现在白色的背景上是最容易阅读的格式，字体如果换作红色或者绿色，看起来会很费力。读者可登录Visibone网站学习网站设计的色彩搭配，寻找便于浏览的色彩。

（4）到处都是陈旧的信息，特别是主页上。再没有比网站久不更新更让读者反感的：比如，在复活节看到圣诞节布丁的做法。

（5）浪费读者的时间。要求读者注册登录你的网站，对你也许有用，但是除非你提供的价值令人难以抗拒，否则千万不要这么做。如果你要求读者必须注册登录，一定要把注册信息保持在几条之内，不要太多。

为了对网站应该包含哪些信息、不应该包含哪些信息有所了解，你可以登录竞争对手的网站，还可以看看被你高度赞誉的其他一些小公司是怎么做的。

—— 被访客看到

90%的访客是通过搜索引擎或者类似的东西找到你的网站的，所以，你的网站的首页要写满"关键词"，便于搜索引擎收录抓取。

这一步叫作搜索引擎优化（Search Engine Optimization，简称SEO）。网站进行优化以后，它在搜索结果中的排名就会靠前。了解一些搜索引擎的工作原理，对你也大有帮助。

如果想确保搜索引擎能够看到你的内容，请首先制作你认为搜索者在寻找你的产品或服务时最有可能使用的单词列表。例如，彭赞斯（Penzance）的维修车库可以在主页中包含汽车，修理，便宜，快速，可靠，保险，碰撞和Penzance等关键词，以吸引寻找具有竞争力的价格和快速修理的搜索者。作为一个经验法则，对于每300个字你需要一个关键词或短语出现10～15次。搜索引擎的功能效果取决于内容，所以内容越相关越好。你可以使用Strategy Studio Keyword提供的产品，该产品具有免费的Windows软件程序，可帮助找到与你的业务相关的单词和短语，并提供有关使用频率的统计数据。在你购买之前有一个"试用"功能。

🌐 追踪网站访问量

关于网站的访客，你可以了解到大量有关他们的地理位置、所使用的搜索引擎和关键词以及他们由何处进入你的网站（主页、FAQ、产品规格、价格表、订购页面）等信息，你还可以知道他们在你的网站的各个页面逗留了多长时间。这是除了你从订单、询盘或者电子邮件联络等基本信息之外获取的信息。

由此你可以利用上述数据改进网站内容，提升用户体验，实现你建立网站的目的。举例说明，你也许发现，大量访客是通过搜索引擎的某个链接登录你的网站，但是这个链接把他们领到了网站的某个不适当的部分，比如说价目表部分，而你希望他们先从产品的好处或者成功故事开始浏览整个网站。那么，你可以改变网站优化所使用的关键词，或者在网页上设置更为醒目的链接，引导访客按照你设定的路径访问你的网站。

—— 衡量网络广告的效果

网络广告的价值也许很难看到。第一个难点在于，你看不到自己花的钱产生了什么实实在在的结果。比如，你在媒体上打广告，你可以看到广告文字和图片；在电视和广播上打广告，你买到了播出时段。可是在网络上，除了作用不大的"点击量"，你至少要用3种全新的方式来衡量访客的价值——在再无其他标准可用的情况下人们往往才使用"点击量"。（点击量体现网页上发生的所有活动，网页上的图片和网页本身都被计算了点击次数。）

这些新方法包括：

● 一次性访客。一次性访客，顾名思义，是一个网站的新访客。他们在网页上的活动和停留的时间无关紧要，所以他们有点像从一块广告牌前经过的人群。他们也许会受到这块广告牌的影响，但是很可能他们只是碰巧经过这个广告牌。另外，用户清理自己的网络跟踪器或者整理硬盘的时候，是没办法区分新老访客的。

- 花费的时间。如果访客在你的网页停留了几分钟，那么，他们显然比那些只停留一两秒钟的访客更有可能对你的产品或者服务发生兴趣或者至少是有所了解。

- 页面浏览量。与纸质媒体的情况大致相同，现在，网络页面的浏览量也可以进行测量和计算。

尼尔森（Nielsen）是市场领先的市场研究、咨询和分析服务的提供商。它认为，如果你能够追踪到顾客做出购买决策的信息来源，除了实际销售，顾客在网页上"耗费的时间"当然是衡量广告效果的最佳标准。依照这个标准，几家世界知名网站的排名会发生急剧变化。举例说明，2008年1月，用一次性访客和页面浏览量计算，谷歌排名第一，可是用花费的时间来看，它只排在第三位。

>>> 网络和博客

你的网站显然是你可以打广告的首要场所，此外还有数以千百计的其他网站和搜索引擎，它们为你提供了把产品信息在市场上广而告之的多种渠道。其他媒体所适用的广告规则也适用于网络广告。网络广告的主要方案有：

- 搜索引擎广告，前面已经描述过它的各种形式。

- 电子邮件营销。它类似于传统的由邮局寄出的直销邮件，只不过它使用电子邮件，用电子邮件瞄准客户数据库。

- 图片广告。它和报纸杂志上的广告一样，其形式呈现为大小不等的文字和图片，人们上网寻找你所提供的产品时可能会看到它们。电子流量审计局（The Audit Bureau of Circulations Electronic）对网站访问量进行审核。

- 病毒式营销。如前面所述，病毒式营销是指收件人看到邮件以后，把它转发给朋友和同事，随着邮件的不断转发，产生对产品或服务的更多需求。

- 博客是指特定人群在网上分享观点和体会的网络空间。

- 播客。播客是网络用户可以免费下载的声音和录像文件，现在它已经成为电子广告的重要组成部分。

- 白皮书是销售和营销文件。它用于说服潜在客户去了解更多关于特定产品，服务，技术和流程的信息，并帮助将把你建立为特定领域的权威和可靠信息源。在这里举例进行进一步讨论，TechRepublic 在其网站上有一个"资源库"，声称是"免费网络供应商提供的技术内容的最大目录"。

- 嵌入在网页中的视频。行业专家估计，到 2017 年，视频将占所有促销互联网流量（思科）的 69%，其中 64% 的营销人员期望视频在不久的将来主导他们的战略（尼尔森）。除了 Facebook 以外，YouTube 每个月都有超过 10 亿的独立访问者。这比任何其他渠道都要多。"一张图片描绘了千言万语"的这一旧广告谚语已经升级到阅读一分钟价值 180 万的视频（Forresters Research）。

网络广告局（the Internet Advertising Bureau）提供关于网络广告战略以及广告公司名录等大量详细信息，可以帮助你的企业采用某些或者所有的促销方法。Nielsen NetRatings 也提供了一些有关网络广告指标的免费数据。

🌐 社交媒体策略

《牛津词典》对社交媒体有一个适当的细致定义——"网站和应用程序使用户能够创建和分享内容或参与社交网络"。社交媒体可以看作是一个基于社区的输入，交互，致力于内容共享和协作的在线通信渠道。社交媒体在2008年第一版《30天学会MBA》写作时尚处于萌芽阶段，但在短短的几年中，它已经变得内容丰富起来和并具有一定的影响力，现在已经占据了宣传促销空间的一半。使用社交媒体进行商业活动已成为主流，这一观点现在已经达成共识，因为选择性非常多且扩展迅速。除了通常的选择对象Facebook、LinkedIn和Twitter之外，还有数百个特定部门的网站。例如，Pinterest是一个收集，组织并激发灵感的图片的工具；YouTube为人们提供了一个论坛，通过免费发布视频向全球数十亿人提供信息；eHarmony、Match和6000个其他交友网站旨在帮助孤独人士寻找爱情；社交书签网站，包括Digg、Delicious、Newsvine和Reddit允许用户推荐在线新闻报道、音乐和视频。此外，你将拥有包括博客、公司主办的讨论区和聊天室在内的口碑论坛，以及Skytrax航空公司评级，TripAdvisor和本地商业评论网站Yelp等消费产品或服务评级网站和论坛。世界大部分地区前20位网站中社交媒体网站占至少一半。

今天，即便是最小的企业也可以将社交媒体融入他们的促销计划中，对于准MBA学员来说，掌握主题的基础以及知识可以为其所在的组织带来的好处是至关重要的。斯坦福大学的"董事和高级管理人员之间社交媒体使用"的报告表明，这是播撒快速培养职业发展MBA种子的沃土。80%的高级管理人员拥有LinkedIn账户，但只有一半经常使用。40%的人士有Twitter账户，但实际使用它的百分比不到10%。在20世纪50年代中期约1/5的受访者通常都是跨越广泛的行业（制造业、公用事业、银行业和服务业），以及来自相当规模的公司（5亿美元以上的营业收入），他们都未曾访问过社交媒体。

不同的社交媒体覆盖不同的受众。例如，Facebook在B2C领域占据主导地位（67%的营销人员将其选为首选）。然而，在B2B领域，LinkedIn和

Facebook 各占 29%。博客和 Twitter 对 B2B 营销者来说扮演更重要的角色，分别为 19% 和 16%，而 B2C 则分别为 11% 和 10%。NING 和 Engagor 等公司可以让你创建和培育自己的社交网络，并能够衡量，监控和管理你的所有社交媒体活动。这两个网站都提供免费试用。

社交媒体的主要用途包括如下几点。

改善市场情报

社交媒体从根本上改变了人们交流信息的方式。今天，具有类似兴趣的人们在不同的在线社区中聚集在一起，在博客和论坛上共享信息和交流观点。这些都是有关行业问题，客户和竞争对手的持续信息的绝佳来源。如果博主不是该领域公认的专家，他们就不受阻止。每个人都可以通过博客和论坛来发表自己的意见和观点。信息的质量可以多种多样，并且在每一个主题上都有很多博客，有时候竟有数百篇之多。你也可以在自己的网站上创建博客或论坛，你也可以使用博客上的信息来预测人群，这是依靠"群体智慧"的效应来体会人们的感受。"群体智慧"这一术语指的是一组由个人提供的估计数的平均值要比大多数个人估计数值更准确的现象。许多组合预测通常要比单个人的预测好，无论这个人多么的精通，这一观点在詹姆斯·索洛维奇（James Surowiecki）2005 年的《群体的智慧》(*Abacus*；新版）一书中因为一则主要故事而广为流传。这个故事讲述了 1906 年的一场猜测体重的比赛。对 787 个可用猜测条目的分析发现，样本平均值为 1197 磅（1 磅 ≈ 0.45 千克）非常接近 1198 磅的实际重量。群体预测功能可让你将专家视角与更广泛受众的视角进行权衡，从而了解更加有代表性的趋势走向。

增强公司形象

大多数公司网站被用作营销工具，用于吸引更多潜在客户或与当前买家保持关系。企业形象是由公关部门通过媒体宣传、业务扩张、结成新的战略合作伙伴关系和新产品和新服务的新闻发布等方式来确立的；同时也可以由记者阅读、分析和评论公司财务业绩来确立。两条社交媒体路线开放可以帮助公司确立特定的形象类型，但公司也有一定的编辑控制权：

● 维基百科。这个网站现在每个月可以吸引 6 亿访问者，可以与 Google 一比高低。公司可以创建自己的维基百科页面，发布自己的信息。网站上的信息必须是可验证的，任何人都可以公平评论，这同样也是一种风险。例如，在都柏林和伦敦股票市场上的食品配料和香料业务的凯瑞集团（Kerry Group）将其页面的大部分用于展示公司的收购史。有明显迹象表明，他们随时准备收购一些待售的公司。

● LinkedIn。这是企业界首选的社交媒体网站。这个网站实际上几乎没有编辑控制，任何信息都可以发布。另外，你还可以基于事实提出自己的观点。嘉里集团的 LinkedIn 页面再次强调其并购属性。"集团在其相对较短的历史中通过一系列战略性收购实现了有机增长"，这是该网页上的第二句话。LinkedIn 的一个优势是，你可以提醒你的关注者（凯瑞集团拥有 32624 个关注者）感兴趣的任何事情。2015 年 2 月 24 日，他们让关注者知道他们最新的临时账户可用。LinkedIn 还可以按职位和职能、行业和公司规模、资历和地理位置，进行精确的 B2B 定位。

案例研究　卡特彼勒

你不可能找到比卡特彼勒更加保守的公司了。该公司成立于 1925 年，现已发展成为世界领先的建筑和采矿设备、柴油和天然气发动机以及工业燃气轮机的制造商。2015 年，其全球销售额超过 560 亿美元。这是一个与黄色推土机和建筑工地相关的公司名称。卡特彼勒认识到了 Facebook、Twitter 和 YouTube 三大社交媒体平台的强大实力，除了 Foursquare、Facebook Places 和 Gowalla 等社交媒体工具以外，它同时也在探索世界上特定领域使用的其他平台。

该公司甚至还拥有专门的数字营销经理凯文·G. 埃斯皮诺萨（Kevin G. Espinosa），以及基于社交聆听、客户支持、促销推广和思想领导这"四大支柱"的社交媒体战略。他们所有的社交媒体活动都从属于这些支柱。对于思想领导力，埃斯皮诺萨表示，它们"希望为我们的客户提供所需要的信息，以便他们的工作能够变得更好，并在建筑设备方面被视为行业领导者，我们有很多知识可以分享"。他们正在使用社交聆听来"了解人们对我们产品的评价，他们出现的问题，他们在倾诉的场所和关键影响者的身份"。

卡特彼勒是社交媒体渠道的积极参与者，并将其视为强大的工具，可以让他们与客户、投资者、潜在员工和粉丝建立联系。

他们网站的社交媒体部分列出了其感兴趣的领域，例如 CAT 拍卖公司，CAT 交易人的合作伙伴，为买家和卖家提供更好的重磅产品设备的拍卖经验以及卡特彼勒安全服务，提供合适的个人防护设备等。在这些独立领域，公司有 23 个不同的 Facebook 站点，用于其业务的不同方面，5 个博客和 Google+ 站点以及和 YouTube、Instagram、Vimeo、SoundCloud 和 Pinteres 的专用链接。

以下是用于跟踪网站活动的一些服务。

谷歌分析（Google Analytics）。基本版本是免费的，它将提供你所需的大部分内容，以便对你的网站上发生的事情进行战略性审视。它被评为最全面的网站跟踪工具，可以帮助你绘制观众和他们需求的完整图片，无论他们在购买路径中的哪个位置，只需查看一个页面即可筛选选项或比较价格。"流量来源"和"访问者流量"是两种分析工具，可以帮助你跟踪用户到达你所处的线路以及判断他们所使用的工具设备是 PC、平板电脑还是智能手机。页内分析是该服务中的另一种工具,可让你掌握访问者与网页之间的互动,他们想要的内容以及他们根据浏览时间对你的主张感兴趣的内容进行可视化评估。移动 APP 分析涵盖了所有相同的领域,让你了解谁使用了你的 APP,使用了哪些设备以及来自哪些设备。自定义报告可以设置为跟踪特定的广告活动。

SiteMeter。此服务可为你提供在线流量的主体、内容、时间和地点。他们无法具体告诉你谁访问了你的网站,但能够为每位访客记录具有一般地理位置信息的访客列表。因此,你可以确定来自雅典、柏林或索非亚的网站访问者的百分比,并且使用"查阅 URL 网址"报告,你还可以看到大量".edu"或".a.c.uk"的扩展名,这些都表明访问者都拥有教育部门的职业。Site Meter 可以为你提供网站访问量最高的页面列表、你最忙碌的时间以及每个季节的趋势或模式。Site Meter 入门版提供造访你的网站对象所需的所有重要数据、统计和报告,查看了多少页面,以及每个访客的详细信息。Site Meter 高级版每月成本约为 7 英镑,可提供额外的统计数据,其中包括排名报告、历史数据,并具有导出最近访问者数据的能力。

AWStats。该日志分析器显示日志中包含的所有可能的信息,只需几个图形网页即可涵盖以下信息:

- 经过身份验证的用户以及上次经过身份验证的访问。
- 星期几和高峰时间(页面、点击、每周每天和每小时的流量)。
- 主机访客的网域/国家(网页、点击等)。
- 主机列表,上次访问和未解析的 IP 地址列表。
- HTTP 错误(页面未找到与最后查阅人等)。
- 浏览次数最多,进入和退出页面。
- 访问次数和独立访问者数量。
- 用于从 115 个最显着的搜索引擎中查找你的网站的搜索引擎、关键字词和关键字。

- 访问持续时间和上次访问。
- 机器人访问（检测到 319 台机器人）。
- 蠕虫攻击（5 个蠕虫家族）。

AWStats 是免费的，但如果你想支持未来的发展，你也可以捐款。

StatCounter：这是一项免费服务，它可让你深入了解关于网站访问者的数据，以查看哪些是你最喜欢的网页、人们通过哪些网站访问你的网站、访问者进入和退出网站的页面、访问者、路径、每个阶段的时间、关键词分析和最近使用的关键词等。

推销

市场营销是为了达成销售而做的处心积虑的思考。换一种说法，也就是找到合适的人，让他们购买你的产品或者服务，让他们意识到，你能够以具有竞争力的价格满足他们的需求。但是，仅仅让顾客知道你是市场上的玩家，并不足以让他们舍弃其他玩家的产品，认定只购买你的产品。即使你的产品品质上乘，价格具有竞争力，你也可能无法抓住他们。

让顾客填写表格、在虚线上签名等手段，几乎无一例外地与推销有关。除了劝说顾客购买，商业人士在许多其他情况下都要用到签名这个程序。MBA 必须向各方"兜售"自己的观点。他要向银行经理游说，让对方相信，把钱贷给自己的企业是值得的；他要让股东相信，投资是值得的；让员工相信，在该企业工作是有前途的事业选择；他还要让老板相信，老板应该支持自己的某个商业提案。

推销虽然是商业活动的本质，但是推销行为本身却不能保证潜在的顾客一定会掏钱购买。营销人员有句话叫"攀登影响力阶梯"，它把推销员的作用放在了一个纵深背景下。使用这种阶梯法,可以按照最有可能给顾客留下好印象的顺序,把顾客在推销过程中要遇到的"知情人"(Warm Bodies)做一个排序。这个阶梯的最上端是私人推荐,推荐者是顾客信任的,并且顾客知道此人的观点不偏不倚。这样的例子有不向企业领取薪水的行业专家,也包括目前正在使用该种商品或者服务的用户的推荐,该用户与潜在用户从事相同的行业。这种方法虽然效果极佳,但却很难做到,而且它代价高,费时长。

阶梯接下来的一级,要由身为推销员的你来执行。这种情况下,顾客也许会认为你对产品很在行;如果达成了销售,你一定能获得产品的利益。所以你不太可能公正客观。销售拜访不管以何种方式进行,都是寻找客户的一种昂贵的方式,特别是在对方的订单既小又不稳定的情况下。

—— 推销的原理

有一种错误的认识是,推销员和美术家、音乐家一样都是天生的,不是后天习得的。其实,如同其他行业,推销技能也可以学习、培养并加以提升。首先,你要懂得推销的3个要素:

● 推销是一个过程,要想达到最好的效果,必须经过几个特定的阶段。首先,你要学会倾听,要搞清楚他们买了你的产品或者服务想要达到什么目的;然后,你要让他们看到,你可以满足他们的需求。接下来就是解决问题或者消除反对意见。问题和意见是一个可喜的信号,说明顾客有意向进一步参与。最后一步是达成交易。这一步其实不过是巧妙地要求对方下订单。

● 推销要求规划,你要保存客户和潜在客户的记录和各种信息,这样就能知道他们什么时候可能购买或者再次订货。

● 推销是可以学会的一种技能,就像下面的案例说明的那样,通过训练和实践,这种技能可以得到提高。

案例研究

苏美尔·卡拉伊（Sumir Karayi）在伦敦西伊灵（West Ealing）区的公寓有个多余的房间。他当年在这个房间创办企业的时候，希望自己的业务能与众不同。他是微软的一名技术专家，与两位同事共同创办了1E网上社区，希望把它建设成他们所在领域顶尖的技术专家社区。选择1E这个公司名是因为它是电脑死机的时候屏幕上出现的符号。公司创办不到一年，他们几个人就被上了一课：企业需要领导者，不需要一团和气的伙伴关系，公司要想蓬勃发展，不断壮大，就必须有人去做推销。

卡拉伊听从顾问的建议，去听推销课。没过几月，他们就争取到了第一位大客户，后来又接二连三地来了一些利润优厚的大客户。公司现在跻身泰晤士河谷（Thames Valley）发展最快的10家企业之列，年营业额接近1500万英镑，利润高达30%，它的合伙人和中间商遍及全世界。

—— 谈判

推销的一部分内容往往是谈判。和推销一样，谈判既是一门科学，又是一门艺术。它也有几条放之四海而皆准的法则。这些法则很好理解，但做起来却很难：

● 从一开始就要设定高目标。除非你知道在哪里会遇到抵抗，否则，你的谈判能达到的最佳效果是没有限制的。

● 要想掌握谈判的主动权，你必须做好退出一笔交易的心理准备，并且把这种心理准备明显地表露出来。为了做到这一点，如果谈判达不成你想要的条件，你必须准备好第二计划和第三计划两套方案。举例说明，在谈判收购竞争对手时，要同时考虑别的可供收购的企业；或者即使此次谈判不成功，你也有别的计划准备打入那个市场。

● 谈判之前，要找出价格以外的众多其他变量。交付时间、付款条件、数量、货币、分享未来利润、技术互换等只是其中的几个变量，谈判中可能涉及的变量还有很多。

● 绝不要白白让步。白送的东西都被认为是没有价值的。相反，要用让步换取让步，要尽量抬高每一次让步的价值。如果你希望最后以 125 万英镑的价格成交，那么可以这样开始谈判："如果你们把价格降低到 120 万英镑而不是 130 万英镑（对买方有利），那么，我们愿意支付 30% 而不是 20% 的预付款（对卖方有利）"。

● 尽量少说话。你说得越少，透露的信息就越少。

● 你把条件摆在桌面上以后，就不要再开口。就像一种比赛谁能坚持一动不动的游戏一样，谁先眨眼谁就输了。

第六章
渠道和分销

- 评估分销渠道
- 了解渠道结构
- 物流和推上市场的路径
- 供应链外包

第六章
渠道和分销

渠道是营销组合中的第 3 个 P。营销策略的这个层面是指,产品和服务是具体怎么送到顾客手中的。在网络世界,这一步有时被叫作"最后一公里";人们最早用这个词来描述产品和服务从信息提供者到顾客手中的完整交付环节的最后一环,不过现在它的指代范围更加宽泛。从卖方到消费者的整个链条本身是动态发展、不断变化的,随时反应市场的状况和公司的战略。亚马逊就是个典型案例。2010 年以前,亚马逊的配送一直靠 30 个规模庞大、管理先进的订单处理和仓储运营中心来进行,这些中心分散在世界各地,从美国的亚利桑那途经渥太华、英国的贝德福德、法国的奥尔良和德国的莱比锡,一路延伸到中国的北京。每个仓库耗资近 5000 万美元,这意味着亚马逊为了采用这条把产品推向市场的路径,在战略上付出了巨大的投入。

2015 年 2 月,亚马逊在美国普渡大学(Perdue University)开设了第一家配备员工的配送点,该配送点除名号之外其他各方面符合商店的全部特征。预计他们将通过在美国的加利福尼亚州和马萨诸塞州开设大学商店来实现这一目标。据传他们正在寻找收购一个实体连锁店以启动他们在各地设立配送点的战略。2015 年 3 月,谷歌也加入了零售行列,并在伦敦托特纳姆法院路的"Currys 电脑世界"开设了有史以来第一家实体店。它遵循苹果商店的模式,使用木制桌面上的产品和现场工作人员来指导用户使用他们的硬件和软件,让他们在购买之前进行尝试。这只是遵循阿格斯(Argos)的一项策略,该策略声称,网上购买的产品中近 1/5 实际上是由顾客到店内自提的,这些顾客要么缺乏耐心等不及,要么不想在家中等待签字收货。

在学术界,克兰菲尔德管理学院荣誉退休的市场营销学和物流专业教授马丁·克里斯托弗（Martin Christopher），在物流和供应链管理领域堪称首屈一指的专家。在供应链管理领域，佐治亚理工学院（Georgia Tech）的美国供应链和物流研究所（the Supply Chain and Logistics Institute，简称SCI）在科研和教学方面走在世界前列，它把供应链管理定义为"用科学原理优化供应链流程、基础设施、技术和战略的设计和整合"。

渠道的结构

市场营销的渠道是一整套流程，牵涉到生产产品或者服务，再把它们供给其他企业或者终端用户使用和消费。这些流程可以是独立的，可以由渠道中的其他企业所有，也可以和平共存、彼此竞争乃至以多种方式相互合作。渠道执行下列部分或者全部职能：

- 促销和联络，包括广告、造成意识和提供联络信息；
- 产品或者服务的信息；
- 把产品或服务与具体的客户需求进行匹配；
- 分担交易过程中的风险；
- 谈判交易的条款和价格；
- 提供资金负担交易成本，例如提供信贷；
- 产品的实际配送或服务的履行。

渠道主要有4种，如下所述。

—— 传统渠道

传统渠道是指供应链的各个环节彼此独立，事实上它们之间是相互竞争的关系，各自希望在把最终产品交给终端消费者或用户的过程中争得一定份额的价值。在这种情况下，供应链往往有 4 个环节（见图 6.1）。不过，有时候某个环节也可以与其他环节部分重合。

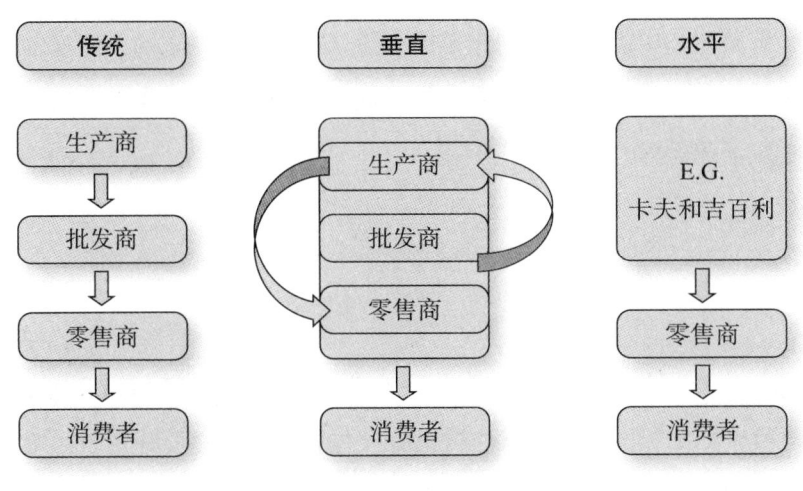

图 6.1　市场营销渠道

── 水平营销系统（HMS）

水平营销系统是指两家或者多家非竞争性企业处在供应链的同一水平，它们联合起来共同把现有的产品推向市场或者构建产品上市的新渠道。之所以采用这种营销方式，也许是因为它们缺少实物货源或者资本来源，没有知名品牌，也可能是为了确保实现规模效益。苹果和星巴克 2007 年携手投资音乐就是一个例子。它们的目的是允许星巴克的客户无线上网，浏览、试听、购买并把 iTunes Music Store 的音乐下载到运行 iTune 的任何一款产品上。人们期待苹果在数字音乐界的品牌领先地位与星巴克的忠诚客户相结合，可以造成一种双赢的局面。苹果本来希望在前 6 个月售出 100 万首歌曲，结果只用 6 天就突破了这个销售额。星巴克得到的好处是销售额提高，客户忠诚度增强。

这种战略在全球配送模式下效果尤其显著。举例说明，2010年1月美国食品业巨头卡夫（Kraft）提出收购英国公司吉百利（Cadburuy），其目标之一是，一旦隶属于卡夫，吉百利的产品就可以进入更为广阔的全球配送网络，吉百利糖心巧克力、巧克力水果和坚果等产品可以借机打入21世纪的两个超级大国——俄罗斯和中国；吉百利作为一家独立的公司，在这两个国家的影响力很小，卡夫则已经享有相当高的知名度。反过来，卡夫希望借收购吉百利加强在西欧市场上的渗透。

—— 垂直营销系统（VMS）

这种战略是把生产商、批发商和零售商整合起来，使之在统一的系统下运作。垂直营销的目的是消除供应链上的参与者之间不必要的竞争，比如说生产商和零售商彼此都想向对方争取更划算的价格。VMS使各方都享有掌控权，但不一定拥有所有权。例如，玛莎百货为供应商提供大量技术支持，同时进行详细的销售和存货预测，但是供应商却并不隶属于玛莎百货。垂直整合战略在产品生命周期的成熟阶段效果最好（见第四章）；在早期阶段的效果也不错，因为在早期阶段，供应链的各个环节发挥着各不相同的作用。

VMS分为3种形式：公司式、合同式和管理式。

>>> 公司式

这种情况是指，企业处在供应链的某个环节，它同时拥有供应链的其他部分环节或者全部环节。举例说明，作为供应商的苹果公司拥有并开设了自己的零售卖场，企业自己建立供货营销系统、向市场提供商品，这种战略叫作前向一体化战略。后向一体化则是指零售商建立自己的原材料供应系统。西班牙时装连锁企业扎拉（Zara）之所以能够击败竞争对手Gap和Benetton，就是因为它凭借遍布世界各地的配送和零售业务，几乎掌握了整条供应链上从设计到生产的所有环节（它使用的布料将近一半都由自己生产）。扎拉可以把一条新的产品线在一个月的时间内推上市场，这个速度是行业平均速度的 9 倍，它因此在时装主导的行业内占有了明显的竞争优势。

>>> 合同式

这种情况是指独立的公司处在流通和配送链条的不同水平，它们同意相互合作，以换取某些切实的好处。零售商合作社就是一个例子：独立的零售商为了增强购买力，改善经营系统或者树立独特的品牌而联合起来。国际合作社联盟（The International Co-operative Alliance）是代表零售商合作社的贸易机构，它在 92 个国家有 230 个会员组织，它们的经济活动遍及各行各业。日本有一家世界排名第一的合作社全农（Zen-Noh），这是一家全国农业和食品合作社联盟，它的年收入超过 600 亿美元。

特许经营是合同式 VMS 最常见的一种形式，数以千万计的企业采用这种方式，这些企业当中既有提供比如广告、会计和网站设计服务的，也有提供产品的——比如 Ziebart 的汽车养护和随处可见的麦当劳。国际特许经营协会教育基金会的报告和 2015 年特许经营商业经济展望证实，美国只有不到 80 万个特许经营店，仅有 900 万员工但创造了 8900 亿美元的销售额。

特许经营的授权方向经营者提供产品，传授服务模式，由经营者把产品卖给消费者。作为交换，特许经营者向授权方支付一定的加盟费并持续支付佣金，佣金通常根据营业额计算。授权方也许还会要求特许经营者购买自己的原材料或者配件，由此获取额外的收入流。特许经营者的利益在于，他能够在较短的时间内相对安全地开始经营活动，有经验的授权方还可以随时给予支持，提供咨询。

采用特许经营模式，授权方可以轻松地扩大自己的分销网络，几乎无须自己投入资金，而且加盟店的所有者——管理者具有很强的主人翁责任感。

>>> 管理式

管理式 VMS 是指分销链条上的一家或者几家企业占据主导地位，它（们）凭借这一地位可以协调其他环节的活动。供应链上的任何一个环节都可以占据主导。大型零售商，比如，沃尔玛、Sainsbury's、Toys R U 和家乐福都可以对生产商施加力量，以至于他们可以让生产商为了争取把产品摆上自己的货架而相互之间展开竞争。消费品巨头公司如果拥有强有力的品牌，比如，宝洁、卡夫、可口可乐等，都可以对零售商施加类似的压力。就连与瞬息万变的消费品市场距离稍远的公司，比如，索尼和三星，也可以对分销链条施展同样的力量。三星把十几个附属品牌——Wiseview、Tantus 和 Yepp 等，这些品牌对消费者而言都没有太大意义——整合到三星的品牌之下，利用它们的资源为自己谋求到了难以撼动的地位。

—— 多渠道

大公司几乎无一例外地同时采用多种通向市场的渠道，最引人注意的就是网上交易和实体店（见前文亚马逊的例子）。使用多种渠道推向市场的好处极多，它们可以在具体的细分市场交付卓越的好处，却不会侵蚀品牌价值。多林·金德利斯（Dorling Kindersley）出版公司在被企鹅集团（Penguin Group）旗下的培生集团（Pearson plc）收购之前，采用与雅芳和许多其他多层次营销公司相同的做法，在家庭聚会上推销自己的图书。但是，培生集团把它收购之后立刻撤销了这个渠道，因为这个渠道与培生集团在繁华的商业街上树立的品牌形象不相吻合。

🌐 分销渠道

如果你是一名零售商,经营着一家饭店或者连锁宾馆,那么你会等待顾客上门来找你。在这种情况下,餐馆或者宾馆所处的地理位置很可能就是成功的关键。而对于制造业来说,企业必须走出去"寻找"顾客。这样,你的分销渠道就成了关键环节。对于许多提供服务的企业来说,网络也许既是订货渠道,也是交付工具。

如果客户不会来找你,那么,要想让客户购买你的产品和服务,你有如下几种选择:

- 零售店:这个泛泛的名称包括从街角小店到哈罗德(Harrods)百货等各种各样的店铺和商行。有些店专卖某类商品,比如,高保真音响设备,顾客期待店里的工作人员能够提供专业的帮助。还有一些店,比如,玛莎百货和特易购等,基本上是自助式的,顾客要自己决定和选择购买什么产品。

- 批发商和分销商:在过去20多年,批发分销的模式已经变得让人认不出来了。但它依然是实物分销的一种极其重要的渠道,持有库存、融资和整批拆售仍是有利可图的功能。

- 现款购物取货(Cash and Carry):这种稍微有点让人糊涂的渠道已经取代传统批发,成了小型零售商的一种供应来源。你支付现款,自己把货物运走,"批发商"把他的一部分利润率与你共享。它对批发商的吸引力在于,批发商可以加快现金流。对于零售商的吸引力则是较高的利润率和更加丰富的产品种类。大型超级市场和折扣店也是介于制造商和卖场之间的某种仓储批发渠道。

- 邮购:这种专门的渠道提供了与顾客往来的直接渠道,越来越多地成了新成立的小公司使用的渠道。

- 网络:通过网络产生收入的是大公司,并且这些公司现在发展得越来越大。对于某些行业，比如，广告、图书、音乐和录像节目，网络已经成为占据主导的营销渠道。关于互联网和传统业务哪一种才是时代发展的大势所趋，或者在网上开展服务业是不是比网上销售实物产品效果更好，早已不再有严肃的争论。几乎各行各业都在网上活跃起来，传统业务也不甘落后，纷纷要么已经、要么正在建立自己的网络平台。大型电力零售商迪克森（Dixon's）也把重点从繁华的商业大街转移到了网络。特易购建立了数十亿英镑的送货上门服务业务，作为它的店铺销售的后盾。亚马逊是网上销售的先行者，现在它相当于一家网上百货商店，它还用顾客用过的商品开展起了二手货销售业务。

- 上门推销法：传统上这是真空吸尘器和百科全书公司的推销渠道，如今被保险公司、空心墙绝缘材料公司、双层玻璃公司等采用。许多推销员使用强行销售手段，让挨门兜售落了个坏名声。但是，像雅芳化妆品这样的公司成功地实现了上门销售，却没有给人留下惹人反感的骂名。

- 聚会计划推销法：这是上门推销法的一种变体，从美国传来新的聚会计划概念以后，它正在呈现出发展的趋势。公司招募的销售代理邀请朋友们到一起小聚，在聚会时展示产品，邀请大家订货。销售代理获得佣金。聚会计划推销法对雅芳和其他采用这种推销法的公司效果很好。

- 网络。通过网络创造收入是一笔大业务，而且其重要性还在继续增强。对于某些行业——广告、图书、音乐和录像，它成了产品走上市场的主要途径。关于未来的发展方向是实体店还是网店，关于服务业和实物产品在网上销售的效果哪个更好，人们再也无须展开认真的争论。几乎各个行业都可以在网上大显身手，而且，规模雄厚的"实体"行业将要或者正在建立网上交易平台的数量越来越多。迪克森是一家大型电子产品零售企业，它把重点从繁华的商业街转移到了网上，特易购也在实体店结构的基础上，建立了10亿多英镑的送货上门业务。亚马逊是这个领域的先行者，它相当于在网上建立了一家百货商店，供顾客在网上进行二手货交易，并形成了单独的业务部门。

—— 选择分销渠道

在为你的企业和业务选择分销渠道时，应该考虑下面一些因素：

（1）它能满足顾客的需求吗？你必须搞清楚顾客期待产品和服务以何种方式送抵或者兑现，为什么他们要采用这种渠道。

（2）产品本身能保持完好吗？比如，新鲜的蔬菜必须尽快从产地运往消费场所。

（3）它与你的企业形象相宜吗？如果你卖的是奢侈品，那么上门推销也许会破坏你可能营造的高档奢华的印象。

（4）你的竞争对手采用何种方式分销？如果他们从业的时间比你长，而且显然很成功，那么看看你的竞争对手如何分销，向他们学习，利用他们的经验是完全值得的。

（5）这种渠道的成本效益高吗？小型制造企业也许会发现，把产品卖给超过一定距离的零售商，这种做法成本效益不高，因为直接送货的距离太远，订单负荷太大，不值得。

（6）成本加成够不够？如果你的产品不能至少加成100%，那么，你可能无法通过百货商店渠道把产品销售出去。你的分销渠道必须让你能够在产品卖出去以后获得利润。

（7）推—拉：让产品经过某种分销渠道卖出去，必须经由两种销售活动。"推"就是在商店里把你的产品卖出去。"拉"则是你在商店里做一些努力，让你的产品从这家商店卖出去。"拉式销售"也许可以借助全国性的广告、商品化活动和产品的独特性等实现。你要了解如果考虑采用某种分销渠道，必须在推和拉两个方面各付出多少努力。如果你没有全力配合零售商推销你的产品，但是他们需要你的配合，那么这种分销渠道也许效果不好。

（8）实体分销：这种分销手段是你必须把自己的产品运送到终端顾客那

里。在选择分销渠道时，这也是一个要权衡的重要因素。除了运费成本等因素，你还必须想好包装材料、仓储等问题。大概的经验之谈是，分销渠道的环节越多，你的包装就越要结实、昂贵。

（9）现金流。不是所有的分销渠道都是马上结账。比如，邮购的顾客会提前付款。而一些零售行业则要花费90天以上才会结清账款。你在预计现金流的时候，要考虑到结款周期的问题。

案例研究　Ocado——撤销渠道，增加价值

2010年2月7日，伦敦市内纷纷传言，向超市经营者Waitrose（约翰·刘易斯旗下的企业）采购食品的网上零售商Ocado要进行首次公开募股（IPO），公司估价在10亿到11亿英镑之间。公司此前经过若干次融资，筹集到近3亿英镑的资金，超过了欧洲所有其他网络创业公司。公司希望凭借发行股票进一步筹集到1.6亿英镑，以继续保持30%的销售增长率；2009年12月，它的销售额达到了4080万英镑。

公司自创办以来没有实现盈利，这一点似乎并不令人意外。前两年它亏损了1亿多英镑。伊利诺伊州有一家公司PeaPod Inc曾经希望靠类似的业务实现盈利，但是这家于2001年8月创办的公司在经过了12年后终于倒闭，整个公司被美国连锁企业Stop & Shop和Giant Food的经营企业皇家阿霍德（Royal Ahold）收购。

Ocado在2002年与Waitrose建立了合伙关系，如今它的服务范围覆盖了1350万个家庭，遍及英国东南部、中部地区、西北部和南部海岸。Ocado的收费标准是单次送货上门收费5.99英镑，对于每次消费40英镑以上的顾客，每月花费9.99英镑可以无限次送货上门。它在创办之初就有明确的远景规划：为忙碌的人群提供服务，代替他们完成每周去超市购物的任务。除了为顾客的购买体验增加价值，Ocado还取消了配送链条上某个环节的成本。Ocado在专门的仓库里处理订单，在网站

上展示现有库存，顾客可以在现有存货当中挑选果蔬。Ocado号称占有英国网上蔬菜水果销售20%的份额，仅次于特易购和Sainbury's排在第三位。

Ocado的几位创始人都有曾在投资银行工作的不凡履历，这对增加企业的价值和为公司筹集资金无疑大有好处。CEO蒂姆·斯坦纳（Tim Steiner），前首席财务官，现在负责市场营销和外部沟通的贾森·吉辛（Jason Gissing）以及创业三人组的第三号人物尼尔·艾布拉姆斯（Neil Abrams）都有在高盛工作的经验。

物流

营销物流系统的目的是管理整个流程，用高效的、成本效益高的方式把产品送到顾客那里，达到营销目标；收回有瑕疵或者被退回的产品。物流与相关业务的多个层面发生接触，包括实物运输、仓储、与供应商的关系、发票和存货管理等。物流环节要考虑的重要问题有：

● 实时管理（Just in Time，简称JIT）旨在通过精确预测销售情况，减少仓储的必要性。分销渠道的各方都保持最少的存货，共同分享需求信息。

● 供应商管理库存（Vendor Managed Inventory，简称VMI）和连续的存货补充系统（Continuous Inventory Replenishment Systems，简称CIRS）要求销售商与供应商分享实时的销售需求信息和存货水平信息。

供应商和客户都可以从经营活动中受益，可是他们却具有相互抵触的目标：他们都想把成本推到对方身上。至于能把多少成本推到对方身上，要看他们相比而言的实力强弱。举例说明，像特易购和玛莎百货这样的零售业巨头，就可以成功让供应商负担持有的大部分库存成本。

—— 库存管理

库存水平高是营销部门喜欢的，因为这样一来，他们能够比较容易地满足顾客的需求；生产部门却不喜欢，因为生产部门必须在预算中留出库存的成本。财务部门主张尽量降低库存水平，因为高库存会增加运营资金，降低投资收益。（复习本书第一章会计的财务比率部分并思考它的原理）部门之间的争执是必须由最高管理层解决的战略问题。蒂姆·沃特斯通（Tim Waterstone）创办了连锁书店 Waterstone's，它的诞生为存货问题提供了一个有趣的案例。蒂姆既是一位营销天才，又是一个合格的会计师和公司的总经理。在沃特斯通书店之前，传统的做法是按照字母顺序把书籍码放在书架上，用大标题指出它们的科目——电脑、体育、旅游等。这样除了方便看到哪些图书需要重新排放之外，清点存货也很容易。但是，沃特斯通知道，大多数（根据他的调查，占到60%）逛书店的人，在走进书店闲逛的时候都不知道自己想买什么书，也不知道从书店的哪个部分开始看起。他的差异化策略在于，在按照传统方法把图书摆放在书架上的同时，还用各种方式把书堆成一摞一摞，陈列在书店的各个地方：一摞新书，一摞打折的书。销售和利润马上翻着跟头往上涨，完全弥补了存货增加一倍的成本，还有不少盈余。

—— 存货分类

存货有3种分类方法，企业要建立并加以追踪：

● 制成品：指准备运到消费者那里的产品。比如，苹果公司的成品就是电脑、iPad 等，通用汽车公司的成品就是汽车，面包店的成品就是一块块的面包。

● 在制品（WIP）：指处于完成过程中的产品。它们消耗了部分原材料，工人拿到薪水开始了制造流程，所以成本是投入的反映。通用汽车的在制品包括等待喷漆或者等待做交付前检查的汽车。

● 物料：指生产制成品要用到的基本材料。通用汽车公司的物料包括钢铁和油漆，但是还包括要给汽车安装的完整的发动机，发动机是他们向第三方购买的动力装置。

── 经济订货批量（EOQ）

企业必须保有最低限度的存货量，以确保生产流程的有效运行和可能的需求得到满足。所以，与偶尔大量采购以减少采购订货成本、但是增加保管仓储成本相关的成本必须用常规订货量来加以平衡，这样一来，采购订货成本增加而保管仓储成本降低。EOQ 基本上是一道会计公式，它计算采购订货成本与保管仓储成本相结合，在哪个点达到最小，这样就可以算出成本效益最高的订货数量。

EOQ 的公式是：

$$EOR = \frac{\sqrt{(2 \times R \times O)}}{C}$$

其中：R= 年总需求量；O= 采购成本；C= 单位存货年持有成本。

戴维·皮亚塞基（David Piasecki）创办和经营的网站是对他的著作《存货精度：人、流程与技术》（*Inventory Accuracy：People，Processes & Technology*，2003，Ops Publishing）的辅助。网站提供了大量关于存货管理和仓储运营方面知识的入门信息。你可以链接到这个网站查阅关于 EOQ 使用方法的详尽说明。

🌐 外包

外包是把认为不属于企业核心、对企业不具有根本重要性的要素包出去的行为。外包是企业可以采用的一种十分重要的物流和配送战略，可以帮助企业降低成本，从而提高企业的竞争力，提高交付生产或服务的效率，把企业抬升到价值链上更为突出的地位。外包具有明显的优点：让最佳人选做他们最擅长的事情。但是外包如果不予以妥善管理，也可能失去控制。2008年，IBM完成了对其价值链的全面检查，在公司长达100年的历史上首次提出了集成供应链（Integrated Supply Chain，简称ISC）——它在世界范围内进行统一整合，决定要做什么，要购入什么，从哪里购入。它把供应商从原来的66000多家减少一半，减到33000多家；把300个服务中心改为3个全球中心：班加罗尔、布达佩斯和上海。生产地从15个减少到9个，每家工厂都"具有全球能力"，能够制造出IBM的任何产品，并把产品送到世界上任何地方。在这个过程中，IBM把每年的运营成本降低了40多亿美元。

案例研究

没有生产。没有推销员。没有研发团队。吉尔·布朗（Jill Brown）从零起步，在5年的时间内，就把公司发展到营业额达到200万英镑；就这番成就而言，决定不做什么的重要性就不亚于决定做什么了。她创办的企业布朗电子设备公司（Brown Electronics）供应电脑设备的转换设备，比如可以让十几台电脑共用一台打印机的电子设备。

她说："我不愿意自己生产。我可以省去这些麻烦。既然我不必自己生产也能赚到基本利润，何苦要自己生产呢？营业额是虚荣心，利润才是清醒的。我给别人打过工，那些老板想把公司的规模扩大，仅仅是为了听到别人的赞叹。"

吉尔反其道而行之，她把生产外包给了别的工厂。她觉得自己仍然可以对质量进行控制，因为凡是不达标的产品都会被退回去。万不得已，她还可以威胁不与对方继续合作，如果生产商失去她的订单，就失去了一大笔业务。"如果质量不够好，我们就不再与之合作。现在许多生产商的开工率都不足。"

吉尔聘请独立的推销员,用提成的方式支付报酬。她解释说:"我不聘用大批的销售人员。大多数销售经理都是把车停在路边,坐在里面填写骗人的表格。研发是另一个开支极其高昂的领域。我们针对专门的产品聘请自由职业的设计团队。我们交给他们一份报告,他们提出相应的报价。设计成本仍然是我们预计的两倍,不过至少我们可以享有一定的掌控权。我负担不起雇佣全职的研发团队,我不需要他们全职的工作。我的体制可以把风险减到最小,同时还能保证质量——作为一家小公司,这样的质量标准本来是无法实现的。"

吉尔间接地提供了380个就业岗位;直到如今,她的办公空间仍然不超过一套两间卧室的公寓。

—— 外包的利弊

外包对刚刚创立的新公司有很多好处——对已具规模的公司也是如此。不过外包也存在固有的风险。总结如下:

好处

——获得专业知识。公司董事会一般由具备专业知识、随时掌握行业最新动态的精英组成;小公司,尤其是处于草创阶段的小公司,几乎不可能设立类似的董事会。比较起来,规模较大、具有一定知名度的公司更容易吸引优秀的员工,购入最先进的设备。不过,作为市场的新进入者,这意味着小公司可以从外部获取最新的产品和服务。

——更大的可伸缩性。为了满足未来可能的需求,一开始就把生产资料准备就绪,这么做成本效益很低。你把生产外包给一个或者多个供应商以后,产量可以按照你的要求随意调整,成本也是灵活而非固定不变的(关于固定成本和可变成本的更多内容见第七章）。

——更容易预测成本。虽然外部供应商和生产商有时候可以凭借比你自己生产较低的成本提供产品和服务，但是，从财务角度看，选择外包的首要原因是，这么做更易于预测成本，现金流更为流畅。

——节省时间。把非核心职能外包出去，可以给你和你的团队留出时间，集中精力思考战略发展和核心的业务职能。

——规模经济。外包供应商的生产能力比你以及其他的客户都要强，这一点是很常见的。这意味着他们具有更强的谈判能力，能够以较低的价格买到原材料，设备使用率也更高。他们的固定成本被分摊在多位客户身上，一部分好处就变成了你可以以较低的价格买到他们的产品或服务。

坏处

——数据保密性。这是许多公司担心的一个主要问题。如果外包时必须把保密信息向其他企业透露，那么外包也许就不是合适的选择。如果你在外包时必须把涉及企业核心机密的数据告诉对方，那么一定要拟定基本的合同条款，包括知识产权（见第十章）和保密协议，以保护自己的机密信息。

——质量控制。谈到外包，质量控制是个战略问题。随着"具有社会意识的顾客"的出现，人们在购买之前，对目标公司及其产品给予了更为密切的关注，质量控制对于企业而言构成了新的危险。使用童工生产廉价的衣服，一旦被消费者察觉，很可能会造成严重的公关问题。外包的确在经营活动中发挥重要作用，但是也必须加强管理，并遵守企业道德规范。有些受到普遍认可的质量标准，也许可以帮助你监测和控制质量。TS EN ISO 9000 系列也许是最著名的标准规范。你采用之后可以确保在经营过程中始终一贯地达到可接受的产品或者服务标准。如果你为大公司供货，对方也许会要求你达到某些或者某套质量标准，也许会对你的厂房进行检查，确保你符合他们的要求。英国标准协会（The British Standard Institute）提供了各类标准的详细规定。

——失去控制。虽然你可以更换外部供应商，但是，只要你把某项事务外包出去，你就再也不可能全权掌控它。而且你还会发现，你很难培养自己掌握必要的能力，随时赶上行业最新的发展变化。

>>> 设定边界

外包的第一步是明确你擅长做什么，然后考虑把除此之外的事务外包出去。要把公司的重点放在核心竞争力上，一定不要放弃你的核心竞争力。有些事务对你的业务至关重要，你可能从一开始就不会考虑把它们外包出去。你要时刻留意，必须做到全权掌控它们。这些事务包括现金流管理和客户关系的多数环节。接下来你也许可以考虑把诸如向客户催收账款的事务外包给发票贴现或者服务保理机构，对方也许拥有比你更好的流程，有能力处理更大的发货量。

起初把某些业务外包出去、日后再收回公司本部的做法有时候也是合适的。如果你计划推出一种产品或者服务，但是你对产品或者服务本身并不在行，那么，把核心职能外包出去是合适的，至少在你树立自信、具备相关的专业知识之前把它们外包出去是合适的。

有形展示

营销组合中的这个"P"关注确保企业的任何场所都是适当的并且支持企业在市场中的地位。例如，Lidl 的商品销售方式（产品通常堆放在可移动托盘上或靠近地面以便于重新储存）不会支持诸如 Whole Foods Market 这样的品牌，因为其重点在于产品质量和经营范围。他们的面包店生产巴伐利亚椒盐脆饼，蔓越莓烤饼，燕麦奶油馅饼等数十种美味佳肴并以令人兴奋的视觉方式展出。

第七章
定　价

- 了解需求的经济规律
- 考察市场结构
- 认识成本的构成
- 收支平衡分析
- 战略定价方案
- 识别非盈利产品和服务

如你所料，商学院非常重视定价问题；他们逐级攀升的学费价目表证实了这一点。最能体现这个事实的莫过于宾夕法尼亚大学的沃顿商学院，该校的约瑟夫·J. 阿雷斯蒂（Joseph J. Aresty）驻校教授杰戈莫汉·S. 雷朱（Jagmohan S. Raju）是世界权威的竞争性定价战略专家。这里的学生们要用整整4天的时间系统地学习如何在各种类型的市场情况下，采用定价战略实现最高的价值。其所涉及的定价情况非常复杂，比如，新产品定价、生命周期很短的产品定价、动态定价、把产品和服务打包形成一揽子主张的定价等。雷朱教授比较了他和其他商学院的教授们采用的系统教学方法，对企业临时采用或者用试错法执行的定价策略进行了研究。他的研究表明，如果定价策略不适当，会显著地减少公司的基本利润。

对于MBA学生来说，定价问题横跨几个学科的内容。经济学提供了定价问题的宏观背景，对影响需求的诸多因素进行外在的宏观综述，包括市场的性质和公司面对的竞争结构等。会计学提供了了解公司的成本结构特点的大概框架，比如成本如何随着产量的变化而变化，以及如何设定目标价格来实现预期的利润目标等。市场营销战略被用来给定价策略和流程提供框架。最后，把所有这些科目综合起来，可以去除那些无法保证价格水平并满足利润目标的产品和服务。

经济学理论和定价战略

一个主要的经济学概念几乎构成了定价问题的全部基础，它就是需求的价格弹性。这个概念本身很简单。商品或者服务的价格越高，把它销售出去的可能性就越小。显然，实践当中情况并不那么简单；买主的数量，他们的预期、喜好和支付能力，替代产品的有无也对销售有影响。理论上的需求曲线如图7.1所示。

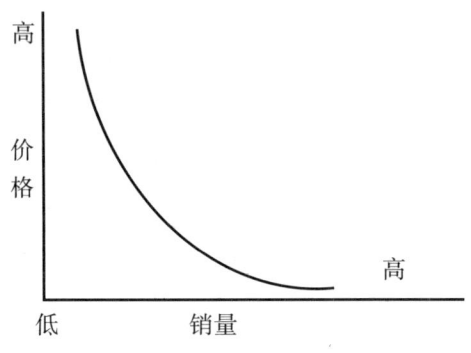

图7.1　需求曲线

这个图说明了某种商品或者服务的销售量是怎样随着价格的改变而改变的。需求弹性衡量的是消费者对价格的敏感度。它的计算方法是需求变化的百分比除以价格变化的百分比。如果价格下降了50%（比如，从100英镑下降到50英镑），需求量增加100%（比如，从1000个增加到2000个），需求曲线的系数就是2（100÷50）。这里，需求量变化的百分比比价格变化的百分比大，所以需求被认为是有弹性的。如果这个例子中的需求只增加了25%，那么需求弹性的系数就变成了0.25（25÷100）。这里，需求被描述为"无弹性"，因为需求变化的百分比比价格变化的百分比小。

对价格弹性具有一定的感受力，这一点在制定企业的营销战略时十分重要，但是不存在一种完美的科学手段可以算出需求系数是多少；只能凭"感觉"来判断。遗憾的是，价格弹性在不同的价格水平上有所变化。举例说明，把一瓶伏特加的价格降低到原来的一半，也许销售会增加一倍，但是再把价格减半则不会产生同样明显的变化。实际上，一部分买主也许会觉得，就像馈赠礼物一样，送别人那么便宜的东西是一种侮辱。

—— 市场结构

在发达经济体的实践中,经济学这门课被认为是建立在一种观念的基础上,即市场力量获准具有一定程度的自由。人们可以在某个行业创办新公司,提出他们认为合适的价格。如果公司的战略存在瑕疵,公司可以倒闭。价格获准向整个经济发出重要信号,需求和自由因此得到相应的分配。但是充分竞争(也就是价格享有这一自由的情况)只是4种常见的市场结构中的一种;市场经济的主导力量是近似充分的竞争,保持这种竞争却并非易事。

下面是4种在不同行业起作用的市场结构,在你所处的行业占据主导的结构将会深刻地影响到你在定价时享有多大的自由度。

>>> 垄断

在唯一供应商主导市场,正常的竞争力量基本上不起作用的情况下,就会存在垄断。价格、质量和创新等受到损害,因此,企业向终端消费者兑现的价值,低于他们在非垄断条件下的预期。微软在电脑操作系统市场上享有近似垄断的地位,制药业巨头辉瑞公司的专利药伟哥横扫市场,英国机场管理局(British Airports Authority,简称BAA)经营着希思罗、盖特威克和斯坦德特德等机场,对伦敦机场的飞机起降具有类似的主导地位。

垄断方声称,如果不允许他们主导自己的市场,它们就无法充分发挥规模效应进行再投资。早期铁路公司就是使用这一套说辞,2008年BAA在面对政府对其实施拆分时也用这个理由为自己辩护。

有些国家认为垄断不利于经济发展,这些国家有一些规范市场的机构,它们的任务是预防某些企业发展得过于庞大。英国有竞争和市场行政管理机构(The Competition and Market Authority),美国有联邦贸易委员会(The Federal Trade Commission),欧盟有欧盟委员会(The European Commission),它们都是遏止垄断的机构。

双头垄断，顾名思义，是一种特殊的垄断形式，即市场上只有两家垄断企业。

>>> 寡头垄断

这是指 3 ~ 20 家大公司主宰市场，或者 4、5 家公司占据市场超过 40% 的份额。这种情况对消费者和供应商的危险在于，主导市场的公司可以控制市场，对消费者和供应商不利。英国的连锁超市、航空公司、石油开采提炼业几乎就是寡头垄断。他们经常企图行动起来，建立卡特尔，规定价格；这么做的诱惑太大了，很难抗拒。公平贸易办公室（The Office of Fair Trade）说，英国航空（BA）在 2004 年 8 月到 2006 年 1 月间，至少 6 次与维珍航空（Virgin Atlantic）串通过。这两家公司主导了伦敦飞往美国各大城市的航线，在此期间，两家公司串通起来，确定了燃油附加费的价格。这一时期的燃油附加费从每张票 5 英镑急剧增加到 60 英镑。为此英国航空公司不得不拿出 3.5 亿英镑分别支付英国和美国的罚款。

>>> 充分竞争

这是一种理想情况的假设。在充分竞争的情况下，有许多供应商提供一模一样的产品和服务，他们能够平等地获取比如资金、原材料、技术和人员等必要的资源。市场的进入没有障碍，企业可以随便进入和退出市场，消费者对市场上所提供的各种商品享有全面而充分的信息。

>>> 竞争市场

有时候也叫垄断竞争，这个名称很容易引起混淆。它介于寡头垄断和充分竞争之间，但是比较接近充分竞争。在这种市场结构中，有大量相对较小的竞争者，每个竞争者各占有一小块市场份额，他们用差异化的产品满足消费者多样化的需求。

案例研究　HourlyNerd

Rob Biederman，Peter Maglathlin 和 Patrick Petitti 于 2013 年共同创立了 HourlyNerd，同时在哈佛商学院完成了他们的 MBA 课程。

对像贝恩，麦肯锡和波士顿咨询集团那样的著名咨询公司的需求，其限制因素是过高的收费结构。只有那些有最严重问题需要解决的大规模的组织才愿意并能向正规的咨询公司寻求建议。HourlyNerd 由三位哈佛 MBA 学员设立，其目的就是要打破这个市场并从根本上改变价格/需求曲线。HourlyNerd 实际上开办的是一个"婚介所"，它将前 20 所商学院的 MBA 学生与需要咨询的小企业进行匹配。质量是有保证的，因为这些顾问都是通过严格的入学标准由大学进行实际审查的。

对于那些需要 10 到 15 个小时工作的项目，平均薪酬为每小时 35 美元。在前六个月中，500 多名 MBA 学生和 45 个有项目的小企业在该网站上注册。HourlyNerd 持有客户的资金，只在项目完成时向小企业主感到满意的学生付钱。

项目包括一家小型西班牙制造商，其目标是进入美国市场，需要定价信息以及对建筑用砖，玻璃砖，克拉克砖和饰面砖的初步研究。他们为这项工作支付 2500 美元。一家小型私募股权公司已经拿出 5000 美元的预算来充分研究和收集数据，以撰写商业计划书。一个在线电子商务门户网站从精英贡献者那里吸引数字内容并将其出售给精英受众目标，为该项目预留了 20000 美元。

该公司已经筹集了 75 万美元的第一轮种子资金进行融资，有超过一半的记录在册的企业主认为获得 MBA 的学位简直是"浪费时间"。

定价决策及其与成本、交易量和最终利润的关系

计算得出制造某种产品或者兑现某种服务的成本,以及因此该收取多少费用,看起来似乎并不复杂。你把所有的成本加起来,收取费用时比这个数字高一点即可。假设顾客愿意继续购买,你收取的费用高于成本的差额越大,你赚取的利润就越多。遗憾的是,等到你开始计算这个总和的时候,问题就变得复杂起来。首先,不是所有的成本都具有相同的特点。举例说明,有些成本变化不大,无论你卖掉多少产品。如果你经营一家商店,租金和费率是相对不变的常数,完全与你的销售额无关。另一方面,从商店卖出的产品的成本完全取决于交易额。你卖掉的产品越多,你用于购买存货的成本就越高。

商店的租金和价格 =2500 英镑

1000 件产品的成本 =1000 英镑

总成本 =3500 英镑

你没办法把这两种成本加起来,除非你假定了一个交易额——你打算卖掉多少产品。看看上面这个简单的例子。除非我们决定购买并且希望售出 1000 个单位的产品,否则就无法算出总成本。有了假定的这个交易额,我们可以计算得出每件产品的成本:

总成本 ÷ 件数 =3500 英镑 ÷1000=3.50 英镑

现在,假设我们以 3.50 英镑的单价卖掉了所有的产品,我们应当是盈利的,为什么? 假设我们没有把全部 1000 件产品都卖掉,会怎么样? 理论上我们可以以 4.50 英镑的价格出售这些产品,如果我们把 1000 件产品都卖掉,就可以获取 1000 英镑的利润。可是如果我们只卖掉 500 件,我们的总收入就降到了 2250 英镑,我们实际损失了 1250 英镑(总收入 2250 英镑 – 总成本 3500 英镑)。所以在某个销售级别,满意的售价是 4.50 英镑;而在另一个销售级别,

这个售价将造成灾难。这个简单的例子说明，所有决策都是相互关联的。成本、销售额、售价和利润彼此之间环环相扣。在一个环节做出的决策对另一个环节产生影响。为了理解这些要素之间的关系，我们要用一张图或者一个模型来说明它们之间的关联性。在构建这个模型之前，我们要先对成本的各个构成要素多一些了解。

—— 成本的构成

对决策者而言，搞清楚作为交易模式的成本行为在商业活动中的变化，是极其重要的。正是每一家企业的这种"动态"性质使明智的成本决策成了企业存活的关键，也为 MBA 提供了大量机会展示自己的才华，运用自己的知识。

上一个例子说明，如果情况是静止的，可预测的，那么利润是一定的，但是如果这个等式中的任何一个要素不能确定（上面的例子中则是销售额），那么情况就完全不同了。要想搞清楚成本在变化的条件下如何表现，我们首先要认识几种不同的成本。

>>> 固定成本

固定成本是一定会发生的成本，不管在什么业务量范围内。举例说明，购买一辆汽车的成本是固定的，不管它每年要开 100 英里还是 20000 英里。要缴纳的公路税、保险和任何额外的设备费用，如音响系统或者导航仪也都是固定的。

在企业当中，和买车一样，也有固定成本比如，厂房、设备、电脑、办公桌和电话答录机。但是某些有形的资产也可能是固定成本，比如，样本、租金、折扣、保险等，它们往往不受企业经营好坏的影响。

上述提到的大多数成本都是固定的，不管会计时期的长短。还有一些成本，比如雇佣员工，理论上短期内是个变量，实际上却也是固定的。换句话说，如果销售需求下降，企业需要较少的员工时，可以去掉几周的成本（预先通知、假日、裁撤冗员等）。还有，如果员工是高度的熟练工，或者招聘和培训员工的价格过于昂贵（或者在某种意义上价值过于昂贵），而且企业不景气看起来是短期现象，那么，由于需求下降而把这些短期成本去掉，也许不是成本效益高的做法。所以，如果企业经营持续超过几周或者几个月，劳动力是固定成本。而在较长的时期来看，也许不是固定的。

我们可以画一张简单的图表，来说明随着"动态"交易额的变化，固定成本会如何表现。我们的成本模型的第一类如图7.2所示。它说明了固定成本在特定的产出范围内的静态水平。回到前面的例子，它可以说明一家店铺的固定成本、租金和折扣在一个宽泛的销售水平是个常量。一旦店老板达到了满意的销售额和利润水平，他也许会决定再租一家店，这样固定成本就上了一个台阶。这种情况如图7.3所示固定成本模型的变化。

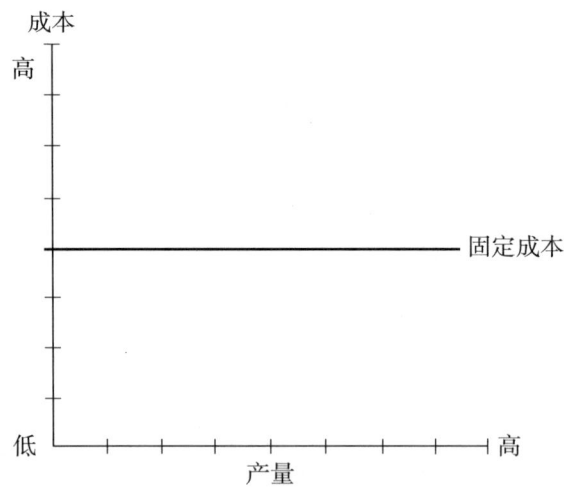

图 7.2　成本模型 1：说明固定成本

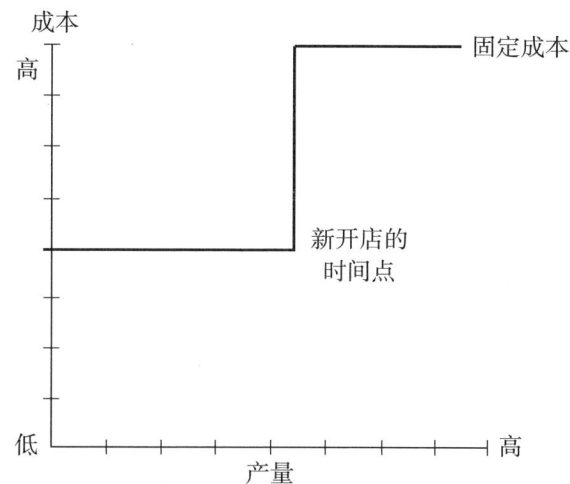

图 7.3　成本模型 1 的变化：说明固定成本的增加

>>> 可变成本

这是随着产量的变化发生变化的成本。用于生产的原材料、包装材料，奖金、价格折扣、销售佣金和邮资都是可变成本。可变成本的重要特点是，它的上升和下降与产量的增加和减少成正比。我们现在可以画一张图说明可变成本是怎样随着产量的变化而变化的。我们的成本模型的第二类看起来如图 7.4 所示。

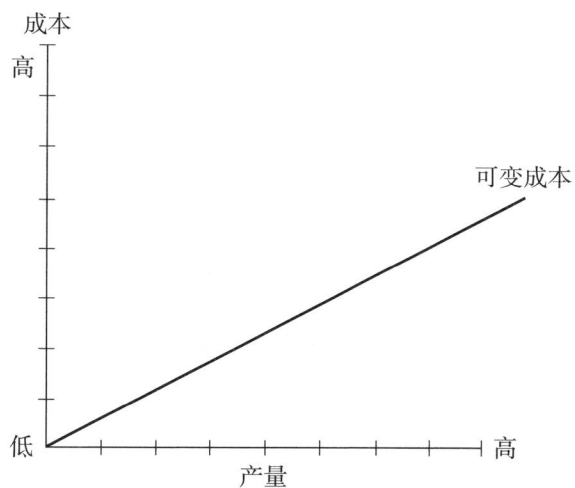

图 7.4　成本模型 2：说明可变成本随着产品的变化而变化

人们普遍有一种错误的认识，把固定成本定义为可预测的成本，把可变成本定义为随时可能发生改变的成本。就成本问题而言，这里给出的定义是唯一正确的定义。

>>> 半可变成本

相关市场由形形色色、大小不等、相互竞争的企业共同占有。市场上通常会有一个市场领导者，几个市场跟随者，还有大量企业跟在它们后面。遗憾的是，不是所有的成本都能够现成地归为固定或者可变成本。有些成本既具有固定成本的特点，也具有可变成本的特点。举例说明，移动电话有每月固定的租金成本，超过一定的使用额度以后还有单位可变成本。在手机这个特定的例子中，使用量少的消费者可能付出太高的代价。如果每个月只打几个电话，那么，每个电话的总成本（固定租金＋单位成本÷电话数）可能高达几英镑。

这种成本分为两块的情况还可见于复印机租赁、电费和燃气费等。

必须把这些半可变成本进一步分解成固定和可变两个部分。对多数小企业来说，这两部分很容易分解。不过，必须分解得非常精确，否则，成本分析法的目的和好处很容易流于空无。

—— 收支平衡分析

我们可以把固定成本和可变成本结合起来，建立一个成本模型，说明总成本如何因生产量处于不同水平而有所变化（见图7.5）。

公司只要占据了相当可观的市场份额，就意味着它与市场份额较小的其他竞争者相比具有了成本优势。这种成本优势进而可以用来谋求更高的利润，更低的价格，用于争夺更大的市场份额，投资生产更好的产品，在竞争中抢占先机。从固定成本的水平线上拉出一条线，我们就有了一条表示总成本的线。

在这条总成本线上水平或者垂直地拉出一条线,我们就可以得出任何给定的产量的总成本。这是成本模型的一个根本特点,我们可以看到成本怎样随着不同的产量而发生变化;换句话说,它考虑到了企业动态发展的性质。

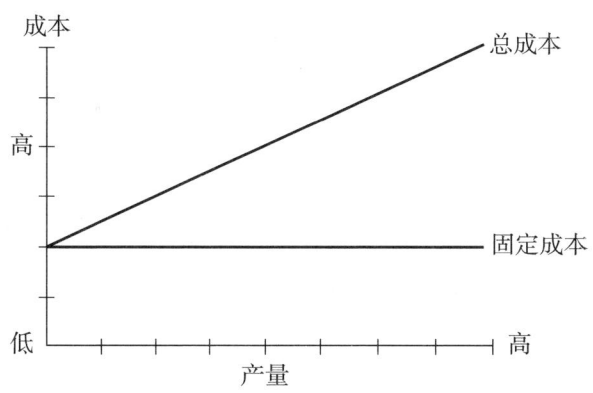

图 7.5　说明总成本与固定成本的成本模型

我们的希望是企业不光生产产品,产生成本;我们还要销售产品,创造收入。所以这个模型可以再加一条线,说明销售收入的流入情况。为了让这个模型变得生动,让我们加几个数字,以便清楚地说明这个问题。

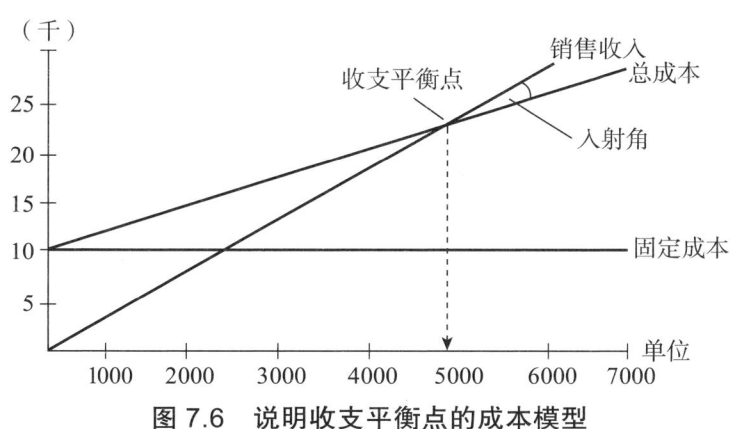

图 7.6　说明收支平衡点的成本模型

如图 7.6 所示说明了收支平衡点(BEP)。也许在整个成本练习中,最重要的一项计算是找到真正开始赚取利润的点。销售收入线与总成本线相交的点就是收支平衡点。只有达到这个点以后，企业才开始盈利。我们可以画一张图表来说明，如图 7.6 的例子，也可以用一个简单的公式来计算。使用公式的优点是，你可以很快地改变这个模型中的某些要素的值来做各种实验：

BEP 的公式如下：

$$BEP = 固定成本 \div （单位销售价格 - 单位可变成本）$$

这是合乎逻辑的。你在盈利之前，必须付出可变成本。即从单位销售价格中扣除这些成本。剩下的（通常叫作单位贡献）就可以用来满足固定成本的支付。只要售出的产品件数足够支付固定成本，就达到了 BEP。让我们计算一下这个金额，按照收支平衡表上列出的下列信息：

$$固定成本 = 10000$$

$$销售价格 = 5/件$$

$$可变成本 = 3/件$$

$$那么 BEP = 10000 \div (5-3) = 10000 \div 2 = 5000 件$$

现在我们可以看到，必须以每件 5 英镑的价格售出 5000 件产品，然后我们才开始盈利。我们还可以看出，如果我们的最高产出是 7000 件，那么，我们只能用 2000 件产品来实现预定的利润目标。显然，在收支平衡点之后，我们可以用于销售的产品件数越多（也就是实际上可以售出的最高产出）越好。总销售和收支平衡点之间的关系叫作安全边际。

—— 安全边际

安全边际通常表现为一个百分比，可以如表 7.1 所示的方式计算得出。显然，这个比例越小，企业产生利润的能力就越低。低的安全边际率也许是发出信号，要求企业重新思考固定成本、销售价格或者企业的最大产出。在销售收入线和总成本线之间形成 BEP 的角度叫作入射角。这个角的大小说明了收支平衡点之后可以赚取的利润率。角度越大，BEP 之后售出每件产品可以创造的利润率越高。

表 7.1 计算安全边际

总销售额	35000 英镑（7000 件 × 销售价格 5 英镑）
减去收支平衡点	25000 英镑（5000 件 × 销售价格 5 英镑）
安全边际	10000 英镑
安全边际对销售的百分比	29%（10000 ÷ 35000）

—— 达到利润目标

加上最后的因素即预期利润，我们就有了一个全面的模型，可以用来做出成本和定价决策。假设前面的例子中，我们知道了我们必须赚取 10000 英镑的利润，投入企业的资金才能获得满意的收益，我们就可以修改 BEP 公式，把这个目标考虑在内：

BEP =（固定成本 + 盈利目标）÷（单位销售价格 − 单位可变成本）

把上面例子中的几个数字填入这个公式，选择 10000 英镑作为我们的利润目标，我们来看看它的结果如何。遗憾的是，没有进一步的固定成本投资，我们例子中的最大产出是 7000 件，所以，除非我们做出某些改变，否则盈利目标将无法达到。

BEP =（10000+10000）÷（5−3）= 20000 ÷ 2 = 10000 件

这个模型的一大优点是每个要素可以依次修改，不断尝试，最后得出一个满意的可以实现的结果。让我们回到这个例子。我们可以先试一下，看看销售价格的变化对达到盈利目标有什么影响。在这里我们把销售价格定为未知，但是我们必须预先决定 BEP（一个等式只能有不超过一个未知数）。我们大可以合理地假设，我们准备售出全部产出来达成利润目标。那么现在这个等式就是这样的：

$$7000 \text{ 英镑} = 20000 \div （单位销售价格 -3）$$

把未知数挪到等式的左边，这个方程式变成了：

$$单位销售价格 =3+（20000 \div 7000）=3+2.85=5.86$$

我们现在知道，在最大产出 7000 件和利润目标 10000 英镑的条件下，我们的单位产品的售价必须是 5.86 英镑。现在如果市场接受这个价格，那么就是满意的结果。如果不接受，那么我们就回过头来，重新尝试其他的变量。我们必须想办法降低固定或者可变成本，或者增加工厂的产出，使之足以达到我们的利润目标。

—— 谈判特价销售

企业管理者经常会受到诱惑，想以"跳楼价"拿下一笔大订单。这个时候 MBA 就该站出来发挥作用了。不管这个提议刚开始看起来多么吸引人，在接受订单之前，一定要保证满足几个条件。让我们举一个例子——这个例子与前面的例子稍有不同。没有固定成本的重大投入，你公司的最大产出是 10000 个单位。目前你不准备投入更多的资金，除非企业证明了自己的发展前景。背景情况是这样：

$$最大产出 =10000 件$$
$$达成利润目标的产出 =7000 件$$
$$销售价格 5.86$$
$$固定成本 10000$$
$$单位可变成本 3.00$$
$$盈利目标 10000$$

收支平衡表如图 7.7 所示。

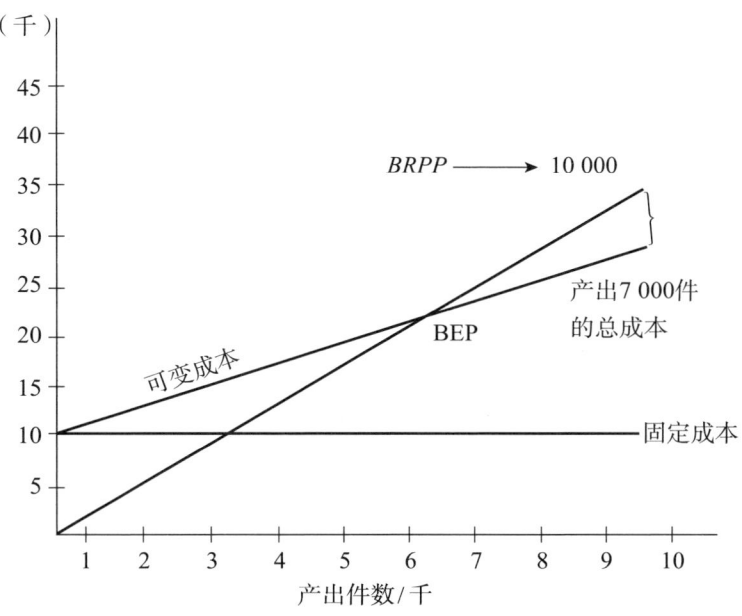

图 7.7 特价销售的收支平衡图

你的上级管理者相当自信,认为他们可以以单价 5.86 英镑的价格卖掉 7000 件产品,剩下 3000 件产品待售——如果决定生产这些产品的话。这时候突然来了一笔生意,对方要求 3000 多件产品,可是对方明确地表示,企业必须给予 33% 的折扣,才能拿下这笔订单。作为一名 MBA,你会建议老板怎么做呢?利用已有的成本信息,你可以对目前的成本构成加以分解,计算得出你们的售价。

单位成本分解 =3.00

可变成本 =1.43(10000 英镑固定成本 ÷7000 件)×

固定成本贡献

达成利润目标的贡献 =1.43(10000 利润目标 ÷7000 件)

售价 =5.86

因为已售(或待售)的 7000 件产品弥补了所有的固定成本,那么其余产品的价格可以稍作调整,满足可变成本和盈利贡献即可,所以你可以在盈利水平谈判，即单价降低到 4.43，即比目前的售价降低 25%。然而，只要售价高于可变成本 3.00 英镑，就可以产生额外的利润，但是这些销售会损害你的利润率。较低的利润率本身不一定是坏事，如果它可以产生较高的已动用资金回报率。当然，首先你必须把账算清楚。这样的成本叫边际成本。谈判边际成本（此时的成本叫作边际成本）的订单时有一个很大的危险，就是你很可能达不到收支平衡点，造成损失。

—— 处理多种产品和服务

用来说明收支平衡利润点模型的例子非常简单。可是，很少有（几乎没有）企业只销售一种产品或服务，所以，用一个更为宽泛的公式来考察现实生活中的情况，更为实用。

在这样的企业中，要想计算你的收支平衡点，你必须首先确定毛利润。用来自顾客的收款减去支付给供应商的钱，就可以得出毛利润。

举例说明，如果你的目标是 40% 的毛利润，用小数表示就是 0.4，你的固定成本是 10000，你的总利润目标是 4000，那么可以做如下计算：

$$BEP=10000+4000/0.4=14000/0.4=35000$$

这里用来说明收支平衡点的例子非常简单。所以，要想达到目标，你必须实现 35000 英镑的营业额。（你可以自己验算一下：回顾前面的例子，BEP 是 7000 件，销售价格是单价 5 英镑。把这两个数字相乘，得出营业额 35000 英镑。这个例子中的毛利润也是 2/5 或者 40%。）

—— 计算收支平衡时寻求帮助

要想在计算收支平衡时寻求帮助，你有若干种选择。一个友善的会计会给你示范,如果你的算术能力早已荒疏,你可以登录 BBC 的 Bite Size 网站,在短时间内重新复习一下。

此外,还有一些网上电子表格和教学材料可以帮助你复习算术。Biz/ed 提供了模拟计算方法,你可以看到在相当复杂的收支平衡计算中,改变某些变量会产生什么结果。

定价策略——市场营销方案的多种选择

价格看起来好像是个极其简单的营销选择,却往往是摆在 MBA 面前,让他们很难做出决定的因素。价格几乎超出了企业各个环节的范畴。经济学家用需求弹性理论来解释经济的正常运行。定价太高,没有人来参加你的活动;价格太低,你的销量会明显增加,却造成很高的成本,几乎赚不到利润。会计和生产团队关心的是,销售至少要在合理时间内足以达到收支平衡。战略家则担心价格发出的关于企业定位的信号是否合适。也许某种产品的定价对企业来说意味着极高的利润,但是它的定价仍然可能偏低,因为它可能拉低你其他产品系列的价值。举例说明,苹果牢牢地把自己定位在倾向于产品接纳周期的创新者一边。他们的顾客愿意花高价购买第一批使用新产品的特权。从价格来看,iPod 的定位远在随身听之上,虽然它作为一款随身听产品已然成熟,完全到了在市场上进入价格谱系偏低端的时候。

—— 撇脂与渗透

定价战略大致有两种,你在精心调整自己的计划前,要先决定好选择哪一种。撇脂定价法（Skimming Pricing）是定一个你认为市场可以承受的高价。如果你可以销售的产品数量有限，你宁愿限量供应，也不愿意加大生产，粗制滥造，导致顾客失望，那么，你可以选择撇脂定价法。这种定价法还可以让你瞄准市场上的"创新者"，这些人愿意花高价成为最早拥有新产品的顾客。采用这种战略要想取得成功，你必须确定竞争对手不会横插进来，把你发掘出来的需求一举夺走。

渗透定价法（Penetration Pricing）是一种镜像法；产品的定价偏低，但是比你的成本要高。价格具有竞争性，低价格的目的是让顾客不必四处寻找别的同类产品。"每日特价"之类广告语就是用来强调这种策略的。低价的目的是在其他竞争对手打入市场之前，尽可能地占领市场，希望用低价把其他竞争对手挡在门外。这种策略的危险在于，你的产品必须销量很大或者产品的销售时间很长，这样才能赚取利润。反过来，这种策略也意味着你在收支平衡之前，资金占用较多，占用时间较长。

龙锁（Dragon Lock，The Executive Puzzle Maker）参加了克兰菲尔德（Cranfield）大学的企业项目，它在推出新产品时，采用的就是渗透定价策略。他们的产品很容易仿制，无法申请专利，所以他们选择用低价战略来抵制竞争，尽快抢滩市场。

>>> 低价的危险

低价战略除了可能出现的显而易见的问题，比如，迟迟达不到收支平衡，占用现金流太多，容易给消费者留下产品质量低下、企业形象一般等印象之外，还有一条颠扑不破的法则是，抬高价格比降低价格要困难得多。一旦采用了低价战略，再想抬高价格就是难上加难。如果市场整体在向好的趋势发展，那么维持低价不算太大的问题，但是如果你当初的定价太低，那么，抬高价格就会成为巨大的挑战。

—— 价值定价

在定价的时候，还有一种可以考虑的是产品或者服务在顾客心目中的价值。消费者对价格的看法也许与产品的成本关系不大，甚至没有关系，特别是如果产品和服务是全新的。实际上，许多消费者认为，价格是一种可靠的指标，可以说明自己即将获取的产品和服务有多少价值。花钱越多，得到的价值就越高。考虑到这种现象，如果戴森（Dyson）公司当年推出它的具有革命性的真空吸尘器时，虽然号称该产品性能卓越，价格却比同类产品低，那么，潜在的消费者一定会质疑公司的说法不是真的。戴森在产品介绍手册中指出，这种吸尘器新产品的灵感来自相同价位、性能却很一般的现有产品。戴森想与之媲美的产品性能是价格为戴森吸尘器6倍的吸尘器。它由此造成一种感觉，虽然戴森新产品的价格在吸尘器当中偏于高端，但它的性能甚至比高档价位的吸尘器还要好很多。戴森真空吸尘器一炮打响的成功似乎证明，这种说法是有道理的。

—— 实时定价

股票市场的运作就是收集供求信息，根据这些信息调整股价。如果想买某只股票的人超过了想卖的人，那么这只股票的价格就会上涨，一直涨到它的供求量持平为止。如果信息很完备（也就是每位买主和卖主都知道买进卖出的全部信息），就会达到最优价格。对多数企业来说，达到这种要求是不现实的。顾客期待每次花同样的钱买到一模一样的产品和服务——但是企业不知道在某个特定的时刻，顾客对产品具体有多少需求。

但是，在网上进行销售的企业可以通过计算机网络，随时看到有多少消费者对某种特定的产品有需求。任何人只要有一个销售点管理系统（Point-ofsale，简称 POS），就可以掌握相同的信息，只不过有时候要几周以后才能拿到报表。这意味着网上销售公司每天可以针对特定的环境或者特定的市场，修改定价几百次乃至几千次，从而极大地提高企业的利润。easyJet 是一家提供低廉航空票价的公司，它就是这样做的。它改变机票的价格，实现相关航班满员。相同的航线，你花的机票钱最少也许只有 30 英镑，最多可能有 200 英镑（包括航空税），机票的贵贱要看旅客对当次航班的需求情况。瑞安航空公司（Ryanair）和欧洲隧道（Eurotunnel）采用类似的定价机制，它们遵守一条基本规则：提早预订可以获得打折的低票价，最后时刻预订则必须支付全额票款。

—— 网络拍卖定价

拍卖曾经是专属于艺术品和古董市场的特权，现在却成了一种发展迅猛的定价策略，被各种类型的企业所采用。拍卖的道理很简单。让有意购买的买家看到拍卖品，买家越多越好，设定交易完成的时限，让大家在这个时限内争夺拍卖品。拍品由出价最高者获得。一般来说，用拍卖的方式，你可以获得比传统定价策略更高的售价。易趣（eBay）是这种新型拍卖的先行者，也许到目前为止也是在消费者中间知名度最高的企业。不过，这个领域还有十几个其他行业的其他拍卖渠道，你可以尝试采用。

—— 随便你定价法

这种策略依据的是拍卖的概念，但是由买方自己定价。它的独特之处在于，供应是无限的，所以每个人都可以用自己愿意的价格买到一个。电台司令（Radiohead）乐队 2007 年 10 月发行了第 7 张专辑《彩虹之中》(In Rainbows)，把专辑放在网站上供人下载，歌迷可以随便花一点钱下载，下载费用从零分到 99.99 英镑均可。网上调查集团 comScore 做出估计，有 120 万网友访问了电台司令乐队的网站，3/5 的网友没有付款就下载了歌曲，付款的网友平均出价是每张专辑 3 英镑。这样，扣除不交费的下载以后，这支乐队实现了每张专辑 1.11 英镑。乐队认为，这笔收入超过了他们以传统方式达成交易可以赚到的金额。实际上，用这种方式发行的专辑并不是最后的定版；定版 3 个月后以 CD 的形式发行，在美国和英国一举登上了排行榜第一的位置。

有若干家饭店尝试使用这种定价策略，取得了一定的成功，但是这种定价法仍处于萌芽期。就这种商业模式而言，易趣网也只是个婴儿，所以，就像营销界人士常说的一句话：让我们拭目以待。

检查你的产品和服务

把错误的产品以错误的价格卖给错误的客户，绝对会产生成本，却几乎不可能取得相应的有价值的回报。你生产了某种产品和服务，客户高兴地多次前来购买，并不意味着你应该不假思索地继续生产下去。有时候，如下面联合利华的案例所示，最好的办法是现在少做一点，以便日后让企业实现更好的效益。

案例研究　联合利华

2015 年，当联合利华的董事长公布其前一年的账目时表示："我们的增长模式是以更精简，更敏捷的联合利华为基础的，上报营业额为 484 亿欧元，营业利润率上升 0.4 个百分点至 14.5%"，该董事长继续说道，"我们的业务跑赢了市场。我们交货的一致性得益于我们过去五年平均 4.9% 的增长率，使我们成为这个行业中最可靠的从业者之一。"

联合利华的精益销售策略可以追溯到2009年的春天，当时世界各大银行纷纷出售非核心产品部（Product Group）乃至部分核心产品部。苏格兰皇家银行（the Royal Bank of Scotland）把1/5的资产整合到一项准备出售的业务中，以便让管理层可以腾出手来集中精力处理未来可能更有价值的部分。10年前的1999年9月，联合利华当时的价值是340亿欧元（300亿英镑/500亿美元），在90个国家雇佣了30多万名员工，其旗下的品牌包括Magnum、Omo、Dove、Knorr、Ben & Jerry's、Lipton、SlimFast、Iglo、Unox和Becel等；此时，公司宣布，它打算集中力量发展少数几个重点品牌，以"促进企业快速发展，提高利润率"。在接下来的4年时间里，联合利华致力于把它的品牌数量从最初的1600个减少到400个。与此同时，它大刀阔斧地对管理层进行了重组，把公司在全球的业务分成两大块：一为食品，一为家居和个人护理。

用不着像联合利华那样兴师动众，你也可以去掉产品组合当中某些不盈利的产品。廉价航空公司瑞安只用几天工夫便缩减了冬天的航班日程表，因为英国政府开征离境税致使它的成本明显增加。它把通往斯坦斯塔德（Stansted）机场的航班减少了16架次，航运能力减少了40%，转向成本较低的欧洲其他地区。瑞安公司在新税法正式实施前4个月就做出了这个决定。

—— 用成本计算法消除不盈利的产品和服务

在一家企业，并非所有的产品都会一直盈利。认真地坐下来把"真正"的固定成本分摊到各种产品当中，也许可以让管理者清醒地认识到产品真正的盈利状况。如表7.2所示的例子。这家企业生产3种产品。产品C产量大，工艺复杂，而且相对来说销售过程很长。它所使用的设备、仓储空间和销售团队与产品 A 和产品 B 完全一样，甚至占用更多。把固定成本分摊到所有产品上，产品 C 占据了最大的份额。

表 7.2 产品盈利性 1

	A	B	C	总计
销售	30000	50000	20000	100000
可变成本	20000	30000	10000	60000
分摊固定成本	4500	9000	11500	25000
总成本	24500	39000	21500	85000
运营利润	5500	11000	−1500	15000

这个分析结果令人震惊。产品 C 在赔钱，所以必须把它去掉。去掉以后就产生了如表 7.3 所示的结果。

表 7.3 产品盈利性 2

	A	B	总计
销售	30000	50000	80000
可变成本	20000	30000	50000
重新分摊固定成本	8333	16667	25000
总成本	28333	46667	75000
运营利润	1667	3333	5000

固定成本不会改变，所以 25000 必须被重新分摊到其余的两种产品上。这样造成的结果是利润从 15000 减少到 5000；由此可见，我们传统的产品成本计算方法发出了错误的信号。我们没有计算产品 C 对固定成本的"贡献"，每一种对固定成本有贡献的产品都可以增加总利润额。因为固定成本不能忽略不计，所以，测算产品对固定成本的贡献水平，按比例把成本分摊到产品上就成了有意义的做法。

回过头来看看表 7.2，我们可以看到 3 种产品对固定成本做出了如表 7.4 所示的贡献（贡献 = 销售 – 可变成本）。

表 7.4　根据贡献水平分摊固定成本

	贡献	%	固定成本分摊
产品 A	10000	25	6250
B	20000	50	12500
C	10000	25	6250
总计	40000	100	25000

现在我们可以用边际成本计算来重做一份产品的损益表。如表 7.5 所示，我们不但不应该去掉产品 C，而且因为从贡献的角度看，它是我们利润率最高的产品，我们可能还应该尽量增加它的销量。

表 7.5　产品用边际成本计算的损益表

	A	%	B	%	C	%	总计
销售	30000		50000		20000		100000
边际成本	20000		30000		10000		60000
贡献	10000	33	20000	40	10000	50	40000
固定成本	6250		12500		6250		25000
产品利润	3750	13	7500	15	3750	19	15000

—— 消除不必要的产品成本

即使产品或者服务能够盈利，也有许多办法可以削减它们的成本。有一个入手点可以产生立竿见影的效果，那就是明确客户真正看重的是什么，不看重什么。举例说明，宜家很早就认定，它的细分市场的核心客户群是那些喜欢自己动手组装家具的人。其他家具店出售做好的桌子、椅子和床,宜家却只出售平板包装的零部件,然后由顾客自己回家组装。这么做削减了几个环节的成本:产品不必全部制作完成,它们不会占据太多的商场或者仓储空间,宜家无须提供送货上门的服务,顾客自己会把产品带走。巧合的是,最后一条对宜家的客户而言反倒成了额外的好处:人们不愿意等候几个星期乃至几个月,等待送货上门(像其他供应商那样)——他们也不愿意排队等待送货。宜家把节省下来的一部分成本变成了惠及顾客的低价格,其余部分则成为它的净利润。

第八章
营销组织的管理

可选的结构

直线和幕僚关系

团队的构建和领导

合理奖惩

了解动机

变革的处理

第八章
营销组织的管理

营销经理往往认为，市场营销最重要的方面在于，要打响轰动一时的广告宣传、推出新颖而设计精美的产品或者树立鲜明的品牌形象。这里并不是要贬低上述要素的重要性，不过，市场营销战略之所以会失败，有一条首当其冲且十分普遍的原因在于执行不利，以及没有充分发挥负责执行营销任务的人员的积极性。这个因素在营销组合中往往被叫作第 5 个 P（营销组合的更多内容参看第三章），也就是要挑选适当的人来落实战略，这些人的组织方式在很大程度上决定了整个战略的成败。这样一说，听起来问题很简单。只要按部就班地学会前面几章的内容，应该就能够达到预期的结果。遗憾的是，人，不管是一个人还是一群人，很少有服从命令听指挥的，他们对环境情况做出的反应也是千奇百怪，各个不同。麦肯锡公司在一份题为"客户服务中的真相"的研究报告中，研究了员工是怎样处理对客户十分重要的互动方式的。他们的研究包括来自 Nordstorm 前联合总裁吉姆·诺德斯塔姆（Jim Nordstorm）的这句话："当人们按照他们认为应该完成的方式自由地完成工作时，人们会更加努力地工作，当他们按照自己喜欢的方式来对待顾客时，也会更加努力地工作。"

不过，学会下列几条原则和概念，并懂得运用它们，那么，作为 MBA 的学生就能够增加组织实现其目标的可能性。

🌐 战略和与之相对的结构、人员和制度

这两者就像"鸡生蛋，蛋生鸡"一样，很难说清孰先孰后。除非你在一块

新地皮创办了一家新企业，除了你有一堆现金以外再没有其他，否则，在人员和结构的问题上，任何企业都会遇到理想面对现实的妥协。

道理很明白。组织的战略本身是企业环境的产物，这个战略决定了组织结构图的形状、它要雇佣的人员以及这些人员的管理、控制和奖励方式。但是在现实当中，企业环境随着经济形势的好坏，竞争对手的进入和退出，消费者需求、欲望和愿望的改变而不断变化。在任何情况下，企业行动的自由都受到一定的限制。不管战略的改变多么剧烈，多么具有决定性，企业很少能够为了改变发展方向而随心所欲地雇佣或者解雇员工。例外情况包括企业倒闭或者彻底退出某项活动，比如，引起广泛争议的玛莎百货 2001 年关闭法国卖场事件，这个举措被认为关系到整个企业的生死存亡。虽然法国爆发了五一节抗议活动，可是公司在宣布这个消息后，股价却上涨了 7 个百分点。

如图 8.1 所示是个有用的辅助工具，可以用来理解组织行为的概念。几个同心圆是打个比方，提醒我们这个问题具有涟漪效应。你解决了一个范畴的问题，必然会对其他范畴产生影响。

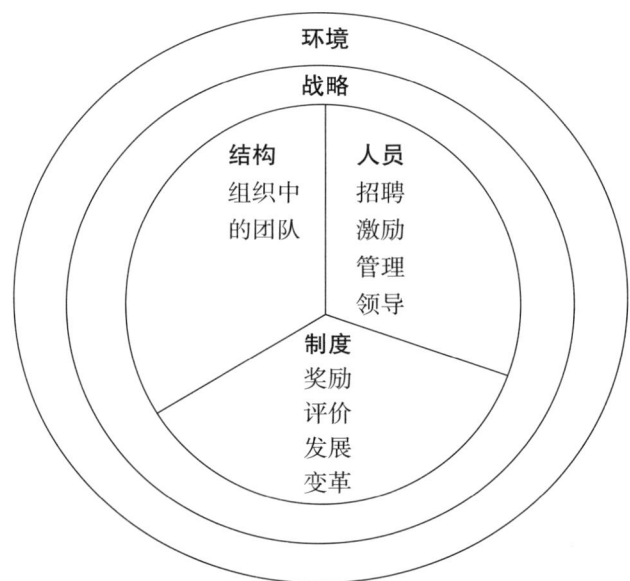

图 8.1　用于了解组织行为的框架

结构的多种选择

人体的骨骼系统把整个身体支撑起来，同理，企业也有自己的框架。框架的目的是设定边界，同时让整个"躯体"具有一定的灵活性，能够对企业所遇到的各种情况做出反应。人体只有一副骨架，从出生到死亡几乎不再改变；而企业则有几种不同的组织结构可供选择。企业与人体还有一点不同，即让一种组织结构来适合企业的各个发展阶段，那几乎是不可能的。

对于一个组织，结构必须完成下列几项功能：

- 说明谁对什么人、什么事负责。
- 明确角色和责任。
- 建立沟通和控制机制。
- 制定组织内部各组成部分之间开展合作的基本规定。
- 确立权威、权力和决策的等级秩序。

个人层面之上构建组织结构，要用到两大支柱：

- 组织结构图。
- 团队构成。

承担营销职能的组织从来不是一成不变的，下面思科系统公司的案例研究就说明了这一点。

案例研究　思科系统公司——组织的演变

2015年2月11日，思科公司董事长兼首席执行官约翰·钱伯斯（John Chambers）报告说，本财年第二季度收入为119亿美元，同比增长7%，对于该公司公认的"波动的经济环境"而言这绝对是质量很高的成绩。钱伯斯从印第安纳大学凯利商学院获得工商管理硕士学位，他1983年加入思科并担任全球销售和运营高级副总裁，是负责启动创业的成员之一。他在第二季度声明中继续强调，"我们的强劲势头是我们在过去三年多管理公司转型的直接结果"。思科的组织演进持续了三年多。在斯坦福大学工作的兰·博萨克（Len Bosack）和妻子桑迪·勒纳（Sandy Lerner）发明的技术使他们能够在校园内不同建筑物之间互发电子邮件之后不到十年，思科已经开始了其第一次重大的结构变革。

如今，思科系统（Cisco Systems）是全球领先的互联网的领导者，思科已经成为一家跨国公司，在115个国家拥有7.5万名员工。今天思科提供的解决方案已经成为服务供应商、中小企业和企业客户（包括公司、政府机构、公共事业和教育机构等）等互相联网的基础。思科自创立以来，在组织结构上进行了若干次重大变革，最近几次变革有：

● 1997年4月，思科在调整组织结构时把它的产品和解决方案瞄准3类细分客户：企事业单位、中小企业和服务提供商。它对组织结构加以改变，以应对两大全新的市场机遇：服务提供商转向提供网络协议（IP）服务，以及中小企业通过渠道销售开始使用IP产品。为此思科建立了以产品为主的结构。

● 2001年8月，思科宣布调整3条业务线——企事业单位、服务提供商和商业用途，允许公司明确地把重点放在技术领域，如网络接入、网络埠、网络交换和服务、有线网络接入、网络管理服务、核心路由器、光纤网络、储存、语音和无线网络等。

● 2007年12月，思科宣布了一种新的组织结构，致力于在新的市场把公司发展壮大，迎合中国、巴西和印度等新兴市场的需求。这种新结构也积极应对网络发展下一阶段提出的诸多挑战，这些挑战主要包括对视频的需求增加，以及网络化协同合作的网络2.0技术等。

● 2012年12月，思科宣布了一项全球战略——明日起步。在未来10年内将思科打造定位为全球领先的企业，连接以前未曾实现连接的"万维网"。一位公司发言人说，改造思科需要做出艰难而痛苦的决定，因为公司不得不宣布将12000人纳入"资源重新分配"部分。

钱伯斯最近接受美国管理咨询公司麦肯锡公司采访时解释说，要将公司从"销售管件和路由器"转变成为最值得信赖的商业顾问和最值得依靠的技术顾问，这都需要改变组织结构。钱伯斯声称，思科未来需要互相联合和团队合作以及结构化流程的支持。而这才是问题的关键所在。

—— 组织结构图

几百年来，人们一直用画图的方式来描述组织如何运作。罗马和普鲁士军队都描述过他们的等级机构，后者还出现了直线和幕僚关系。还有证据表明，古代埃及也记载了他们组织工匠，让工匠们分工执行重大项目比如建造金字塔的方法。不过，一般来说，人们认为最早的组织结构图是丹尼尔·C.麦卡勒姆（Daniel C. McCallum）于1855年发明的，他用那些图表有效地组织完成修建铁路的工作。触动他发明组织结构图的是，他发现，每英里铁轨的建筑成本并没有随着铁轨长度的延伸而下降，而这一点逻辑上说不通。效率低下是由于组织不善所致。

—— 基本等级结构

这种简单的结构是让组织当中的每位成员或者每个部分都向一个人报告（见图8.2）。组织规模不大，决策简单，在渠道少、沟通容易的时候，这种结构效果很好。

这种基本结构可以建立在几种分组方式的基础上：

- 如营销或者制造等职能；

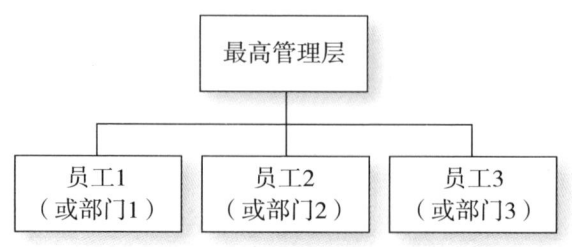

图 8.2 基本等级组织结构图

- 如国家或者地区等地域范围；
- 产品或者服务组织；
- 顾客或者市场细分比如贸易、消费品、新客户或者大客户。

>>> 管理跨度

在等级结构中，一名经理可以有若干员工向自己报告，员工数量的多寡由管理跨度（Span of Control）决定。报告人数少，表示管理跨度狭窄；反之则管理跨度宽广。

管理跨度狭窄意味着经理只有少数几位下属向自己报告，在这种情况下，沟通应该较为通畅，控制也较为容易。但是，随着组织的发展壮大，这通常意味着管理层级会越来越多，从而抵消先前的效率。

管理跨度宽广也叫作扁平化管理结构，它是让许多人或者单位向一个人报告。这种情况通常意味着管理层级较少，但它也要求从事管理的人具有较高水平的管理技能。下属要执行的任务的性质会对实行扁平化管理的能力构成限制。举例说明，某区域经理负责管理几个完全相同的单位，比如，一家连锁超市的分店，他得到了完备而高效的控制系统的支持，那么他也许可以有10家甚至更多店铺直接向他报告。但是如果这个组织由差别很大的单位构成，如它既有零售卖场，又有中央面包房、车库、工厂、会计部门和销售团队，那么一位经理处理这么多种类问题，他应对各种情况的能力就会受到限制。

还有一个因素要考虑，那就是管理者和被管理者的能力水平。一支能力超强的工作团队，可以在较为宽广的管理跨度内运作，因为他们需要较少的监管；而能力超强的经理，可以管理数量较多的员工。

—— 直线和幕僚关系

有一个办法可以在企业规模扩大、事务庞杂的过程中用于保持组织结构的扁平化，那就是引入幕僚职能，让幕僚接管部门经理的部分常见职责（见图8.3）。举例说明，如果有10多个人处在相同的工作范畴，生产经理也许可以自行解决招聘、挑选和培训员工的问题。一旦人数增加到上百人，如果部门的发展还影响其他管理领域比如销售和营销，那么，效率更高的做法也许是成立专门的HR部门，来支持直线经理人。

幕僚提供知识和专业技能以支持直线经理，但是最终责任要由直线经理承担。直线与幕僚的组织方法产生了3种权力，所以在提高效率的同时，这种组织结构也增加了冲突的可能性：

- 直线职权向指挥链的下端延伸，直线经理把权力和责任交给直接下属，后者要指导自己的下级执行某些具体任务。
- 幕僚的权力在于，他有权力和责任向直线经理就某些领域的问题提出建议。举例说明，HR幕僚要对遣散条款、用工条件和纪律等问题向直线经理提出建议。
- 职能权力或者受到限制的直线职权让幕僚有了在某些特定职能问题上的最终批准权，比如，安全性或者财务报告等。

直线和幕僚之间的关系可能存在各种冲突，不过，这些冲突可以用两种方法加以弱化。在第一个例子中，幕僚向自己的上级报告，这位上级对他们享有直线职权。在第二个例子中，直线和幕僚的人员可以组成团队，团队有共同的长期和短期目标。

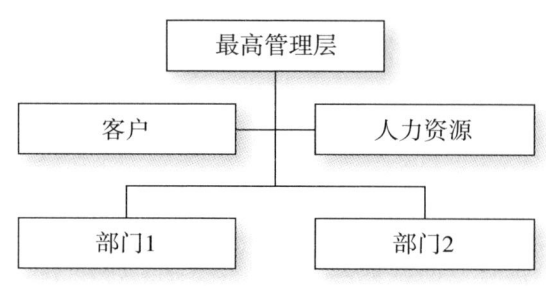

图 8.3　直线和幕僚组织结构图

—— 职能型组织

在职能型组织中，幕僚和直线经理向同一位上级经理报告。这样就把担子更多地交给了上级管理层，管理层则拥有较为宽广的管理跨度，肩负更加多样化的任务，并承担相应的责任。但是，这种结构把所有的责任集中在一个人身上，因此把冲突缩小到了最小范围。它也许还导致管理层缺乏较高水平的专业知识，而专业知识是专业的幕僚可以带来的职能。举例说明，这样的组织结构会给生产经理增加负担，生产经理本人必须对当前的劳动法了如指掌，而无法寻求幕僚的建议。当然，生产经理本人可以攻读劳动法，但是效果却不如请一位有经验的专业人士来处理每天的相关事务（见图8.4）。

—— 矩阵型组织

矩阵型组织把直线职权交给两个人，让他们为重合的领域承担责任。如

图 8.5 所示，你可以看到，有一位经理负责欧洲和亚洲的第一产品小组的销售。但是，欧洲和亚洲各有一位经理负责本区域所有产品小组的销售。

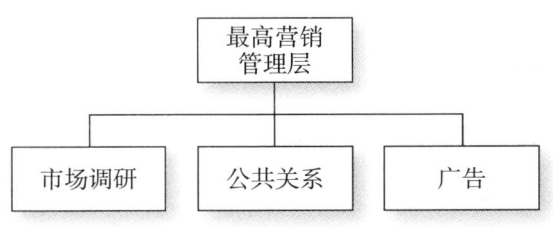

图 8.4 职能型组织结构图

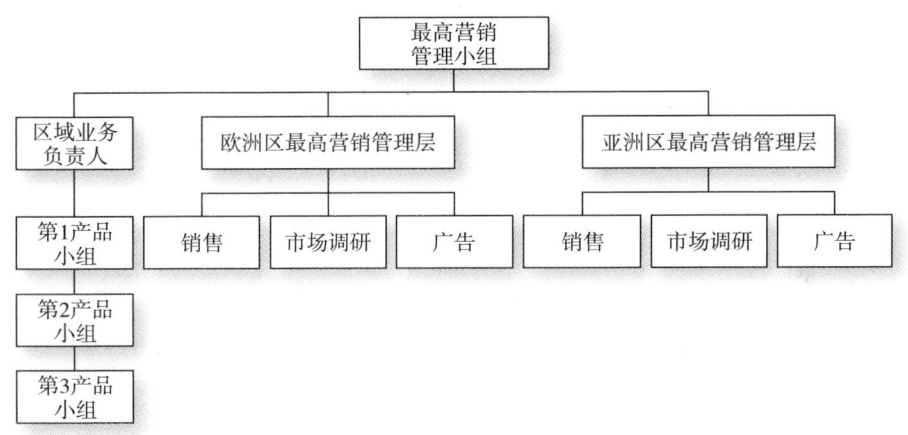

图 8.5 矩阵型组织结构图

矩阵型结构的目的是确保组织内部所有关键的领域都有一位直线经理承担责任，充当前锋。但是这种组织方法仍然存在发生利益冲突的可能性。举例说明，一个产品小组的负责人也许想在特定的市场让自己的产品引起注意，其行为超出了该产品获得授权的范围。理论上，矩阵型组织中的经理足够资深，能够消除彼此之间的分歧。但实际情况往往并非如此，在这种情况下，他们共同的老板就必须出面解决问题。

—— 战略业务单位（SBU）

SBU 实际上相当于一些自负盈亏的独立的企业，从关乎根本的净利润到市场营销利润率都是如此（关于利润率的更多内容参见第十二章）。如果企业的成本基本上来自服务、广告、品牌形象的树立或者用网络履行承诺，那么在这种情况下 SBU 极有可能成为独立的风险项目，只有财务、会计和纳税职能与母公司相关。它们本身可以采用上面提到的任意一种组织结构。如果它们本身不具备专门的幕僚职能，必要时可以向母公司购买。这样就维持了完全的利润问责制概念（见图 8.6）。

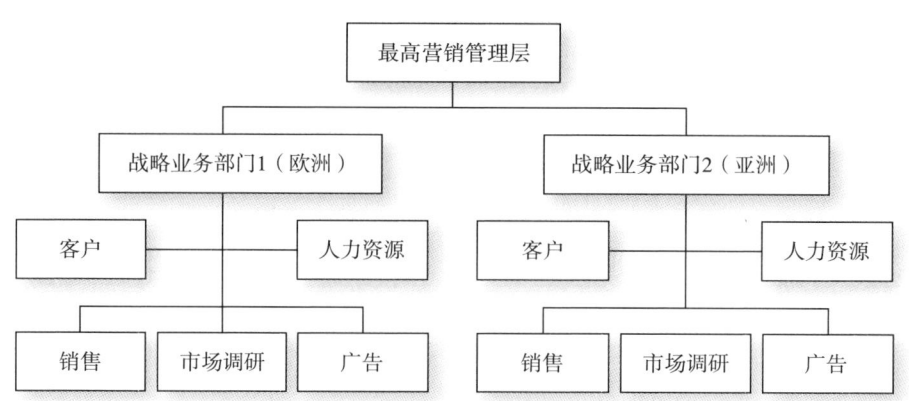

图 8.6　战略业务单位（营销）组织结构图

SBU 进一步分成两种：一种只控制当前的收入和支出，另一种控制"投资中心"，可以做出诸如新建工厂、投资研发新产品或者收购合资企业以及其他战略决策。

—— 团队

团队是企业结构的组成部分，团队的组建和高效合作是一个组织能够达到卓越的关键所在。如图 8.7 所示，它比较了专门的运动队和随机组织起来参加比赛的一群人的某些特点。你马上就可以看出，要把人们凝聚成一个团队，需要做些什么。

运动队	体育俱乐部
• 成员的数量适合比赛的要求 • 人人都有明确的职责 • 有具体而可衡量的目标 • 团队团结起来对付一个明确的对手 • 有教练指导队员，提高他们的参赛能力 • 有参加比赛的适当装备	• 成员愿意来就来，不愿来则不来 • 队员的角色临时分配 • 经常没有明确阐述的目标，也不知道他们是否达到目标，成员各有各的目标 • 有时候内部竞争比赢得比赛更重要 • 培训只是偶尔为之 • 有时候缺乏适当的装备，不是所有成员都配有适当的装备

图 8.7　不同于团队的群体

成功的团队具有一些共同的特点：他们都受到强有力的领导；有明确的目标；有适当的后援和支持；在整个组织内部能够自由地沟通；有权果断地做出决策并采取行动；团队成员之间达到了良好的平衡；能够协同战斗；它的规模与任务相宜。

—— 团队类型

团队可以由 5 ～ 10 人构成。团队超过 20 人往往会显得过于庞大，会占用过多的资源，超过了组织可以投入用于某方面业务的限度。

>>> 业务团队

业务团队指一群人执行管理层下达的任务，要在较长时间内达成具体的目标。在这个例子中，业务团队有 3 个，涵盖了销售、管理和仓储／配送。举例说明，销售团队要完成销售目标，配送团队要把商品及时送到顾客手中。实际生活中，每家公司都有自己对业务职能的规定。

>>> 项目团队

项目团队常常是跨职能的，由来自多个领域的人员组成。他们在一段时间内集中工作，共同完成某个特定的项目。在这里我们假定，这些团队都被要求思考一个问题，即如何才能更加高效地执行每一种职能。让履行其他职能的成员加入团队，其价值在于确保整个团队不至于视野过于狭隘。

>>> 特别工作组

这是短时间内迅速组建的小组，用以应对某个小范围的事件或者解决某个特殊的问题。举例说明，如果你提议改变工作时间，任务小组可以考察改变工作时间在公司内外引起的反响并报告给管理层。然后，管理层可以根据正确而充分的信息（即此项变革将会对哪些人产生最大的影响）做出决策。

—— 团队角色

在一个乐团组织里，不管担纲独奏的主要演员多么多才多艺，最后还是整个交响乐团齐心协力地完成演出。不过，团队工作并非自然而然地圆满完成。人们愿意齐心协力共同努力，这往往是一种错误的认识。团队内部更常见的情形是混乱不堪而不是同仇敌忾。

企业文化会派生出形形色色的行为，会把企业拖向不同的发展方向。以某新成立的成功的网络公司为例，它的人员来自金融服务业、零售业，近来也有来自科技领域的。公司当年的根本业务是提供金融服务，他们的竞争对手是银行和经纪公司。该公司第一梯队的雇员在业内各家公司之间跳来跳去，想要寻找一个最后的资深岗位，当一名副总裁之类。他们关注的焦点是内部的"等级秩序和头衔"。该公司的第二梯队来自零售业，都是以前扩张分店时期的幕僚。零售业者关注的重点是外向型、面对顾客的。他们的成功由市场衡量，优秀的推销员得到尊重和权力。第三梯队，最新一支队伍的构成是技术人员。对于技术人员，成功是由技术专长来衡量的。头衔无关紧要，他们主要关心的问题是完成项目。他们不是对等级秩序忠诚，而是对项目本身、对团队忠诚。

按照特殊的职业或者工作技能，把来自截然不同的企业文化背景下的人们组织起来形成团队，效果也许并不太好。团队要想卓有成效，还必须实现行为模式的平衡和匹配。人们用五花八门的方法给团队成员所扮演的角色进行了分类。梅雷迪思·贝尔宾（Meredith Belbin）是克兰菲尔德的研究人员，他认为，团队要想高效运作，就必须考虑团队成员各自发挥哪些主要作用，据此，他把团队成员角色划分为以下几种主要类型：

- 主席/团队领导者。性情稳定，喜欢主导，外向；专注于目标；不产生创意；让人们能够集中精力做自己最擅长的事情。
- 智囊。喜欢主导，智商高，内向；"到处播撒创意种子的人"；忽略细节；可信赖，容易生气。
- 资源整合者。稳定，喜欢主导，外向，爱交往；与外部世界有丰富的关系网；擅长联络接洽；推销员/外交官/联络官类型；不是有独到见地的思想家。
- 构建者。焦虑，喜欢主导，外向；情绪化，易冲动；能够快速应对挑战，对挑战做出回应；喜欢竞争；不能容忍混乱和含糊。
- 公司上班族。稳定，受控制；务实的组织者；可以具有灵活性，但是也许适应了成熟的制度；不是创新人士。
- 监督评价者。高智商，稳定，内向；喜欢有测量标准的分析而不是创新；拒绝模棱两可，常常缺乏热情；但是踏实可靠，值得信赖。

● 团队工作者。稳定，外向，但是其实不喜欢主导；非常关心个人的需求；在别人创意的基础上加以补充；别人脾气发作时让大家冷静。

● 完成者。焦虑，内向；担心出错；总是有紧迫感；念念不忘命令；关心"落实到底"。

—— 组建和主持团队

建立和主持一支高效率的团队，有下列 5 个至关重要的要素：

● **平衡团队成员的角色** 你在组建团队的时候，必须首先认识到人与人是不同的。每位团队成员不仅有各自的技术能力，如会计或者推销专长，他们还要在团队中承担有价值的角色。团队行为方面的专家发现，团队要想顺利履行职能，团队的整体状况极其重要。如果太多的人竞争一个角色，或者团队中一个或者多个角色受到忽略，团队就会失去平衡。团队成员的行为模式必须协调一致，要像汽车的点火系按照气缸的排列顺序点火一样。

● **共同的愿望和目标** 团队要对自己可衡量并且明确规定的目标有一种主人翁的责任感，这一点至关重要。这意味着团队要参与制定业务规划。它还意味着随着业务的发展，沟通渠道要保持畅通。企业的创始团队清楚地知道自己想实现什么，他们可能共用一间办公室，工作时互相交换各种信息。但是这个团队发展壮大，新人加入以后，就必须让非正式的沟通系统发挥更大的作用。简报会议、社交活动和公告栏等，都是把团队成员聚在一起、让大家正面交流的适当办法。

● **有共同的语言** 作为业务团队的成员，人们必须大致掌握企业所使用的语言。如果人们不太清楚这些团队意味着什么，为什么很重要，他们如何对结果施加影响，那么，督促人们提高运用资金收益率或者缩短负债日期是没有多少用的。所以，要通过长期的培训、发展和教育，培养核心团队成员具备全面的企业技能。

- **相容的个性** 贝尔宾描述了各种团队成员的概况，团队由类似的成员构成很重要；同样重要的还有，团队成员必须能够和睦相处。他们必须能够倾听和尊重彼此的想法和观点。他们要相互支持和信任。他们要能够认识到，发生冲突是健康而正常的现象，他们要能够克服冲突，成功地达成结果。

- **好的领导** 优秀的领导也许是区别获胜与落败的团队的最重要的因素。无论团队的构成多么优秀，没有领导，团队也会变成一团散沙，只不过是靠工资支票把大家连在一起罢了。

—— 董事会

有一支团队在组织内部众多的团队中独树一帜，它就是董事会成员，往往简称为"董事会"。大公司或者上市公司的董事除了领导生产、销售或者营销（他们也可能履行其中某一种职能）以外，还担负另外一种角色。董事或者股东们有时候搞不清楚，公司最后由谁说了算。在私营公司，董事和股东往往是由相同的人士组成，但是在上市公司，即使依然保持着家族企业的纽带，董事和股东也是分开的。法律上，公司是独立于股东和董事的实体。根据某公司的章程，有些权力由董事行使，某些其他权力可以为股东保留，在股东大会上行使。如果管理层的权力交给董事，那么只有董事可以行使这些权力。股东控制董事行使权力的唯一方法是修改章程，或者如果股东对董事的行为不赞成，可以拒绝选举他连任。董事的部分义务、责任和潜在责任有：

- 以良好诚信的态度采取行动维护公司的利益，包括勤勉而忠诚地履行义务。

- 不得故意开展公司业务来欺骗债权人或者达到欺诈的目的。
- 不得明知公司破产仍然允许公司进行交易；如果这样，董事必须赔偿公司破产所导致的债务。
- 不得欺骗股东，指定审计员监督会计记录。
- 要考虑一般员工的利益。
- 遵守《公司法》的要求，比如，提供会计记录或者提交账目等。

>>> 董事会的构成

董事会由两类董事构成，即内部董事和外部董事。一般来说，董事会通过几个委员会行使重大决策权：

- 内部董事：通常以主持董事会议的董事会主席为首，依次还有CEO（首席执行官）或者总经理（主持经营业务）和其他几位董事。
- 外部董事：叫作非执行董事，他们通常都是有身份而又经验丰富的人士，既能够提供独立的明智忠告，又能够遏制董事会内部的失控情况。
- 委员会：董事会的主要委员会是监督薪酬（尤其是董事薪酬）、审计、社会责任（和"绿色"事务）、合并与收购，以及规章制度等事务的委员会。

人

如果说结构是一个组织的骨架，那么人就是它的血液和灵魂。道格拉斯·麦格雷戈（Douglas McGregor）是麻省理工学院斯隆管理学院（Sloan School of Management）的创办人之一。他1960年出版了第一本管理学经典著作《企业中人的方面》（*The Human Side of Enterprise*），书中开门见山地提出这样一个问题："你认为，管理人的最有效的方法是什么？"这个看似简单的问题引发了管理思想界的一次根本的革命。麦格雷戈接着指出:"如果管理者能够发现并懂得激发劳动者身上尚未开发的潜力,组织的效率至少可以增加一倍。"

找到合适的人,让他们各就各位,激励、管理他们并给予报偿,这是成功的企业与平庸企业之间的明显区别。在过去的30多年中,许多企业都成立了中央集权的HR(人力资源)部门,其目的是"协调人事",这是人力资源工作者对本职工作的高调描述。麦格雷戈早年就用洗练犀利的语言预言了它们的出现,"管理层坐在本职工作的象牙塔中,决定一线团队需要什么帮助,然后设计开发一些项目来满足这些需求,这一向是管理层非常喜欢的一种消遣。然后,一线团队必须接受管理层为他们提供的帮助。在一般情况下,落实和执行变革就成了变革经理的任务——一线团队没有人主动要求变革,也没有人希望变革。"

这么说并不是暗示人力资源部对解决"人的问题"没有帮助和贡献。这里的意思是说,人的问题非常重要,在对人进行管理时,不能把他们的直接上级排除在外。至少,MBA的技能包括,必须扎实地掌握人力资源部门负责执行的主要任务。

散步式管理(MBWA)

四处走动的散步式管理,通常缩写为MBWA,有时就是闲逛,这是最著名和最持久的管理技术之一。这个术语描述了一种非结构化的方法,它可以让管理人员直接参与下属的与工作相关的事务,而不像以前的管理理论家所普遍采用的那种僵化而遥远的管理方式。在MBWA实践中,管理人员花费大量时间到工作地区开展非正式的访问并倾听员工的意见,收集定性信息,听取建议和投诉，并密切关注组织动向。

作为一种管理技术，美国统计学家爱德华兹·戴明（W. Edwards Deming）首先开创了 TQM（全面质量管理）理念。戴明的观点是，"如果你等待人们来找你，你只会发现小问题。你必须主动去发现那些大问题。最大的问题是人们没有意识到他们开始就有一个大问题"。在戴明度过大半生的国家日本，管理人员是"Genchi Gen butsu"的强烈拥护者，它的意思是"去看看"。美国宇航局在 MBWA 的遗产中占有一席之地，1973 年惠普公司有了首次使用该管理方式的记录。惠普创始人比尔·休利特（Bill Hewlett）和戴夫·帕卡德（Dave Packard）的经营理念鼓励他们的管理人员去了解他们的员工，体谅他们的工作并使自己与员工打成一片。这种方式是基于对人的尊重并且相信大多数人只要在被尊重的情况下都能处理好工作，这与亨利·福特自上而下的指挥管理风格几乎完全相反。惠普作为一家工程公司对所有的一切展开了测量。他们追踪了对士气的影响因素，完成工作的时间以及与老板多次深入到一线时的表现。结果很明显，无论从哪个标准考量，管理者看到的工作越多，结果也就越好。

当汤姆·彼得斯（Tom Peters）在 1982 年与罗伯特·沃特曼（Robert Waterman）成功合著了一部具有一定影响力的《追求卓越》，书中就包括惠普和其他公司使用类似分散放松，合作管理风格的经验教训。MHWA 一词立即变得流行起来，并被纳入 MBA 词典中。

—— MBWA 可以实现的目标

使用 MBWA，可以积极地影响以下内容：

（1）士气。自己的意见被听到并获得认可经常有助于人们对自己的工作和组织感到满意。MBWA 可以促成这些机会。

（2）生产力。MBWA可以促进非正式的、开放的和定期的讨论，所以人们更有可能乐于向你提供他们的想法。

（3）可接近性。当你的团队将你视为一个人而不仅是一个老板时，他们便更有可能告诉你发生了什么情况。在问题出现之前，你将有机会了解问题的实质。

（4）信任。以高度信任为特征的组织往往是最成功的组织。通过对比你对信任的某个人的请求和你不信任的人的请求的反应，你可以自己亲自测试这个概念。如果你的团队更好地了解你，他们也会更加信任你，并因此与你分享更多的信息。

（5）业务知识。你离客户和业务越远，对日常运营及其问题的感受就越少。走出去并定期了解下面发生的事情会让你更好地理解当前的真实情况。

（6）问责制。预算和评估是相对生硬的工具，它充其量只能提供大致的指导方向。当你定期与你的团队非正式会面时，你所做出的决定更有可能让人上心从而努力将其实现。

尽管通过MBWA取得成功会带来明显的好处，但它不仅是在工厂、办公室、仓库或零售店进行漫游走访。MBWA绝不是"公园散步"，它需要坚定而真实的努力来了解你的员工，他们的表现和你的所作所为都可以使他们的工作更加富有成效。

成功引入MBWA使其成为管理人员绩效评估的一部分，并将他们在这一领域的成就融入对他们的奖励之中。记住测量完成以及获得的奖励后需要再次进行评估测量。

—— 在虚拟世界中的MBWA

多个地点的全球企业在开展MBWA工作时可能会遇到一些困难。如果你的团队分布在五大洲和十几个时区，你的时间可能更多地花费在机场，而不是你的团队。以下几种方法可以解决这一难题，以缩小与面对面交流时在时间上的差距。

Skype 和视频会议

带有互联网聊天功能和电话功能的 Skype 带来了通话的实时性，在某种程度上，如果人们让 Skype 在他们的工作站上运行，这种即刻性就会显现出来。使用 PC 笔记本内置摄像头的视频会议是弥补 MBWA 内在冲动的另一种方式。Skype 和视频会议都不如坐在咖啡机周围真心地交流一样有效，但这时不时地也可能是一个比较合理的接近实情的方式。

项目和功能管理软件工具（如 Basecamp、Salesforce）

即使在使用 MBWA 时，结构化项目和功能管理也是必需的。像 Basecamp 和 Salesforce 这样的基于 Web 的解决方案具有作为信息中心库，事件调度和进度报告的优势，同时作为经理的你也可以看到。但是，尽管你随时随地都可以看到你的团队发生了什么，但这种软件并不容易提供见解或机会来确立 MBWA 可以提供的信任关系。

Google 文档 - 实时工作协作

诸如 Google Docs 之类的工具可让团队在不同地理位置一起工作，生成文档并对其进行评论。尽管时区不同，管理人员可以访问项目以添加他们自己的评论。由于没有实时或面对面的接触，同时将员工的工作暴露给行政人员接受不断的管理审查，这会降低员工工作的自发性，并且可能会令他们心情沮丧。

案例研究　必胜客

必胜客的首席执行官珍斯·霍夫玛（Jens Hofma）从瑞士IMD获得MBA学位。在加入必胜客之前，他曾在瑞士雀巢和麦肯锡以及德国肯德基工作。英国必胜客看到每个月有三百万食客光顾。据他们的网站称："估计有23%的英国人在过去的12周内吃过比萨！"

珍斯·霍夫玛每两周花半天时间在必胜客餐厅为客人服务，他以此种方式让他的顾客和店铺员工了解实时体验。霍夫玛声称："当你经营一个失去现实感的庞大组织时，这很容易。你不停地在开会，有时你会进入一家餐厅，这有点像名人到访，你不能真实地了解它是什么样的。"所以即使经过位于赫特福德郡Borehamwood的公司总部一天漫长的工作之后，霍夫玛也会前往他们330家餐厅中的一家穿上制服，进行4小时的轮值。2009年，当他为了遏制现金流出空投至此，开始是为了在头几个月内了解该公司，现在却已经变成了一种习惯。

2009年，霍夫玛到达了一个陷入困境的企业。弗兰克（Frank）和丹卡尼（Dan Carney）于1958年在堪萨斯州的威奇托开设了第一家必胜客。到了1972年，他们在美国拥有大约1000家店铺。1973年，必胜客走向国际，分别在日本，加拿大和英国开设餐厅，第一家英国必胜客在伦敦伊斯灵顿开设。四年后，百事可乐公司收购了这家公司，后来几十年里出现了多次所有权变更。1982年，Whitbread与百事公司联手将英国的这一投资组合带到了50家分店。1997年，百事公司决定专注于饮料业务，在新的买家手下这项业务风光不再。

霍夫玛在他的散步中发现的那张"真实照片",正是一家公司正在经历的一次公开的"身份危机"。据 Companies House 提供的数据显示,必胜客在截至 2009 年 11 月 29 日的 52 周内的税前亏损为 1212 万英镑,比前一年的 1331 万英镑亏损略有改善。英国最后一笔 688 万英镑的利润则是早在 2006 年的事了。

这一损失强化了这样一种观点:必胜客未能跟上外出就餐的英国人期望的,它的竞争对手"比萨快车"推出的更高端的方式。必胜客的问题也出现在比萨派送专家 Domino 推出之时。2009 年最流行的观点是必胜客成为错过了休闲餐饮市场机遇的稍显过时的品牌。Pizza Express,TGI Friday 和其他意大利面连锁店,如 Prezzo 和 Bella Italia,在菜单上的新产品和内饰方面都更有志向和创新。"在不到十年的时间里,英国已经成为世界上竞争最为激烈的餐饮市场之一。"霍夫马说。

在转机风险基金的支持下,霍夫玛已翻新了该公司 330 家实力店面的近 1/4。从 2012 年起,该业务已经进入了微利时代。

🌐 制度

如果说结构是骨架,人员是血液和内脏,那么制度就是让企业能够高效运转、为前方的变革做好准备的规则和步骤。

—— 考核

考核几乎是一名 MBA 与公司制度的第一个接触点,也是最容易感到不满和挫折的接触点。虽然考核不应当表现为指责、奖励或者表扬,但考核结果往往不免得出这几种结论。考核产生的结果是一份个人发展计划,用来帮助每位员工实现更好的业绩,达到职业发展的目标。

标准的考核系统和程序可谓种类繁多;有许多不过是在方框里打钩的评级过程;还有一些是围绕时髦的概念比如"360度考核"之类进行,意思是上级、下级以及同事都要参与这个评价过程。

成功的考核其实只有4条基本法则:

● 考核要被看作是两个共事的人之间坦诚的双向商讨,而不是简单的老板/下级关系;考核之前要预先做好准备。讨论的焦点应该放在所取得的成绩、要改进的地方、总体表现、培训和发展以及职业期待上,而不是放在薪水上(这是另一个问题)。

● 考核的应该是结果而不是员工的性格。考核面谈首先要回顾早先设定的目标,结尾时要设定下一阶段的目标。

● 考核应该定期按时开展。至少一年要做一次考核,在变革频仍时期可以进行多次考核。新员工应该在前3个月做一次考核。

● 应该留出充足的考核时间,考核时应该不受干扰。

—— 变革的管理

商学院用一个故事来说明,对变革的必要性视而不见是十分危险的,这个故事就是"温水煮青蛙"。如果环境情况突然发生变化,对青蛙造成急剧的影响,青蛙会马上行动起来,从锅里跳出去。还是这只青蛙,还是这口锅,如果刚开始加热的温度很低,那么,它会悠哉悠哉地坐在里面,直到被烫死;因为加温的过程极其缓慢,它始终认识不到危险性。

因此,领导者的首要任务是确定企业的目标和方向。这个任务不可避免地意味着要对不断变化的环境和情况做出反应。

—— 变革为什么是必要的

变革的必要性主要出自两个方向：一是企业外部或内部产生了新的推动力，二是企业自身自然的发展状况提出了变革的要求。

>>> 动力促使的变革

这是打破企业的平衡，提出变革要求的主要动力因素：

● 新的管理层：管理层更换新人并不一定会触发变革，但是，企业即使运行正常，刚刚走马上任的新人通常也不愿意按部就班地融入其中。新任管理者几乎无一例外想给企业的战略和结构打上自己的烙印；如果一切顺利，完美无瑕，当初又为什么要任命新人呢？

● 竞争对手的行为：有新的竞争者加入，或者现有的玩家推出了新产品、低价格，采用了巧妙的经营模式等，改变了市场格局。

● 技术：技术变革会对整个行业造成冲击。举例说明，早先网上 DVD 服务的出现，还有近年来的宽带传输都深刻地改变了零售录像业务的大环境。

● 经济、政治和法律环境：这方面的因素包括让需求水平发生急剧改变的商业周期；政府不断修改支出和税收政策所造成的变化；类似于影响烟草行业及其推销手段的法律法规的改变等。

>>> 自然演化

企业在某种意义上就像一个生命有机体，有一个从出生、童年、青少年、成年、老年再到死亡的自然发展过程。企业发展过程中的某些阶段很好识别。一切生命体都有开始和结束的时候，虽然它们的寿命有长有短。至少对于企业来说，平均寿命在 35～38 年之间。有些企业的寿命较长，还有一小部分企业甚至已经存活了 250 年。日本的金刚组（Kongo Gumi）存活了 1400 多年，也许是世界上最古老的企业。枪支（Beretta）、银行业（罗斯柴尔德）和酿酒业（1627 年创办的 Gekkeikan 清酒公司）也是几个历史悠久的典型例子。

>>> 发展阶段

哈佛大学的教授拉里·格雷纳（Larry Greiner）指出，企业经过几个主要的发展阶段会走向成熟，如图 8.8 所示。

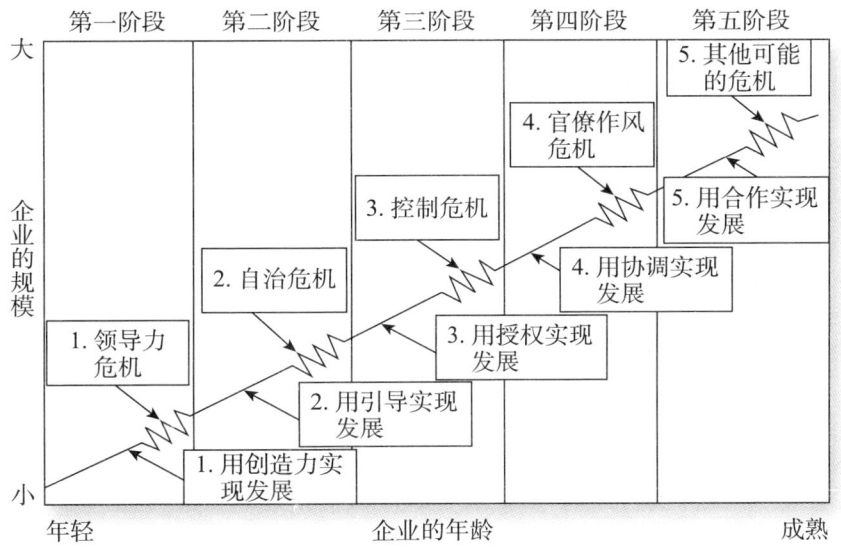

图 8.8 发展的 5 个阶段

资料来源：L. E. Greiner,《哈佛商业评论》, 1972 年 7/8 月刊

丘吉尔和刘易斯（Churchill, N C and Lewis, V L, 1983, The five stages of small business growth, *Harvard Business Review*, May-June）明确了小企业的几个发展阶段。在各个发展阶段，要用不同的方法来管理企业。有些阶段要求强有力的领导；有些阶段适合多方征求意见。有些阶段要求制度和流程，有些阶段要求员工之间的合作。很多时候，领导者认为，多招一名推销员，把办公或者生产空间扩大几百平方米，或者再从银行贷一笔款即可解决企业发展

壮大的问题。这种做法就好比给一个婴儿穿上大号的衣服，让他直接过渡到成年。

—— 过程的管理

变革是不可避免的，但是变革的结果却无法预料。不过，这并不意味着变革过程无法管理。下面是变革管理的几个步骤：

- 告诉人们为什么要变革：给出具有说服力的理由，人们会更容易接受变革。2008年贝尔·斯登（Bear Stearns）、法国兴业银行（Societe Generale）、诺森·洛克（Northern Rock）和苏格兰皇家银行（RBS）等崩盘以后，很少有银行家质疑变革的必要性。
- 把变革控制在可管理的水平：即使人们接受了变革的必要性，也不能让变革急剧猛烈到让人难以应付的地步。把它分解成可以管理的小部分就可以克服这个难题。
- 采用共同的方法：让人们及早参与，参与到变革的管理中来，让主要参与者从一开始就对确定正确的变革方向享有发言权。这样可以削弱把变革强加于人的感觉，可以发动更多人开动脑筋，共同承担这个问题。
- 尽早对变革的成功给予奖励：要尽早挥舞胜利的旗帜。不要等到年底或者考核的时候。这样可以加强信心，让变革继续在正确的轨道上进行。
- 预见抵制：麻省理工学院的德国裔教授库尔特·卢因（Kurt Lewin）是群体动向以及企业如何实现最佳变革效果的早期研究者。1943年，卢因在《心理学评论》（Psychological Review）上刊载了一篇题为"在给定时间划定战场"（Defining the Field at a Given Time）的文章，描述了现在叫作力场分析（Force Field Analysis）的概念。你可以使用这种工具（见图8.9）来预见到对变革的抵制，并制订计划克服它。

- 认识到变革需要比预期更长的时间：3 名研究人员（Adams J、Hayes J 和 Hopson B）在《过渡：了解和管理私人变故》(*Transition：Understanding and Managing Personal Change*)（1976，Martin Robinson，London）中解释了人在遭遇变故时经历的 6 个阶段，还说明了这个过程之所以漫长的原因。这 6 个阶段是：震惊或失去反应能力、不相信、抑郁、接受现实、尝试变故之后的新情况、对所发生的事情进行合理化，最终接受现实。多数重大的变革都是先把事情变得更坏，然后再慢慢变好。常见的情况是，变革的直接影响是生产效率下降，因为人们正在努力应对新的工作方法，慢慢地攀登学习曲线的上行部分。这时候，对变革持怀疑态度的人会幸灾乐祸，就连变革的倡导者也可能动摇。此时，最大的危险是停下来，更改计划或者恢复原来的样子。为了避免这种动摇和失望，一定要为这个阶段的变革制订切合实际的计划，并且对变革和变革产生实效之间的时间差有所估计。

问题/变革问题是什么？			
我们现在处在什么位置？			
我们想要达到什么位置？			
哪些力量在起作用？	推动力	中间力量	抵制力量
我们可以采取哪些措施来加强推动力，鼓励中间力量，克服抵制力量？			

图 8.9 力场分析模板

>>> 监督员工士气

在落实变革的同时，有一种方法既能找到变革的必要性，又能让变革保持正确的轨道，那就是定期调查员工的态度、观念和感受。HR-Survey 和 Custom Insight 提供快速、简单而使用简便的软件进行人力资源的调查和分析。这两个网站都有丰富的关于调查的例子，你在购买之前可以试用，那些案例也许足以启发你的思考。

第九章
市场营销中的数学

- 决策工具
- 统计方法
- 进行预测
- 考察因果关系
- 为实现盈利进行市场营销投资
- 确保调查的可靠性
- 管理市场营销的执行情况

第九章
市场营销中的数学

在 IT 部门（数据经由他们处理）的支持下，市场营销管理者可以收集到浩如烟海的数据。不过，对这些数据进行分析的则是市场营销人员，他们通常必须与 MBA 一道对数据做出解释，说明这些数据哪些是重要的，哪些不重要。原始数据本身很少有什么用处。如果销售人员开始成批成批地跳槽，客户投诉增多，坏账增加，这些事实本身不能告诉你多少内情。这些数据是否接近平均水平，能够反映真正情况的是不是它们的中数或加权平均值？即使数字看起来不容乐观，你也必须弄清楚，这些数字是不是在你的合理预期之外。

举例说明，在伊拉斯姆斯大学（Erasmus University）鹿特丹管理学院（Rotterdam School of Management），学生利用"企业定量平台"（Quatitative Platform for Business）来考察企业可以用来解决问题的定性和定量方法。该商学院考虑将重要课程放在第一学期基础管理课程之中。EM LYON 的授课内容则限于"商业统计"（Business Statistics），它涵盖"整个教学大纲要求学生掌握的重要定量方法"。麻省理工斯隆管理学院第一学期有一个课件，题目叫"数据、模型与决策"（Data，Model，and Decision），向学生介绍一些"根据数据做出稳妥的管理决策的基本工具"。

不过，如果你想进入美国的哈佛、沃顿或者芝加哥商学院，欧洲的 INSEAD、伦敦商学院、克兰菲尔德商学院，新加坡的南洋商学院或者墨西哥的 Ipade 商学院，必须要参加经企管理研究生入学考试（Graduate Management Admission Test，简称 GMAT）。全世界 1800 多所学校采用了 GMAT 考试，50 多年来，它被认为是经过检验的可靠手段，可以考察学生的能力并预测他们学习 MBA 课程之后的前途。GMAT 在全世界设有 94 个考试中心，它们在标准化的条件下，用极其严密的安保手段，确保学生的分数反映真实水平，保证考试的公平性。参加 GMAT 考试要花 250 美元，各考点统一收费。考试本身只有两个半小时，考题由 3 个部分组成：分析性写作（对问题和论据的分析）；数学部分（问题解答和数据充分）以及语文部分（阅读理解、评论性推理和句子改错）。目前的平均分数在 500 分左右。名气不太响的商学院要求 GMAT 分数达到 550 分；如果分数达到 660 分，你就可以申请就读大多数商学院。参加考试的学生彼此之间竞争，所以随着平均分数提高，进入商学院所要求的分数也会提高。

许多希望就读 MBA 的学生，由于无法通过这场考试的数学部分而被刷下来，就连一些通过考试的学生也必须补习数学。达特茅斯塔克商学院开设了入学之前的数学复习课，人们经常把它叫作数学营地，相当于 MBA 的数学速修课程。麻省理工斯隆商学院、斯坦福和宾州的沃顿商学院也开设了类似的补习课。在塔克商学院开办数学课的彼得·里甘（Peter Regan）教授还经营一家收费网站，开展网上数学教学，人人都可以付费参加学习。

为了取得人们期待于 MBA 的成绩，你必须打好相关的数学基础，下列内容被认为是最起码的要求。

🌐 定量研究与分析

定量研究和分析的目的是为管理者提供必要的分析工具，以便做出更好的管理决策。这门课虽然没有火箭科学那么复杂，却也要求掌握一定的数学概念。这无疑是商学院的许多学生感到怵头的一门课。不过，虽然数字本身对搞清楚隐含的问题或者在两个选项之间做出选择没有多少用处，但是，对概率、预测和统计概念有所了解仍然是至关重要的。MBA 只要在这门课上稍微下点功夫，掌握必要的知识，就能从众人当中脱颖而出。

—— 决策理论

法国数学家和哲学家帕斯卡（Blaise Pascal，1623—1662）与其他人一道奠定了概率理论的基础，人们把决策理论（或者说在不确定的条件下做出决策）问世的功劳也算在他头上。在帕斯卡之前，人们认为事物的发生发展全都操在上帝手中。帕斯卡鼓励人们用数学分析来估算各种可选方案的成本和剩余价值，这样就可以在不具备所有相关信息的条件下，做出最佳选择和决策。

—— 决策树

决策树是一种既直观又巧妙的数据组织方式，可以帮助人们在几种可选方案之间做出选择；每个决策发生的概率不同，引出的结果也不相同。人们最早在商业活动中使用决策树（见图9.1）是20世纪60年代，到了1970年以后它才开始流行起来，因为当时人们发明了一些算法来绘制决策树，大大加强了它的可操作性。

绘制决策树之前要经过下列几个步骤，然后才能画出图来：

- 明确所有的可选方案。
- 估计每一种方案的财务后果。
- 评估每一种方案的不确定性可能造成的风险。

图9.1是个决策树的例子。习惯上，方框表示决策，圆圈表示不确定的结果。在这个例子中，待决定的问题是，企业应该推出一款新产品还是改进现有的产品。由这个问题引出的不确定的结果是，决策将会很成功（实现1000万英镑的利润）、很一般（实现500万英镑的利润）还是很糟糕（利润只有100万英镑）。在推出新产品的情况下，根据管理层最乐观的估计，成功的概率是10%（用小数

表示0.1），一般的概率是40%，糟糕（销售状况不佳）的概率是50%。用每一种情况发生概率乘以预期利润，就得出了"期望值"。在这个例子中，把每一种决策可能造成的结果的期望值加起来，说明改进现有产品将会实现最高的利润。

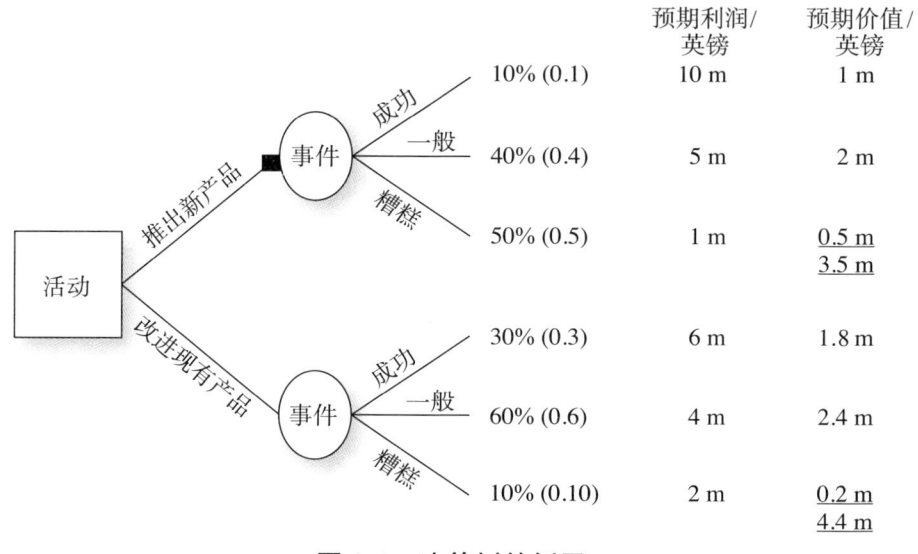

图9.1 决策树的例子

这个例子很简单，实际生活中的决策则要复杂得多。我们也许会面临做出居于二者之间的决策的情况，比如我们是该大力投资、尽快把新产品推向市场呢，还是应该投入资金进行试销。决策树上的每个节点都有几个分支，节点越来越多，就会引出更多的决策和更多不确定的结果。

── 统计

统计是一套工具，可以用来帮助我们分析我们所观察到的某些情况是否真实。举例说明，如果某公司接到的前10个电话都是取消订单的，那么，这种情况是说明公司出了问题，还是它本来就属于概率范围之内？如果是在概率范围内，那么，我们仍然有可能存在错误，公司出现了真正问题的概率是多少？

接下来的问题是，我们往往不太容易对整个母体进行认真分析，所以必须用抽样来做出推论。可是，除非这些样本对我们所要研究的母体而言具有代表性，且样本量足够大，否则，我们对现象作出的分析仍然可能是错误的。在写作这本书的时候，关于英国在多大程度上成了监控社会（Surveillance Society）存在大量争议。全国有 420 万个摄像头，每 14 个人当中就有一个人受到监控，这是人们认可的统计数据。可是，有位敬业的新闻工作者对证据做了追查以后发现，这个数字是某人根据对某个小镇的某一条街道进行调查以后推断出来的。

—— 集中趋势

统计学经常被认为是围绕一个数字上下波动，这个数字在一定程度上能够代表整个群体。考察趋势主要有 3 种方式，它们是整个统计学领域很容易混淆、也经常遭到歪曲的一些数字。

要对统计数据进行分析，首先要有一套数据集，比如，下面某公司的产品售价：

- 产品 1：售价 30；
- 产品 2：售价 40；
- 产品 3：售价 10；
- 产品 4：售价 15；
- 产品 5：售价 10。

>>> 中数（或者平均值）

这是最常见的趋势测量，人们用它与各种各样的数据进行方便的对照。在上面的例子中，把每种产品的售价加起来，共 105 英镑，再除以产品数量 5，就得出一个中数或者平均值，即 21 英镑。

>>> 中位数

中位数是位于数据集中间的值。在上面的例子中，中位数就是第 4 种产品的售价 15 英镑，因为有两种产品的售价比它高，另外两种产品的售价比它低，它处在最中间。如果一组数据集中上下两边的值相差很大，就像我们的例子中所显示的，实际是多数产品的售价都在 21 英镑以下，中位数就应运而生了。在这种情况下，中位数能够较好地反映集中趋势。在分配明显不均衡的情况下，就应该使用中位数。在群体呈现对称分布，得出的结果也很类似的情况下，你既可以使用中数，也可以使用中位数。

>>> 众数

众数是指一个数据集中出现最多的数值；在上面的例子中即 10 英镑。如果这个例子中对公司的顾客进行抽样调查，那么，我们听到最多的回答会是，他们花费 10 英镑购买产品，虽然我们知道，平均价格是 21 英镑。

—— 变异性

要想充分地利用数据集，除了考察哪些值在中间值上下波动，我们还要明确这些值如何变化。最常用的两种方法是值域和用平均值得出标准偏差。

>>> 值域

值域是最大数字减去最小数字的得数。在这个例子中，就是 40 英镑 -10 英镑 =30 英镑。这个数字让我们大概知道数据分布的分散情况和比如说平均值有何意义。

>>> 用平均值得出标准偏差

这是一个较为复杂的概念。你首先必须掌握中心极限定理（Central Limit

Theorem),该定理认为,对一个大的群体进行抽样调查时,样本越大,样本的中数越接近于"正态"。这里最有价值的数字是,就连很小的样本也是正态分布。钟形曲线(the Bell Curve)也叫高斯分布(the Gaussian Distribution),以德国数学家和科学家高斯(Johann Carl Friedrich Gauss,1777—1855)的名字命名。它说明了数值如何围绕中数分布。这种分布也叫作标准偏差,让我们能够说明样本可能达到的精确性。如果你听到在1000个民意调查样本的基础上得出选举的预测结果,它的可靠性是4%,那么,你就知道了标准偏差的重要性。

如图9.2所示是一幅正态分布图,它说明对一个正态总体进行观测,68.2%处于中数的1个标准差之内,95.4处于2个标准差之内,99.6%处于3个标准差之内。所以,将近100%的观测处于6个标准差之内,3个标准差在中数以下,3个标准差在中数以上。标准差是用样本中的数值计算得出的。关于统计学的这个问题和其他方面的难点,你可以在网络界面(Web Interface)的统计学教育(Statistics Education)获取免费的指导。这是由克莱蒙特大学提供的一项服务。

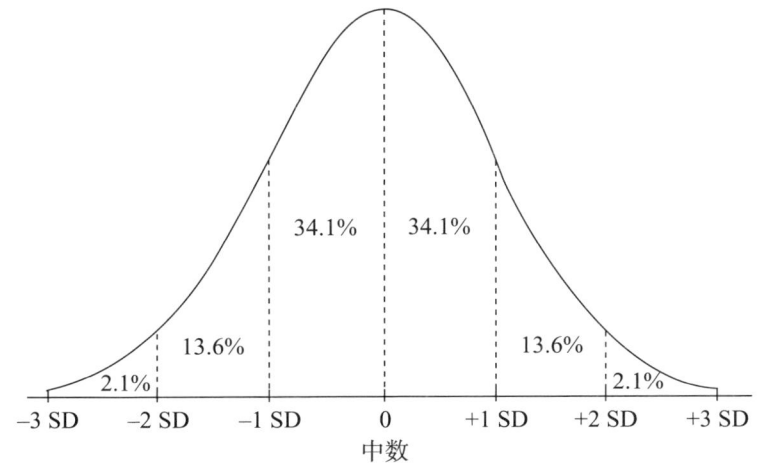

图9.2 正态分布曲线(钟形曲线)说明标准差

预测

销售推动企业的大多数活动；它决定现金流、存货水平、生产能力，并最终决定企业的盈利情况。所以，理所当然地，人们花费大量心力预测未来的销售。销售预测与销售目标不一样。目标是你希望实现的结果，你会制定战略来实现这个结果。预测则是指未来可能发生的结果，过去发生的情况和由此形成的企业发展势头都是已知条件。

预测由3个构成因素。要得到准确的预测，你必须对历史数据进行分解，才能更好地理解每个因素对最后的结果有何影响：

- 基本趋势：指长期的大致方向是向上、扁平还是向下，表示变化率。
- 周期因素：指规律性地作用于趋势的短期影响。举例说明，在夏天的几个月，某些产品如游泳衣、冰激凌和防晒霜等的销售高于冬天。滑雪设备的销售周期刚好相反。
- 随机运动：指不规律、随机的向上或者向下发展，由非同寻常、难以解释的因素造成。

—— 使用平均值

最简单的预测方法是假定未来与刚刚过去的时期基本相同。这种预测法有两种常用的方式：

- 移动平均法：选择过去的一组数据，比如说前6个月的销售额，把它们相加，除以月份数，用这个数字作为第7个月份最有可能出现的情况的预测。在静态的、成熟的市场采用这种方法效果很好，因为这种市场的变化非常缓慢，甚至没有变化。
- 加权移动平均法：这种方法是给稍晚的数据赋予了比早先的数据更大

的重要性，因为较晚的数据更好地反映了当前的商业状况。在把一组数据相加之前，每个数字被分别乘以不同的权数，对近期数据给予较大的权数，对较远的数据给予较小的权数。

—— 指数修匀法与高级预测法

指数修匀法是一种复杂的平均法，在做预测的时候，数据越老旧，就给它一个越小的加权指数，反过来，数据越新，就给它一个越大的加权指数。二次和三次指数修匀法可以用来帮助预测不同类型的趋势。比它们还要复杂的方法是霍尔特和布朗（Holt and Brown）的线性指数修匀法（Linear Exponential Smoothing）和博克斯-詹金斯（Box-Jenkins）法（取自两位统计学家的名字），这两种方法都是用自回归移动平均模型来计算一个时间序列的最佳值。

所幸的是，MBA只要知道有这些和其他一些统计预测方法存在就可以了。选择用哪一种预测方法效果最好，是个反复摸索、不断尝试的过程。在使用每一种预测方法时，你可以输入历史数据，用许多软件程序来计算拟合效果最好的预测。巴尔的摩大学（the University of Baltimore）的侯赛因·阿夏姆（Hossein Arsham）教授提供了一系列有用的工具来表现不同的预测方法和效果。杜克大学的福库商学院不管用什么评比标准都位列美国10佳商学院之列，它为大家提供了这个预测教学课件的有用链接。

—— 因果关系

我们在看数据集的时候，常常会明显地看到，部分因素之间存在某种关系。如图9.3所示，这幅图说明了野餐烤肉每月销售情况和过去8个月的平均气温。

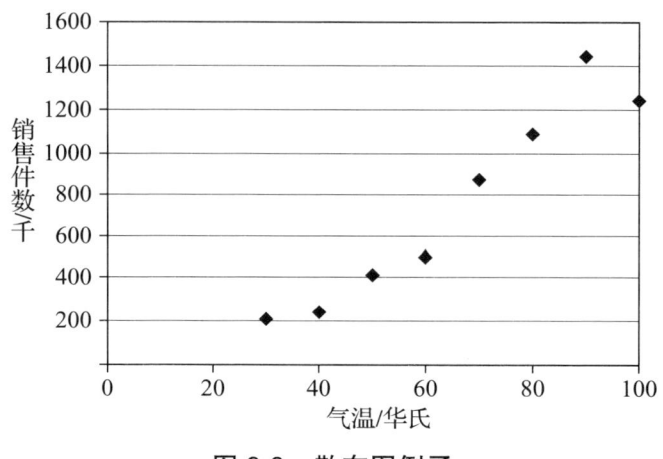

图 9.3　散布图例子

不难看出，在这个例子中，正如我们的预期，气温和销售额之间似乎存在某种关系。准确地画出这条坡度线以后，这条线叫作最佳拟合线，我们就有了一种有用的工具，在已知本月气温的条件下，可以估计下个月的销售情况（见图 9.4）。

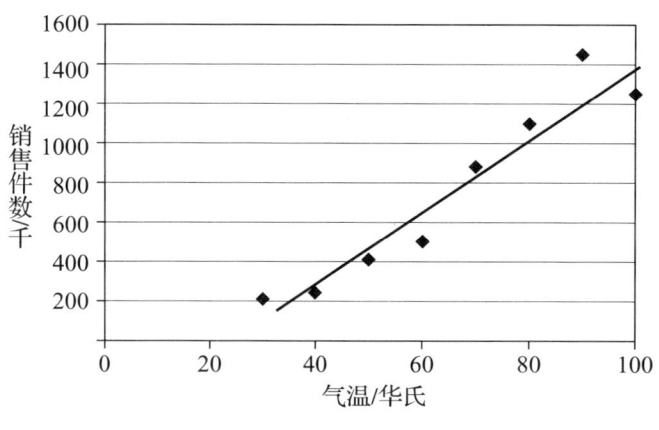

图 9.4　散布图——最佳拟合线

这里的例子很简单，图中相关要素之间的关系很明显也很直观。现实生活中，数据的量会多得多，"独立变量"（在这个例子中即气温）与"非独立变量"（即销售量）之间的关系也很难看出来。好在有一道代数公式叫作"线性回归"，可以算出最佳拟合线的值。

接着，还要用几种算法来检验要素之间的相关性是否显著，是否重要；不管是显著的正相关，还是显著的负相关，对预测都是有用的。这些检验方法叫作决定系数（R-squared）和 T 检验（Students T-test）。MBA 只须知道有这些方法存在就可以了；不过也许你已经找到了软件，在自己的电脑上加以运算了。如果没有，你可以使用 Web-Enabled Scientific Services & Application 软件，这个软件几乎囊括了各种统计学计算方法。这个软件在网上是免费的，由荷语天主教鲁汶大学联盟（K. U. Leuven Association，它是由弗兰德斯的 13 家高等教育机构组成的网络）开展的一个联合研究项目提供。

要想对这些统计学方法多一些了解，还可以在网上免费阅读塔夫茨大学的杰拉德·E. 达拉尔（Gerard E. Dallal）写的《统计实务手册》（*The Little Handbook of Statistical Practice*）。在普林斯顿的网站，你可以找到该院向国际工商管理硕士讲授这门课程的辅导内容和授课笔记。

调查和样本大小

调查是企业最常用的方法，用来了解与业绩相关的方方面面的问题，如考察销售团队的士气，评估客户满意度，以及获取利益相关方对一切问题的看法等。MBA 必须了解调查是如何开展的；如果在小公司任职，他们也许还必须亲自开展调查。第二章谈到了准备和执行调查的一些具体事务，不过为了保证调查结果在一定程度上是有意义的，你必须掌握一些数学基础知识。

调查的规模大小对调查结果的准确性至关重要。你经常听到对 1500 到 2000 多投票者开展政治民意调查。这是因为，调查的准确度会由于样本的增大而增大，如表 9.1 所示。

表 9.1　调查准确度

随机样本量	95% 的调查在……百分点之内正确
250	6.2
500	4.4
750	3.6
1000	3.1
2000	2.2
6000	1.2

所以，如果样本是 600 人，你的调查显示，城里 40% 的女性开车，实际的比例可能介于 36% 到 44% 之间。250 份完整答卷的样本是得出可靠而有意义的调查结果的最低要求。

创意研究系统调查软件提供样本大小计算器，这连同你应该知道的条件信息都是被提供的公共服务项目。

市场营销运作

市场营销运作是一个用最低成本实现最佳产量的过程。营销运作是否成功，要看它是否达成了预期的效果，实现了利润率目标。市场营销运作寻找可能的资源，实现资源的合理分配，以便按时完成任务，把库存减到最少，使工作效率不断提高。

MBA 应当了解的有助于营销运作的方法有如下几种。

—— 甘特图

亨利·甘特（Henry Gantt）是一位机械工程师和管理顾问，通识也是弗雷德里克·泰勒（Frederick Taylor）的同事。他指出，整个生产流程可以用任务和完成任务的时间来描述。他提出了后来人们叫作甘特图（Gantt Chart）的表格，来帮助提高大型基础设施建设项目的工作效率，包括 1910 年前后胡佛大坝（the Hoover Dam）和美国州级公路的修建。它把所有信息反映在一个方格图里，一条轴线表示任务，另一个轴线表示持续时间。从这张图中可以一目了然地看到整个生产计划，它还突出显示可能出现瓶颈的地方。甘特图被用于一切任务的计划，而不仅是生产计划，如图 9.5 所示举例说明，网站设计项目也可以用甘特图进行计划。

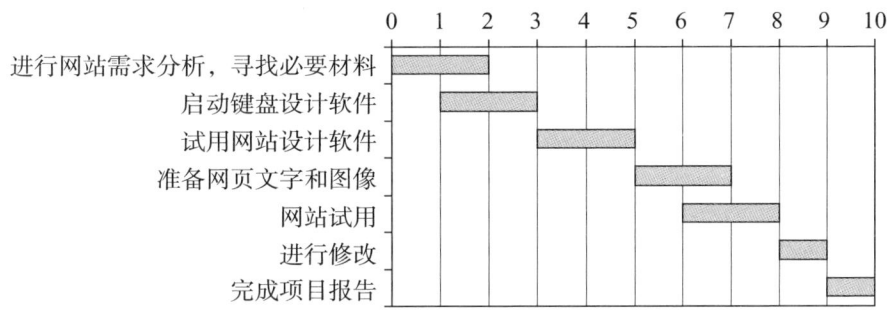

图 9.5　用甘特图说明某网站设计项目的每周任务

—— 关键路径法（CPM）

制订生产计划还有一种更为成熟的方法是在 20 世纪 50 年代末提出来的。美国化工企业杜邦最早用关键路径法（Critical Path Method，简称 CPM）来管理工厂停工维修的问题。后来，美国海军采用了这种方法，把它改进之后用于北极星计划（The Polaris Project）。CPM 是用图表（见图 9.6）来说明要按计划完成一个项目必须执行的所有任务、执行这些任务的顺序；因为任务已经知晓，所以每项任务要花费的时间也可以知晓。关键路径是指这个网络图要花费最长时间的路径。关键路径的重要性在于，这个路径当中任何一步的拖延都可以影响整个项目的完成。那些不在这个关键路径上的任务有较大的回旋余地，即使把它们忽略也不影响整个项目的完工日期。它被叫作浮动时间（Float）或者时差（Slack）。

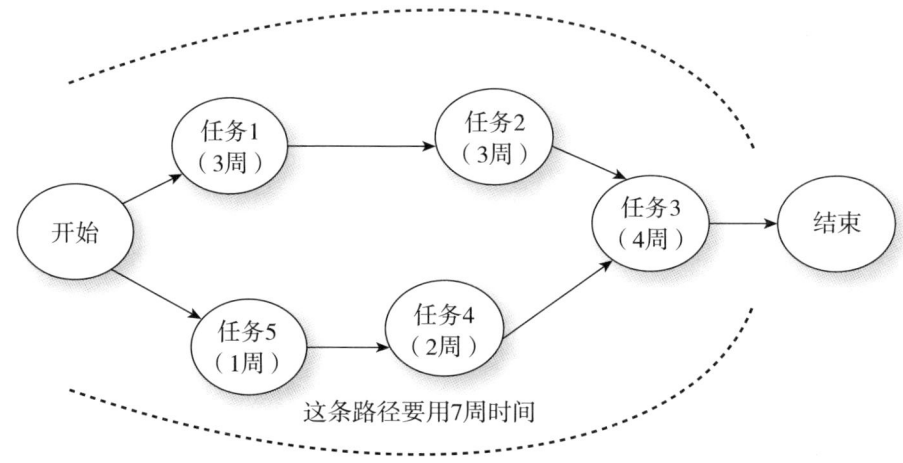

图 9.6　运用关键路径法

营销经理用这种办法和下文描述的其他一些方法来执行重大任务，比如，推出新产品、新店开张、规划广告和促销宣传等。

关键路径计划法的步骤包括：

- 把项目细分成若干项任务。
- 明确完成这些任务的先后顺序。
- 画出网络图。
- 计算每项任务的完工时间。
- 找到最长的路径即关键路径。
- 随着项目的展开随时对图表进行更新。

计划评审法（Programme Evaluation and Review Technique，简称PERT）

和项目网络，也叫"节点活动图"（Activity-on-node Diagram），是更为复杂的 CPM 图，它们允许项目的开始和完工时间具有一定程度的随意性。

—— 线性规划

1947 年，美国数学家乔治·丹茨格（George Dantzig）提出一种算法，它可以用来解决运营过程中遇到局限的问题。他的算法可以在遇到下列情况时提供帮助：比如，虽然有几种产品可以生产，可是原材料、劳动力和机器能力无法满足生产所有这些产品的需求——在这种情况下，必须搞清楚生产哪几种产品能够实现利润最大化，再相应地进行规划。可惜的是，要想用丹茨格的算法得出生产方案，必须来来回回反复计算，这个过程过于烦琐，在廉价计算的计算机出现之前，这个问题始终只是数学系学生感兴趣的学术问题。

丹茨格算法的构成因素，首先包括一个目标，即要优化的量（如利润、流水或者生产几种产品当中的一种），其次还包括这些因素的所有变量和制约因素（如必须达到的最低流水等）。

—— 排队论

当年，丹麦工程师厄朗（Agner Krarup Erlang）在哥本哈根电话局（the Copenhagen Telephone Exchange）工作。他遇到的一个问题就是，估算要用多少线路才能提供可接受的电话服务。他凭经验观察发现，线路数量和可为之提供可接受服务水平的电话客户之间的关系并不像这个问题乍看起来的那么明显。举例说明，在他的实验中，一个网络提供一条线路，只需要再增加一条线路，即可把等待时间缩短 90%，而不是像一般逻辑推理的那样把时间缩短一半。1909 年他发表了第一篇关于排队论的论文，一种新的运筹学方法随之诞生。

排队论可以帮助解决比如饭店、银行或者电话中心等服务部门遇到的运筹问题。在现有的资源条件下：

- 顾客必须等待多长时间才能得到服务？
- 服务要多长时间才能够完成？
- 要为排队准备多大的等候区域？
- 顾客必须等候超过一定时间段才能得到服务的概率有多大——这个经典的服务标准问题要求回答，比如"所有电话必须在电话铃响了 10 次之内接听"。
- 平均有多少人排队？
- 排队超过一定长度的概率是多少？在银行或者超市，排队超长会造成拥堵。
- 服务要占有多长时间，或者服务人员有多少时间无事可做？你要知道，这是必须尽量减小的成本。

通过计算满足一定水平的需求所需要的最佳渠道数量，就可以算出效率，在这种情况下，可以用排队法来解决运筹问题。J. E. 比斯利（J. E. Beasley）以前是田中商学院（the Tanaka Business School）（帝国学院）的教授，现在是布鲁内尔大学（Brunnel University）的运筹学（Operational Research）教授。

🌐 营销投资决策

如果一家企业的资本成本，也就是债务的利息成本、分红和权益的其他成本（见第十二章对这些术语的具体解释）是 15%，那么，开展任何利润率低于这个数字的新项目都会导致业绩下滑，此种行为不是 MBA 所为。

投资决策所牵涉的成本和收入也许会影响今后若干年乃至几十年。投资决策可以分为下列几类：

● 补强投资（Bolt-on Investment）：指投资将支持或者加强当前的运营情况。举例说明，如果网站想增加点击量，就必须在实体店销售已经存在的地方增加支出，这种投资就是补强投资。

● 单个独立项目（Stand-alone Single Project）：这里的例子可以是新产品或者新市场受到广泛关注的情况。企业要做出接受或者否决的决定。

● 竞争性项目（Competing Projects）：或者因为只能做一个项目，或者因为资金有限，必须选择能够产生最佳结果的投资项目。这种情况的例子有：先在西班牙还是先在意大利开设分公司，要推出新产品甲还是新产品乙。

下面是从财务角度对投资决策进行的认真研究。做出投资决策完全可以出于其他战略原因，有些可能是比单纯的财务更为重要的原因。举例说明，公司必须阻挠竞争对手，不让对方抓住某个机会；执行全国或者全球战略的某个环节要求在某些领域进行大力投资等。不过，在任何情况下，都应该对市场营销的投资决策进行适当的财务评估，至少要搞清楚所接受的收益率是不是低于所使用资本的成本。

还有，一定要明白，所有评估投资可行性的方法都要求使用现金而不是利润，看到对这些方法的说明，你就会明白，原因一目了然。利润没有被忽视，它是在事件的发生发展过程中自然而然地实现的。

—— 回收期

评价投资决策最常用的方法是回收期法。要想知道回收期，必须计算你的现金投资要花多少年才能收回。如表 9.2 所示两个投资项目，分别要求现在投入 2 万英镑和 4 万英镑，现金收益分摊在今后 5 年实现。

表 9.2 回收期法

	甲投资	乙投资
初始现金成本		
现在（0 年）	20000	40000
净现金流		
第 1 年	1000	10000
第 2 年	4000	10000
第 3 年	8000	16000
第 4 年	7000	4000
第 5 年	5000	28000
总现金额	25000	68000
现金盈余	5000	28000

虽然两个项目要求投入不同金额的现金，但是我们可以看出，两个项目都在第 4 年收回了所花费的所有现金。我们可以说，这两笔投资的回收期是 4 年。不过，事实是乙投资产生的盈余远远高于甲投资，它在两年内就回收了初始现金支出的一半。甲投资在同一时期只回收了现金支出的 1/4。

回收投资似乎很简单。不过，在考虑投资的时机或者在不同的投资额之间进行比较时，它的用处并不大。

—— 贴现现金流

我们本能地知道，早拿到现金比晚拿到现金好。换句话说，现在拿到的 1 英镑的价值比一两年以后拿到的 1 英镑的价值高，因为我们现在可以用这笔钱购买的财物或者偿还债务的价值,比今后一两年要高(见前文讨论资本成本的部分)。要做出明智的投资决策,我们要把未来收入流的价值折算成叫作一个现值的概念。如果我们知道,我们拥有的钱可以赚取 20% 的收益,那么,我们愿意为未来一年的 1 英镑支付的最高金额是 80 便士。如果我们现在要支付 1 英镑,一年以后再拿回 1 英镑,实际上我们是在赔钱。

用来解决这个问题的方法叫作贴现。这个过程叫作贴现现金流(Discounted Cash Flow,简称 DCF),剩余的贴现现金叫作净现值(Net Present Value)。

如表 9.3 所示的第一栏是说明投资提案对现金流的影响。为项目投入 2 万英镑,5 年以后,可以获得 5000 英镑的盈余。但是如果我们接受未来现金比当年现金的价值低这个前提,那么,我们要回答的唯一问题是,低多少。如果我们把加权平均资本成本视为一个适当的切入点,那么我们会认为 13.4% 是把未来现金流贴现的一个适当比率。为了便于计算,再加上一个保险的低利润率,我们假定贴现率为 15%(你会在下面的内部收益率部分看到,这个数字不太要紧)。

用来计算将来某一天拿到的英镑价值的公式是:

$$现值(PV) = P 英镑 \times 1 \div (1+r)^n$$

其中 P 英镑是初始现金成本,r 是用小数表示的利率,n 是收到现金的年数。所以,如果我们设定 15% 的贴现率,那么 1 年后收到 1 英镑的现值就是:

$$现值 = 1 英镑 \times 1 \div (1+0.15)^1 = 0.87(保留小数点后两位数)$$

我们可以看到,我们在 1 年后收到的 1000 英镑的现值是 870 英镑;2 年后会收到 4000 英镑的现值是 3024;第 5 年的现值减少到了几乎不到原来数字的一半。实际上,这个项目其实并不是 4 年回收和产生 5000 英镑的现金盈余,如果我们的贴现率是 15%,那么我们赚到的钱比希望的少,只有 4358 英镑。换句话说,用 DCF 计算,这个项目达不到我们的要求,虽然光看回收期是值得投资的。

表 9.3　使用贴现现金流（DCF）

	（A）	贴现系数 15%（B）	贴现现金流（A×B）
初始现金成本			
现在（0 年）	20000	1.00	20000
净现金流			
第 1 年	1000	0.8695	870
第 2 年	4000	0.7561	3024
第 3 年	8000	0.6575	5260
第 4 年	7000	0.5717	4002
第 5 年	5000	0.4972	2486
总计	25000		15642
现金盈余	5000	净现值	（4358）

—— 内部收益率（IRR）

　　DCF 是个有用的入手点，但是它不能为我们提供明确的信息。比如，我们只知道上面的项目达不到 15% 的收益率。为了知晓实际的收益率，我们要选择一个贴现率，得出整个零现金流的净现值，这就是内部收益率（Internal Rate of Return，简称 IRR）。它的计算很耗费时间，不过财会培训机构卡普兰财经网站提供了一整套计算回收期，贴现现金流，内部收益率以及更多与资本预算相关的结果的工具。你必须先在网站注册，才能免费下载它的整套预算电子表格和指导说明。你可以点击主页的"下载中心"（Download Center）和"下载用于微软 Excel 的财务计算器"（Download Financial Metrics Lite for Microsoft Excel）。用它的电子表格计算之后，你会看到，上述项目的 IRR 不到 7%，不比银行利率高多少，完全不值得冒险进行投资。

第十章
市场营销与法律

- MBA 市场营销学有哪些内容
- 你为什么应当了解它
- 如何使用这本书
- 制订 30 天学习计划

第十章
市场营销与法律

有些商学院非常重视法律法规的教学。举例说明，在西北大学的凯洛格学院和乔治·华盛顿大学，MBA 学员可以同时学习 MBA 和 DJ（法律职业博士，是从事律师职业必须达到的基础学位）。麻省韦尔斯利的巴布森学院（Babson）把法律作为它的一项核心课程。另一方面，宾夕法尼亚州只在第二年开设"创新与竞争商业法"的选修课。

除了大公司之外，英国公司聘请正规的律师或者设有法律咨询部的情况并非少见。法律服务通常要么以合同形式，要么临时出资购买。法律不是一门精确的学科。美国专栏作家兼批评家亨利·L.门肯（Henry L. Mencken）说过一句言简意赅的话："法官就是给自己的试卷打分的法律系学生。"

商业生活的复杂性意味着，你早晚会碰到下列一些情况：你必须采取法律行动维护自己的利益，或者面对别人的法律行动为自己辩护。举例说明，也许你会和客户或者供应商发生合同纠纷，也许一位被你辞退的员工控告你无故辞退自己。

你不能用当初自己不懂法来为自己辩护，你这么做也不可能达到令人满意的结果，所以每位 MBA 学员都要掌握充分的法律知识，不管他的道德水平有多高，社会责任感有多强，都要明白在什么情况下必须寻求律师的建议。

对市场营销活动予以约束的法律规范及其运用在各个国家大相径庭，不过下面的内容非常重要，几乎具有普遍的适用性。它列出了可以查阅各国法律规范的资料来源。

由世界银行运营的"营商环境法"文库是世界上最大的免费网上商业法

律和法规汇编。它尽可能链接到官方政府来源，并定期更新。它涵盖 189 个国家，你可以了解从开业，关停企业到跨境贸易，就业法，执行合同等的所有规定。

🌐 贸易规则

企业在经营活动的方方面面几乎都受到法律法规的严格规范。有些类型的企业在开始营业之前要先获得许可。所有企业在打广告、保留信息或者提供信贷时都必须达到某些法律标准。下面是规范多数企业交易活动的规章制度。

—— 获取执照或许可证

有些业务，比如，从事食品和酒水、劳动代理、小型出租车和美发行业等，在开店营业之前要先获取执照或者许可证。就连在公共场所现场演奏音乐或者播放录音，在人行道上摆放桌椅等，都要向有关部分申请许可。当地政府的规划部门会告诉你，哪些规定适用于你的企业。

你可以登录这些国家的相关网站，获得有关营业执照和许可证的信息。

—— 广告与描述标准

你为你的企业、产品和服务等打广告或者开展促销活动时，包括包装、小广告、操作说明等文字语言和口头吆喝的内容都必须遵守相关的法律法规。你不能想当然地用你认为合适的语言来描述自己的企业。你的描述必须真实、可信、得体，必须考虑到你对消费者和其他可能受到影响的人群所肩负的广泛责任；如果你的描述具有误导性，或者产品或服务没能通过相关的检测，那么你可能会受到起诉。

—— 投诉、退货和退款

如果顾客告知你，他有某种需求，你的产品适合并满足他的需求；那么，他购买产品以后，就有权要求产品能够像你声称的那样"适合其特定用途"。商品还要达到"令人满意的质量"，也就是说，要具有一定的耐久性，不存在可能影响其性能的缺陷，不会影响顾客享受使用它的乐趣。关于服务，你必须以一定的能力和认真态度，在合理的时间范围内完成服务。"合理"这个词没有确切的规定，要视相关的服务类型而定。举例说明，修一双鞋的合理时间也许在一周左右，3个月就可以说是不合理了。

如果商品或者服务没有达到这些要求，顾客可以要求退款。如果顾客改了产品日期或者过了产品保证期之后才提出投诉，或者以其他方式表示他们已经"接受"了商家的产品或者服务，那么，他们也许不再有权获得全额退款，但是仍然可以在最长6年之内索取一定的赔偿款。

—— 远程销售和网上交易

如果是通过网上、电视、广播、电话、传真或者产品目录开展邮购销售，那么，除了达到上述关于产品和服务的要求，还要尊重另外几条规定。总的来说，你必须提供书面信息，订单来确认和取消合同的条件。在购物冷静期内，顾客有权在7个工作日内无条件地取消订单，只要他们以书信、传真或者电子邮件的形式书面通知你即可。

—— 保护客户资料

如果你在计算机上持有其他个人信息，比如客户或员工的信息，那么你很有可能需要遵守一些法律法规。消费者国际（CI）是 1985 年成立的全球消费者组织的联合会，该组织令人信服地指出，消费者的保护在建设一个更公平，更安全的世界中发挥着至关重要的作用。他们通过对 58 个国家成员组织的全球调查定期评估世界各地的消费者保护状况。消费者保护的主要手段是"消费者保护法"（CPA），全球使用这种措施的国家占 78%。CPA 的采用率几乎与一个国家的经济发展水平直接相关。西欧和北美 85 个国家拥有 CPA 立法，而撒哈拉以南非洲地区这一数字仅为 63%。

🌐 就业立法

在解雇不合格的雇员时采用不公平的雇佣条款，雇佣人员就存在潜在歧视的法律雷区。所以必须保存工作记录，监测健康和安全状况，考虑工人工资和工作条件，并收取税款，以便转交给有关政府部门。好像每个国家都做得不到位，即使在欧美等相对和谐的地区，也有其特殊的条件。这些组织将为遵守就业法提供一个良好的起点。

● 世界银行集团。做生意—劳动力市场监管—涵盖雇佣困难，工时刚性，冗余难度，冗余成本（带薪周假），社会保护和劳资纠纷。

● World Employment Law 网站为美国、英国、俄罗斯和少数其他国家提供最新的劳动法。

案例研究

"2015 年，鉴于非常稳健的资产负债表，我们集团打算坚决严格地实

第十章
市场营销与法律

施2016年战略计划"，这是法国最重要机构的网站上的郑重声明。网站上"公司介绍"部分继续扩展了公司的历史业绩，让读者通过50个令人惊讶和不同寻常的目标进行一番数字旅程，帮助你了解1864年到今天的兴业银行的历史。

这些标题声明中没有提及法国兴业银行在2008年1月24日清理500亿欧元的交易中亏损的49亿欧元，该银行称这是初级交易员杰里米·科维尔（Jerome Kerviel）未经授权的期货头寸。该银行声称科维尔伪造文件和电子邮件以表明他已对冲了他的头寸。但科维尔坚持认为，众所周知的兴业银行的老板一定知道他当时冒着巨大风险，只要他能为银行赚钱其他的都可以视而不见。

科维尔计划就不公平解雇提起诉讼，并根据三点辩护措施向雇主要求赔偿。正如法国劳动法的要求，兴业银行似乎没有面对面的开会就终止了合同。其次，银行的亏损可能只发生在2008年1月解除科维尔职位期间，这正是全球股市史无前例的动荡时期。这种情况使得科维尔背了黑锅。

第三，他没有明显的动机，似乎也没有从他的交易中获得个人利益。事实上，他的行为使他成为法国的民间英雄，有超过150个Facebook群体对他的遭遇表现了出浓厚的兴趣。

他在这起不公平解雇案件中可能胜诉，这至少看起来是公平的。2007年4月，44岁的Laura Zubulake从纽约UBS获得了1550万英镑的资金，因为一名男性主管称她"年老丑陋，无法胜任工作"而解雇了她。三年前，伊丽莎白·韦斯顿（Elizabeth Weston），收到了来自美林证券的一笔100万英镑的和解协议，以解决同事在一次圣诞午餐时的"猥亵"评论。

尽管科维尔的行为使他位居"流氓交易者"榜单的首位，但他不太可能获得史上最高不公平解雇赔偿金。这一头衔很可能归属六名女性员工，其中五名在纽约，另一名在德国德累斯顿佳华投资银行（Dresdner Kleinwort Wasserstein）伦敦办事处。她们提起高达8亿英镑的控诉，指控该公司拒绝给她们晋升，并通过允许男性同事业余时间光顾脱衣舞俱乐部和在办公室开羞辱性玩笑来歧视她们。

知识产权

有竞争力的企业战略的秘诀在于拥有一种具有独特优势的产品或者服务，它能够在市场上从众多的同类产品或者服务当中脱颖而出、独树一帜。同样重要的是，这种优势不能轻易效仿。换句话说，其他企业想要走上同一条通往财富的道路，是走不通的。这个优势可以是任何事物，例如公司名称（如美体小铺）、朗朗上口的广告语（约翰·刘易斯的"绝不故意低价抛售商品"）、魔术师般的技术专长（杜比降噪系统，Dolby Noise Reduction）、让人过目不忘的标识（谷歌），甚至是一串音符（比如，微软的Window操作系统在启动时发出的声音）等。

诸如此类归入这个范畴的问题都叫作"知识产权"，通常把它缩略为IP。知识产权又分成几个方面。企业投入大量时间和金钱创造和保护知识产权，所以你至少要搞清楚有关知识产权的法律问题。下面提到的这个例子可能从一开始就搞错了。

—— 专利

专利可以被看作是发明人与国家之间签订的一份合同。国家与发明人达成一致，如果他愿意以规定的格式公开自己发明的详细内容，如果他取得了真正的突破，那么，国家愿意授予发明者 20 年内对这项发明的"垄断权"。发明者可以在垄断期内制造和销售自己发明创造的新事物；竞争对手可以在公开发表的刊物中看到这项发明的具体细节，为自己的研究寻找灵感；也可以找到发明人，请他在授权条件下帮助自己开发新产品。

但是，专利的授予并不意味着专利所有者可以随意制造、使用或者出售自己的发明创造，因为如果他这样做，也许会侵害此前尚未到期的其他专利的权利。

专利其实只是允许发明者制止其他人使用构成其专利主体的设计。国家也不保证专利的有效性，所以人们在法庭上对专利提出质疑，并不是什么罕见的事。

—— 什么可以申请专利

什么样的发明创造可以申请专利？基本规定是，这些发明必须是新的，必须有一定的独创性，必须能够用于工业生产。

你不能为某种数学或者科学理论，也不能为可能鼓励攻击性、不道德的和反社会行为的思维活动、电脑程序或者观念申请专利。新药可以申请专利，但是新的医疗方法却不能申请专利。你重新（有意或者无意地）发现了一个久已被人们遗忘的概念也不能申请专利。

如果你想申请专利，一定不要在非保密情况下泄露你的创意。如果你泄露了自己的创意，那么，从法律角度就被视为你的发明已经公开发表，你的申请很可能因此无效。

>>> 版权

版权是保护原创的艺术作品或者创意作品——文章、书籍、绘画、电影、戏剧、歌曲、音乐、工程图纸等在未经授权的情况下不得复制。要提出版权要求，所涉物品必须标有：©（作者名）（日期）。你可以更进一步，花少许费用，去版权登记处（the Register at Stationers' Hall）把作品完成的日期记录下来。不过这是不常见的预防措施，只有在你预见到可能出现侵权的情况下才是必要的。

英国的版权保护持续到版权所有者去世后70年，或者作品发表50年后，二者中选取较长的时期。

未经你许可，你的作品中的相当部分被复制，版权即受到侵犯；但是如果没有正式的版权登记，那么你的作品是否受到保护，往往就成了必须上法庭裁决的问题。

>>> 设计

如果它是新颖、独创、从来没有公开发表过的，你可以为某种商品的外形、设计或者装饰特征申请专利，如果它已经为人们所熟知——那么，它就必须从来没有像你想到的那样用在产品上面。设计保护的对象是超过50个以上批量生产的工业制成品。设计注册只适用于令人赏心悦目的外形特征——而非物品发挥功能的方式。

要注册某种设计，你应该向设计登记处（the Design Registry）提出申请，寄出设计样品或者照片，外加一笔注册费（现在是90英镑）。样品或者照片要经过认真检查，看它是不是具有新意的原创，是不是满足其他注册要求。如果答案是肯定的，那么，发给你的注册证书就会让你成为唯一有权制造、销售或者使用这款设计并用于商业用途的人。

设计保护时期最长为25年。你可以亲自办理设计注册手续，不过，最好还是请专家为你办理。市场上没有设计注册代理人，不过多数专利代理人对设计方面的法律法规都很精通。

第十章 市场营销与法律

>>> 商标和标识

商标是识别某个制造商或者交易商的商品或者服务的符号。它可以是一个字、一个签名、一个字母组合、一幅图画、一个标识或者上述这些图形的综合。

要具备注册资格，商标必须具有独特性，不能欺诈，不能与已经注册的其他商标相混淆。不能注册的有：误导性的符号、国旗、皇冠图案和武装力量的徽章。商标只能用于有形商品，不能用于服务（虽然种种压力正在要求改变这种状况）。

要注册商标，你或者你的代理人首先应该在专利办公室的商标部门进行初步的查阅，看看你要申请的商标与已经注册的商品是否冲突。然后你填写官方的商标表格提出注册申请，并支付费用（目前是200英镑）。注册的有效期是10年。到期后你可以再申请10年，并无限延伸下去。

商标注册不是强制的。如果某个没有注册的商标已经使用了一段时间，顾客把它与某种产品密切联系起来，那么可以说它已经获得了声誉，产品因此获得了一定程度上的法律保护；但是注册以后，商标所有者可以在遭到侵权时更加方便地行使自己的追索权。商标注册的有效期大约是10年，到期可续。

案例研究

哇嘎妈妈（Wagamama）是伦敦的一家小型连锁饭店，因靠出售日本面条给城市里追赶时尚的潮人而生意兴隆。它的老板看到了保护自己的商业创意的必要性，因为创意就是它的商业战略的主要内容。

香港人丘德威（Alan Yau）是这家企业的创办者，他11岁时作为经济移民来到英国。起初他和父亲一道在诺福克的King's Lynn经营着一家外卖中餐馆。过了不到10年，他自己就开了两家中餐馆，其中一家靠近大英博物馆。他从一开始就想开一家大型的全球连锁饭店。

丘德威给店内食物确定的基调是健康、独特、时新。哇嘎妈妈杜撰了一个人，这个人在日语中是有点被宠坏的意思，任性，我行我素，做事只考虑自己，不顾及别人。这个词牢牢地印刻在丘德威的脑海中。他打出"哇嘎妈妈"的标牌，开了一家非正式的社区餐厅，引来好评如潮，人们开始纷纷排队就餐，后来排队成了在哇嘎妈妈就餐必不可少的内容。丘德威认识到，他这个创意具有向全世界推广的潜力，于是做了一件不同寻常的事情：他把这个商标在世界各国做了注册，为此花了6万英镑。但是不到两年的时间，这笔投资就开始收到回报。一家大型上市公司在印度开了一家效仿"哇嘎妈妈"的店。印度这家店的概念与丘德威的料理店看起来非常雷同，普通人一定会认为两家店存在关联。杜德威觉得自己的店可能蒙受到损失，便提起了诉讼。案件很快开庭，不到3个月，杜德威就打赢官司，完好地保护了他的创意——至少在商标保护的5年期内他可以高枕无忧。

这个公司是1992年4月在伦敦的布鲁姆斯伯里创办的，目前在澳大利亚、比利时、塞浦路斯、丹麦、迪拜、埃及、希腊、冰岛、荷兰、新西兰、瑞士、土耳其、英国和美国都开设了分店。自2006年以来，Zagat的读者每年都把它评选为伦敦最火的饭店，2008年，它被正式评为"超级品牌"（Super Brand）。

>>> 名称

企业名称和域名与知识产权问题存在一定的重合。好名字其实相当于用一两个词概括了你的营销策略；美体小铺、Toys R Us、Kwit-Fit 都是很好的例子。许多公司又加了一句广告语，比如"他们是怎么办到的"，向顾客和员工加以解释。蛇王啤酒（Cobra Beer）的广告语"非同一般的优秀"（Unusual thing, Excellence）把人们关注的焦点放在品质和独特性上面。名称、广告语和标识结合起来，就成了企业与外界沟通的最醒目、最有效的途径，所以要用心加以保护。

—— 企业名称

你选择了一个公司名，就选择了一种身份，所以它应该体现：
- 你是谁；
- 你做什么；
- 你怎么做。

如果你为公司名付出了一切必要的营销投资，那么你应该与商标代理人一起确认，你能否保护好你选定的名称（一般来说不允许使用描述性用语、姓名和地点名，除非已经使用很长时间）。还有，你们要确认这个名称是否属于被银行、皇室或者国际机构掌握的 90 多个名称（要使用这些名称，必须得到特殊许可）。有限公司要把自己选定的名称提交给公司注册办公室（The Companies Registration Office），还要提交其他相关的注册文件。如果它与已经注册的公司名没有重合，注册处认为它不属于色情、惹人反感或者非法的范畴，即可获得通过。

通过将术语"商业名称"放入世界知识产权组织搜索窗格中，将提取出相关国家的法律。

—— 注册域名

网络公司要有域名。理想的域名是能够一针见血地抓住你的业务的本质，有人用搜索引擎搜索时，它能够马上出现；域名还要尽量与你的公司名接近。公司名一旦注册成为商标（见前一节），你也许（如目前判例法的规定）能够避免其他公司用它作为网络域名。

注册域名很简单，不过，每天有成百上千域名被注册，你必须选择一个尚未注册的域名。你要准备几个域名，以便首选的域名被人注册之后还有几个备选方案。备选域名至少稍加改变即可，比如 Cobra Beer 可以改为 Cobra-Beer、CobraBeer 甚至 Cobra Indian Beer，它们被搜索引擎抓取的可能性基本上不相上下。

WIPO（世界知识产权组织）成立于 1967 年，是作为联合国自筹资金机构运作的提供知识产权服务、政策、信息和合作的全球论坛。其目录链接给出了 188 个负责知识产权事务的成员国的详细信息，以及有关国家法律和争端统计。

市场营销的伦理学

在商学院采用的教学方法和内容当中，伦理学也许是人们争议最大、争论最多的一个科目。近年来欧洲开展了一项关于企业社会责任教育的调查。调查表明，虽然多数商学院都有涉及伦理学的教学内容，但只有 1/4 设立了明确的科目，准备了课件或者设立了选修课程。自 2010 年以来，65% 的商学院要求 MBA 必须学习企业社会责任（CSR）、伦理学或者企业与社会可持续性的课程，而在 2003 年这个数字只有 45%，2001 年则只有 34%。多数商学院把这门课纳入各种其他科目当中，比如，纳入"会计、企业管理、法律和公共管理"或者"利益相关方管理"等综合课当中。还有一些学校为伦理和社会责任设置了特别的科目——伦理会计学或者营销学与伦理学等。佐治亚理工学院的 MBA 要求学生写一篇伦理学的论文，题目是"从概念和执行角度分析萨班斯-奥克斯利法案（Sarbanes-Oxley）"，安然、世通公司等财务欺诈事件暴露出公司和证券监管不力之后，这基本上成了董事们必须向投资人做出交代的一个问题。

　　伦理学的讲授广泛采用企业或者非政府机构从业者的发言以及行业的案例研究，与之相比，其他课程和科目所采用的教学和科研方法（授课、教材）顿时显得黯然失色。举例说明，达特茅斯的塔克商学院开设了一门"微型课程"，主要是讨论教职员工遇到的一些伦理问题，他们收集的案例来自"美国和全球市场上企业在各种职能领域"遇到的问题，因为"各个地区和国家存在不同的做法和文化准则"，它们相互矛盾，"好像把伦理学搅成了一滩浑水"。不过，学术界正在奋起直追！诺丁汉大学商学院成立了企业社会责任国际中心（International Centre for Corporate Social Responsibility），设立了 CSR 教授职位。INSEAD 设立了商业伦理学与企业社会责任的教授职位，不过它的重点似乎仍然放在伦理的消费主义、营销欺诈和营销伦理学上。

　　然而，乔纳森·杜（Jonathan P. Doh）和皮·塔斯曼（Peter Tashman）在关于前 50 所商学院如何教授社会责任的研究结果中得出结论："我们的研究结果表明，CSR 的制度化，可持续性和可持续发展范围并不宽泛。这些学科似乎散布在商学院的课程中，但教师的实施方式和实施方法各不相同"。

—— 确定责任范围

　　一个人或者一群人为某些行为负责，受到表扬、奖励或者责备、惩戒，这就是人们所谓的责任范围。事情如果在我们的掌控范围之外，我们也不为它承担责任。道德，在学术界也叫伦理，就是对我们履行职责的行为方式做出正确和错误的区分，给予辩护，说明道理。许多职责在法律规定的范围以内，比如，保护股东权益，禁止职场歧视，禁止广告误导等，道德和社会责任处在这些领域及其外围的灰色地带。对和错本身往往并不难区分。问题的起因大多是：两者都是对的，可是，哪个更"对"——给股东更高的收益，还是拯救地球？因为人的天性是自私的。我们的许多行为（如果不说是全部行为）都是受到自我利益的触发。实际上，资本主义之所以具有吸引力，它的合理解释多半出自亚当·斯密在其经典著作《国富论》(The Wealth of Nations)中提出来的"看不见的手"的理论。

商业道德规定了我们负有道德责任的职责范畴。能够列举的道德义务和道德权利很多，而且互有重叠。英国哲学家罗斯（W. D. Ross，1877—1971）提出来一套义务理论，他列举了几项义务，认为这些义务反映了我们具体的道德信念：

- 忠实：信守承诺的义务。
- 补偿：伤害别人以后要给予补偿的义务。
- 感激：得到帮助以后要感谢别人的义务。
- 正义：美德要予以认可的义务。
- 慈善：改善他人处境的义务。
- 自我发展：提升自身德行和智力的义务。
- 不作恶：不伤害他人的义务。

罗斯认识到，有些时候我们必须在自相矛盾的两种义务之间做出权衡。比如，你的企业是否要以任何方式与为堕胎提供便利的产品有所瓜葛？一方面，合乎道德的理由是，你要履行改善妇女处境的慈善义务，另一方面，不作恶的义务又要求你不得伤害未出生的婴儿。你可以登录网站查阅更多关于道德问题的哲学探讨：网上哲学百科全书（The Internet Encyclopedia of Philosophy），相关商业问题可查阅免费管理图书馆。

案例研究　联合利华——融入伦理

2015年春天是英荷跨国公司联合利华的繁忙时期，这个消费品公司联合总部设在荷兰鹿特丹和英国伦敦。根据欧洲专利局（EPO）的数据，2015年3月，该公司收购了标志性的英国护肤品牌REN Skincare，并在一年之前进入每年申请专利最多的公司行列。

公司的起步是很卑微的。1887年，威廉·赫斯基思·利华（William Hesketh Lever）已经是身价不菲的肥皂制造商，他在为扩大生产寻找新的建厂地址。工厂要靠近河流，以便于输入原材料；还要靠近铁路，以便于把制成品运出去。他选了一块占地56英亩的荒凉的沼泽地，后来这块地用它的肥皂命名，叫作"阳光港"（Port Sunlight）。这块地比他用来制造肥皂所需要的面积大得多。利华的想法很宏大，也很深远。他曾公开表示，他的目的是创造一种环境，让他的工人能够"把商业关系社交化，可以一起过圣诞节，回到手工时代美好的旧日时光，回到大家庭关系紧密、在一起其乐融融的时光"。他意图扩大自己的责任，超越只给自己赚钱，而是要与那些为他工作的人们分享（当然是按照他的条件）。在1899年到1914年间，利华建造了800多幢房屋，他亲自积极参与房屋的设计，分配给社区的3500多口人使用。他们共用公共建筑，包括利华女士美术馆（The Lady Lever Art Gallery）、学校、音乐厅、露天游泳场、教堂和一家不卖酒的宾馆。他的农场医院建于1907年，直到1948年推行国家医疗保健服务（the National Health Service）之后才停止经营。他还推出了福利、教育和工人休闲娱乐的项目，鼓励和扶持各类艺术、文学、科学和音乐机构和组织。

现在这家公司叫作联合利华，它继承了利华的价值观和远景展望，把它们纳入了企业生活。公司参与一切事务的行为都遵循一套明确表述、言简意赅的指导方针。从它的核心价值观说起，即"作为一家跨地区、跨国家的企业，我们旨在为保护全球环境发挥作用，通过我们的行动解决社会问题，与各地、各国以及国际层面的利益相关方携手努力"。公司还制定了一整套全面的原则规范，用来指导其方方面面的工作。它期待自己的员工遵循一套指导方针，其中包括在工作中始终贯彻正直原则，"在与我们的合作方交往、在接触各类社区、在我们对环境构成影响的地方，要达到最高水准的企业行为。"

—— 解决矛盾

遗憾的是，不管企业达到了多高的道德和社会责任标准，在某些阶段还是（甚至经常）会执行让其他利益相关群体不满意的战略。近来有一个例子说明了这种冲突，就是壳牌的决策。壳牌在2008年4月宣布退出伦敦数组（London Array）风电项目。这个价值20亿英镑的项目有341个风力涡轮机，能够发电1000兆瓦。英国政府有一项战略，到2015年，要实现15%的英国能源需求用可再生资源满足，并且希望这个比例到2020年达到20%。伦敦数组风电项目是这个战略的重要组成部分。在2008年，可再生能源只占到英国能源产量的2%，伦敦数组项目被认为是达到上述目标的重要乃至关键部分。壳牌必须权衡让英国政府、地球之友（Friends of the Earth）和它的德国与荷兰合伙人失望的后果，还要考虑其他许多因素。壳牌的观点是，这个风力发电项目的成本一涨再涨，几乎失去了控制，随着中国和印度等国家对钢铁需求的增加，钢铁价格也一路上扬。不管怎么说，全世界风力涡轮机的生产已经提前几年预定完了。壳牌已经参股了11家风力发电场，发电1100多兆瓦；它认为，作为一家公司，它的股东能够以低得多的成本对环境做出相同的贡献，不过也许必须是在另外一块大洲或者换一种科技手段了。

要想解决利益相关方之间的矛盾，需要老练得体的斡旋和积极沟通，还要认识到，虽然你无法让每个人都满意，却仍然可以做到符合道德。壳牌约1%的投资是投在绿色项目上。举例说明，它的子公司"壳牌太阳能"（Shell Solar）就对第一代CIS（铜铟硒）薄膜技术的开发功不可没。太阳能光伏技术利用阳光发电，CIS被认为是最具有商业可行性的一种方式。壳牌与共同参与项目的合资公司合伙人圣戈班（Saint Gobain）集团正在德国的萨克森建造一家小型实验厂，该厂将制造足够的太阳能板，每年减少二氧化碳排放 14000 吨。所以，壳牌必须在伦敦数组项目的利益相关方，英国政府和丹麦的 DONG 能源（DONG Energy）与德国公司圣戈班之间进行权衡；因为德国政府参与了德国能源巨头意昂（E.ON）的投资，所以德国政府在两个战略项目中都是利益相关方。与此同时，壳牌还顶着必须达到它历史上的利润增长率的压力。

Authenticity Consulting 列出一份有用的对照表，可以帮助你在解决利益相关方之间的冲突时做出决策。

举报——伦理看门人

我们不难想到，最有可能了解企业的不道德行为和不符合社会责任标准的行为的人，是在企业内部工作的人。世界各国的政府纷纷采用多种办法鼓励人们提供举报信息，揭发企业的伦理问题和欺诈行为。举报者是指受聘或者刚刚受聘于公共机构、商业企业或者慈善机构，提供企业不道德行为证据的人。举报者还可以获得一定程度的司法保护。在美国，1912 年的劳埃德-拉弗利特法案（Lloye-La Follette Act）是最早针对这个问题给出规范的。它规定联邦雇员有权向国会提供信息，后来又颁布了五花八门的各种法律条文，内容涉及水污染、环境保护等；2002 年的萨班斯法案是针对企业欺诈，2007 年又颁布了加强举报者保护法（The Whistleblower Protection Enhancement Act）。英国 1998 年颁布了公众利益披露法（The Public Interest Disclosure Act)，欧盟和各国政府颁布的形形色色的法律规定，为揭露信息的个人提供了司法保护的法律基础。

许多公司也常年采用一些办法来收集对自己不利的欺诈信息，包括 24 小时热线和设立企业伦理办公室等。举例说明，沃达丰的"大声说出来"（Speak

Up）计划于 2006/07 年启动，它就是为处于该公司供应链上的供应商和员工提供了一种举报伦理问题的途径。

国家举报中心（The National Whistleblowers Centre）：主要揭露政府和企业的不当行为，倡导伦理准则，保护举报者的工作和事业。他们可以进一步提供有关该主题的背景。

—— 伦理企业能盈利吗

有大量案例证据表明，符合伦理和社会责任标准的企业是更好的工作场所。至少，企业达到伦理标准，就相当于拿到了一份保险单，不会为了产品偷工减料、广告误导消费者、操纵价格、工作场所歧视等行为而承担法律责任。不过，伦理标准能否帮助企业赚到钱并一直保持盈利状态，这方面的证据就不太明确了。

但是，怎样才叫达到了社会责任标准，还是要打一个问号。富时社会责任指数的目的是衡量企业业绩是否达到了全球认可的企业责任标准。要想入选为这个指数的构成企业，公司不能参与铀浓缩活动。这些标准只是突出了一个问题，那就是人们必须搞清楚哪些行为符合伦理道德，哪些不符合。举例说明，开采用于发展核电的铀矿难道真的比转向生物燃料坏处更大吗？因为生物燃料除了可能在今后 30 年比化石燃料多产生 2 到 9 倍的碳排放，还必然会导致粮食价格居高不下，在发展中国家这个问题尤其严重。再比如，虽然汽车行业被认为比军备更合乎伦理道德、更符合社会责任标准，每年死于汽车行业的人数难道真的比死于军备的人数少吗？

不过，少数（但是数量在增加）商学院认为，社会责任和伦理问题当中包含有相当充分的利益，商学院完全可以新开一门"绿色"MBA 课程，来强调指出一种三方共赢的策略，也叫 TBL 或者"3BL"，即利润、人与地球。针对绿色和可持续 MBA 课程进行排名的"企业骑士","清洁资本主义杂志",现在正为大多数绿色商学院排名。加拿大的两所商学院名列前茅,英国的埃克塞特商学院(以主办可持续发展为重点的全球 MBA 课程)排名第三。

2015 年 9 月,大众汽车失宠后,"社会责任"陷入了沉重的打击。2014 年,新近在"声誉研究所"的 CSR(企业社会责任)排名中名列世界第 11 位,它斩获了非盈利性的世界环境中心的"可持续发展金奖",并且它的可持续发展报告就有 156 页。有观点认为,企业社会责任部门只是提供保险政策,允许公司采用自己的内部标准来承担风险。

第十一章
营销计划和预算

- 营销计划工具
- 营销的规划——具体内容
- 留出预算
- 分析业绩与预算
- 信息系统

我们在第三章讨论了营销战略和确定营销活动根本方向的工具，在第八章又讨论了构建企业整体发展方向的流程和工具——愿景、使命和目标。

战略有3个维度：理性的分析和思考，以明确大致的战略方向；具体行动的规划和设计，以实现这些既定的战略；实施商业计划，确保落实这些战略。企业如果在任何一个维度出现错误，它所诉求的结果都可能无法实现，在市场上它就会落后，更糟糕的情况则是彻底关门歇业。我们在第三章谈到过，在这3个维度全部采取正确的举措，与其说是一门科学，倒不如说是一门艺术。

🌐 制订营销计划——工具和方法

至少就商学院讲授的内容来说，用波特的5种作用力模型来处理营销战略问题（见第三章）是个标准的入手点，为了把战略转化成具体的营销计划，另外还有几种方法也是MBA所必须熟悉的。

人们期待MBA了解和掌握的方法和工具有如下几种。

—— 安索夫的增长矩阵

伊戈尔·安索夫（Igor Ansoff）在卡耐基梅隆大学研究生院任工业管理

教授期间，出版了他的经典著作《公司战略》（Corporation Strategy）（1965年）。他在书中说明，用一种方法对战略进行分类，可以帮助人们搞清楚这种战略的风险性质。他请学生把若干种增长方案看作一个分成 4 份的正方形矩阵。由 X 线伸出的两条产品和服务线分别叫作"当前的产品与服务"和"新的产品与服务"；由 Y 线伸出的两条市场轴线也分为"现在的市场"和"新市场"。安索夫按照风险逐级增加的顺序，把它们分别归入不同类型的战略（见图 11.1）。

- 市场渗透（Market Penetration）：用现有的产品和服务瞄准现有的客户，增加销售额，这是风险最低的战略。

- 产品/服务开发（Product/Service Development）：采用延伸战略，把现有的产品或者新产品卖给现有的客户群。这种战略的风险比市场渗透大，但是比进入新市场小；在新市场，你将面临新的竞争者，对客户的了解也可能比不上对现有客户的了解。

- 市场开发（Market Development）：进入本国或者外国新的细分市场或者全新的市场。

- 多元化（Diversification）：在新市场出售新产品，这是风险最大的战略，因为市场和产品相对来说都是未知的。要尽量避免采用这种战略，除非其他战略都用尽了。多元化战略可以进一步按照风险逐渐增大的顺序分成 4 类。

——水平多元化（Horizontal Diversification），全新的产品进入当前市场。

——垂直多元化（Vertical Diversification），后退进入企业供应商的市场或者前进打入企业客户的市场。

——同心多元化（Concentric Diversification），推出在技术或者市场占有方面与现有产品紧密联系的新产品，但是进入了全新市场。

——混合型多元化（Conglomerate Diversification），全新的产品进入全新市场。

	现有产品	新产品或新服务
现有市场	市场渗透 最低风险策略—向现有客户出售更多的现有商品和服务	产品/服务开发 拓展现有产品新产品出售给现有客户群
新市场	市场开发 进入国内或者国外新的细分市场或全新市场	多元化 新市场出售新产品；两者具有不可知性因此是风险最大的策略。除非其他策略失效，否则尽量避免

图 11.1　安索夫的增长矩阵

—— 波士顿矩阵

　　波士顿矩阵是 1969 年由波士顿咨询集团提出来的，它可以与生命周期概念结合使用（见第四章），用来规划企业所提供的产品/服务组合。这个矩阵背后的道理是，公司的产品和服务应该根据其产生现金和消耗现金的能力分成两个维度：市场增长率和公司的市场份额。现金被用作一个衡量手段而不是视为利润，因为现金实际上是投入用来提供新产品的资源。这时候，目标就是用"现金奶牛"（通常是不再需要大量营销预算的成熟产品）产生的现金流正值投资于"明星"，也就是增长迅速的（往往是）新产品，投放到公司已经占有很大市场份额的市场（往往是较新的市场）。"狗"的象限应该撤资，"问号"象限则应该进行有限的投资并严密注意，看它会变成明星还是狗（见图 11.2）。

—— GE-麦肯锡定向政策矩阵

　　波士顿矩阵的直观和鲜明给 GE 留下了深刻印象，它请麦肯锡咨询公司提供帮助，一起利用波士顿矩阵来提高公司的业绩。1971 年，GE 与麦肯锡联合提出了一个对波士顿矩阵加以改进的矩阵。他们把波士顿矩阵中的市场份额和市场增长率分别换成了企业实力和行业吸引力。理由是这样的：虽然企业实力和行业吸引力是主观的衡量标准，但它们却比市场增长和市场份额这样的指标更容易把握，因为市场增长和市场份额很难确定，有关数据也基本上来自以观点为依据的主观意见（见图11.3）。

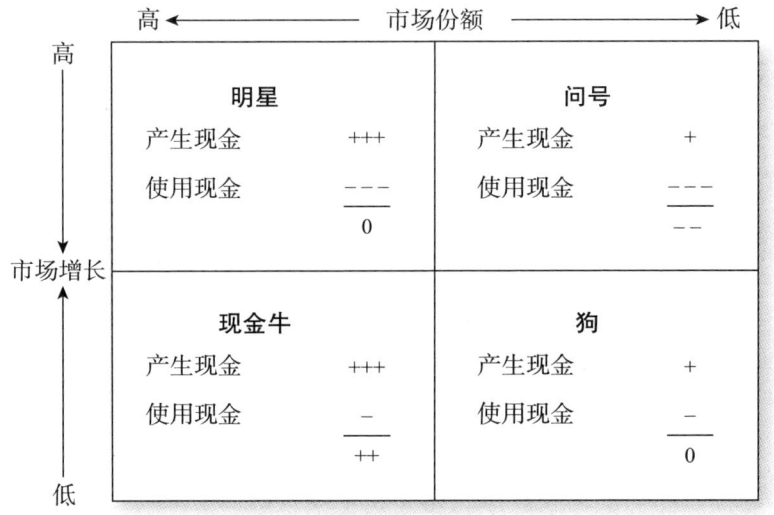

图 11.2　波士顿矩阵

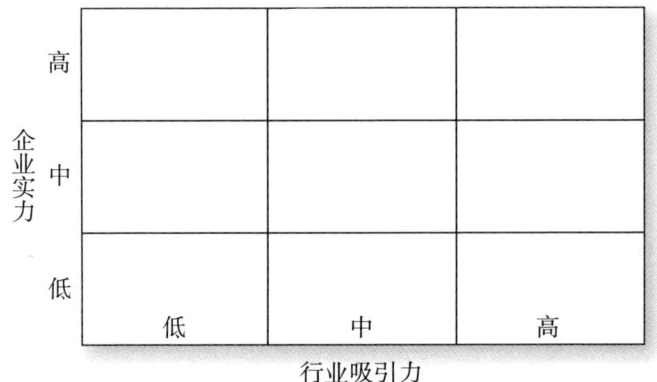

图 11.3　GE-麦肯锡定向政策矩阵

—— 其他矩阵

还有另外十几种矩阵也在被人们使用，它们各有其优点和缺点。理特管理咨询公司（Arther D. Little Inc.）创办于1886年，总部设在马萨诸塞州剑桥市。它在20世纪70年代末把竞争地位和行业成熟度作为指标提出了自己的矩阵。两位商学院教授加里·哈梅尔（Gary Hamel）（伦敦商学院）和C. K. 普拉哈德（C. K. Prahalad）（密歇根大学）于1994年提出一种矩阵，帮助企业完成具体的收购和重新部署任务。其他学术研究人员比如美国的查尔斯·W. 霍弗（Charles W. Hofer）和丹·申德尔（Dan Schendel）、英国克兰菲尔德管理学院的马尔科姆·麦克唐纳（Malcolm McDonald）和克里夫·鲍曼（Cliff Bowman）及壳牌等公司也在基本的矩阵工具基础上做出了自己的贡献。

—— 长期收益金字塔

还有一种大有帮助的战略工具是长期收益金字塔，它实际上相当于各种增长方案的一份对照单。方案之间并不相互排斥，工具本身也不对方案给出评价。不过，这个金字塔可以充当宝贵的备忘录，确保在考察和权衡各种战略的时候把方方面面的问题都考虑清楚。这个金字塔的缘起不太清楚，大概是在杜邦公司的投资收益金字塔的基础上提出来的，杜邦公司用它的金字塔来追踪影响投资收益的各种业绩比率。如图11.4所示的长期收益金字塔是由克兰菲尔德管理学院的资深学者罗伯特·布朗（Robert Brown）所画。

🌐 营销和商业计划

为构思和打造战略所耗费的心力都要以某种形式得到体现，确保战略能够成功地落实。这种形式就是商业计划，它详细明确了企业的各个组成部分在今后 3～5 年必须发挥的作用。之所以要 3～5 年，是因为发现机会，把握机会开发产品和服务，再把产品推向市场，每一步都要花费时间，商业计划必须把具有价值的所有这些步骤都包括在内。这里要注意，战略的结果要过一段时间才会显现，而企业执行商业计划的大环境却时刻都在变化。有位军事战略家说过一句精辟的话：一切计划都会在与敌人遭遇的那一刻土崩瓦解。3～5 年的商业计划必须每年做一次基本审查，至少每个季度对它的进展情况做一次考核。

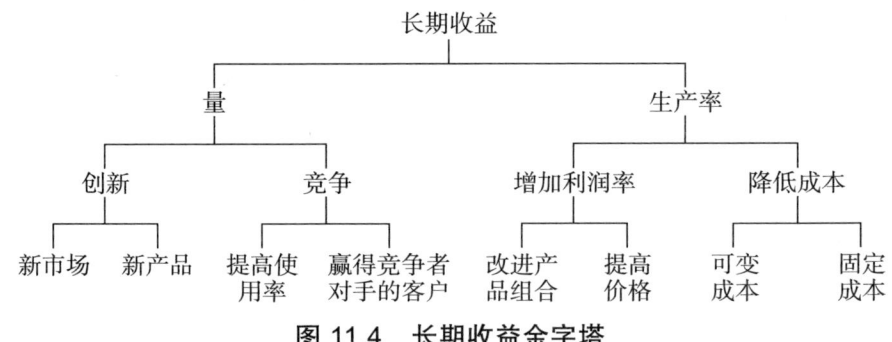

图 11.4　长期收益金字塔

制订商业计划是人们期待 MBA 能够完成的一项任务。它要求计划者对企业的所有环节具有全面的了解，包括现金流、利润率、融资问题、营销和销售、员工和组织结构、生产、经营、研发、供应链等，企业内部很少有其他人具备如此全面的知识。制订商业计划是 MBA 与身居要职的行政人员以及董事们建立并加深关系的绝好机会。所以，这项任务虽然既繁重又耗时，但应该把它看作脱颖而出、发展事业的绝好机会而欣然接受。

—— 营销和商业计划的结构

计划本质上是一份路线图，它说明企业如何从现在的位置走到它希望到达的位置，它还要说明企业以何种方式到达目的地。也就是说，计划要明确重要选手的作用和职责，还要明确必要的资源，包括资金、人员和材料等。商业计划中到底应该写些什么，应该如何建构，人们对这个问题存在很多争议。但是毫无疑问，它是确保成功地落实精心酝酿的战略的一种根本工具。

下面是克兰菲尔德管理学院的 MBA 课程使用的商业计划书的一般格式。从国际商业计划竞赛的观察角度来看，这些格式似乎都具有一定的普遍性。

>>> 执行总结

这是计划最重要的组成部分，它构成了向董事会、股东或者潜在投资者做陈述的核心内容。最后书写的执行总结应该简短有力，应该能引起读者的兴趣；最好是一页纸，一定不要超过两页纸。它的主要目的是激发观众，让他们把后面的内容读下去。

执行总结，应该先用一张一目了然的表格说明重要领域过去的业绩和今后的目标。这样，读者就会清楚地看到企业的业绩能力，以及今后任务的大小（见表 11.1）。

接着，执行总结应该分别论述下列各个领域：

- 主要的产品/服务是什么，它们与市场上的同类产品/服务有何差异，或者它们为什么优于市场上的同类产品/服务。
- 哪些市场/顾客群最需要你做计划提供产品/服务，为什么。
- 你为销售自己的产品/服务做了多少准备，是否还要再做些什么。
- 你的企业为什么具备落实此项战略的技能和专长，如果需要额外增加人手，要增加什么样的人，你要用什么方式招聘他们。
- 总结中的财务预测要说明今后 3～5 年的销售、利润、利润率和现金状况。
- 企业如何经营，大致勾勒出从购买原材料一直到销售、送货和收款等关键步骤。

- 该计划需要哪些实物资源，如设备、厂房等。

表 11.1 执行总结——历史与预测

	去年	今年	商业领域	第一年	第二年	第三年以后
营业额						
产品/服务						
市场细分 1						
市场细分 2 等						
总销售额						
毛利润（%）						
经营利润（%）						
员工总人数						
销售人员数量						
运用资本						
运用资本收益率（%）						

>>> 内容——使之有血有肉

执行总结采用的结构是为了说明企业的根本主张，计划本身还应该遵循下列的逻辑顺序。

- 愿景：愿景的目的是目光放长远，看到眼前无法掌控的企业的未来。一般来说，关心企业发展的人士很少知道企业将以何种方式和手段实现它的愿景，但是大家一致认为，愿景如果实现，将会十分令人鼓舞。愿景一旦成为现实，也许会出现新的挑战，甚至形成全新的公司。

- 使命：使命宣言扼要地说明你做什么，为谁做，为什么你与市场上的同类企业不同或者比它们更好。它应该限定范围，明确重点，给你留下增长的空间。最重要的是，它应该是所有相关人士都能够认可和相信的。

- 目标：这是成功地落实预定的战略之后将要实现的宏观数据，比如市场份额、利润、投资收益等。

- 营销：这个部分提供了要推出的产品/服务、顾客与市场规模、竞争对手、建议定价、促销和销售方法等信息。

- 经营：这个范畴涉及诸如制造、装配、采购、存货、送货/完成和网站等全部流程。

- 财务预测：关于计划时期内现金和现金流的详细信息，说明需要多少钱，用来干什么，什么时候需要，这些资金的适当来源有哪些：比如长期或者短期借贷、股权、承购或者租赁融资等。

- 经营场地：要占用多大的面积和要用到哪些设备，在遵纪守法的前提下，你的家里如何容纳这些业务。

- 人员：你现在拥有哪些技能和经验对开展这项业务、落实选定的战略有帮助；其他还要用到什么人，你到哪里去找这些人。

- 行政事务：你的产品/服务有无 IP（知识产权）；你要购买哪些保险；必要的话，会计、控制和记录系统要做哪些改变。

- 里程碑时间表：它应该说明为了实现主要目标，你准备采取哪些重要行动以及这些行动的完成日期。

- 附件：用附件来整理你在商业计划中提到的比如市场调研、竞争对手的传单、客户的满意反馈、技术数据、专利、CV 和诸如此类的内容。

>>> 营销计划——具体内容

上面是商业计划书内容的基本概括，其中每个部分都要更为详细。营销部门的计划书的具体内容包括。

- 各类产品、市场和市场细分的市场预测（关于预测方法的更多内容参见第九章）。

- 竞争对手分析——SWOT（关于强项、弱项、机遇和风险以及竞争对手分析的更多内容见第三章）。
- 用安索夫和波士顿矩阵（见本章前文）给各产品/服务门类设定明确的增长目标。
- 推出主要的新产品/服务和进入新市场的目标。
- 广告与促销活动及其时间安排（见第五章）。
- 分销和上市渠道（见第六章）。
- 各产品/服务详细的定价和市场细分，包括折扣和正常价格（见第七章）。
- 客户保留的方法和目标。
- 销售团队的规模、结构和奖励机制。
- 市场研究任务和计划（见第二章）。

所有这些内容都在本书有所涉及，你可以查看本书的索引和目录，尽快找到相关内容。

—— 使用营销和商业计划软件

有一些免费的软件包可以帮助你顺利完成书写商业计划的过程。下面列举了一些非常有用的参考来源、电子表格和内行指点，可以帮助你很快写出商业计划，却不会影响你收集自己的市场、客户和竞争对手等方面的基本信息：

营销 MO 是 Moderandi 公司的一个分支，它拥有一个应用程序，用于构建可持续的盈利增长，为营造可持续的成功提供营销战略、流程和运营策略。费用为 200 英镑/299 美元，但你可以免费试用。

MarketingPlan Now 是一个功能完备的网站，它可以让你免费创建完整的营销计划。该网站不仅能够可以制订营销计划，还提供免费的培训资源，帮助你制订深邃、智能和准确的营销计划。你可以以 120 英镑/180 美元对自己的营销计划进行全面的专业审计。

Mplans 是 Palo Alto Software 网站的一部分,致力于帮助企业家和营销人员制订计划。他们有许多免费的辅助工具和营销计划的典型案例,此外他们还有软件,销售和营销专业售价 110 英镑(163 美元),可以帮助你使用他们声称被《企业家》杂志和哈佛商学院的专家称赞的营销系统来设计你的营销计划和销售策略。

预算与偏差

预算是企业经营部门和财务部门之间的主要界面。财务部门行使幕僚职能(详见第八章直线与幕僚职能部分),帮助管理者制定企业来年将用于各个方面的详细预算,相当于落实商业计划头一年的情况。人们必然会期待 MBA 在本部门制定预算的过程中发挥作用。预算通常至少在年中要进行一次审核,往往一个季度进行一次审核。审核的时候,可以把下一个季度或者下半年的预算都加进去,构成全年的预算。这就是滚动季度(半年)预算。

—— 预算指导方针

预算应该遵守下列几条基本原则:

● 预算必须以切合实际而具有挑战性的目标为基础。这些目标的实现将体现自上而下的高级管理层的"抱负"和自下而上的相关部门认为可行的预测。

● 预算应该由负责兑现结果的人士制定——销售人员应该制定销售预算,

生产人员制定生产预算。高级管理层必须保持各部门之间的沟通，以便大家知晓其他部门的计划。

● 各方必须对预算明确地达成共识。在制定预算的过程中，应该对某项预算的多种方案加以探讨。举例说明，老板也许希望销售额达到200万美元/英镑/欧元，但是销售团队的最初预测是175万美元/英镑/欧元，这时候就要对两个数字进行讨论。经过一番争论之后，190万美元/英镑/欧元也许是双方一致认可的数字。一旦就这个数字达成共识，就相当于双方签署了一份合同，员工承诺努力达到这个目标，雇主承诺对这个目标表示满意，并为实现该目标提供必要的资源。应当把这份合同以书面形式确定下来。

● 预算最迟要在下一年开始之前的最后一个月确定下来，不要等到新的一年过了几周或者几个月之后才确定。

● 预算应该在全年定期进行重大审核，以确保作为预算基础的条件和要求依然成立。

● 对照预算进行业绩考核的准确信息应该在月底前7～10个工作日内准备好。

—— 偏差分析

对预算偏差做出解释也是MBA可能执行的任务，所以在一年当中必须认真监控业绩情况，与预算加以对照，必要时一定要采取纠正措施。这个任务必须每月进行一次（如果有要求，可以缩短间隔时间），以说明公司本月和到目前为止的总体业绩情况。

从表11.2我们可以看到，这家公司本月没有完成当月的销售额，却提前完成了年度目标。一般做法是把所有不利的偏差放在括号里。因此，高于预算的销售数字没有加括号，而较高的物料成本加了括号。我们还可以看到，利润大于预算，利润率却比预算偏少（-0.30%）。出现这种情况的部分原因是其他的直接成本，在这个例子中是劳动力和分销成本，它们远比预算高。

表 11.2　固定预算

名称	月			年初至今		
	预算	实际	偏差	预算	实际	偏差
销售	805	753	52	6358	7314	956
物料	627	567	60	4942	5704	(762)
物料剩余	178	186	8	1416	1610	194
直接成本	74	79	(5)	595	689	(94)
毛利润	104	107	3	820	921	101
百分比	12.92	14.21	1.29	12.90	12.60	(0.30)

*销售、物料、物料剩余、直接成本、毛利润单位为千英镑。

—— 弹性预算

预算是以一系列销售目标为基础来制定的，这些目标在实际经营过程中不太可能分毫不差地完成。表 11.3 表示某公司比预算多使用了 62000 英镑的物料。因为销售额也比预算高，所以这一点并不奇怪。针对这种情况，就要对预算进行弹性处理，在已知实际销售的条件下，要使之能够反映支出可能出现的情况。用预算率和实际数据进行计算即可。举例说明，预算中计划的物料是销售的 22.11%。用这个数字与当月的实际销售额加以计算，就得出物料成本 587000 英镑。

从表 11.3 的弹性预算表中，我们可以看到，由于已知的实际销售水平，该公司比预计多花了 19000 英镑的物料款，而不是表 11.2 固定预算表中显示的 762000 英镑。

表 11.3 弹性预算

名称	月			年初至今		
	预算	实际	偏差	预算	实际	偏差
销售	753	753	—	7314	7314	—
物料	587	567	20	5685	5704	（19）
物料剩余	166	186	20	1629	1610	（19）
直接成本	69	79	（10）	685	689	（4）
毛利润	97	107	10	944	921	（23）
百分比	12.92	14.21	1.29	12.90	12.60	（0.30）

* 销售、物料、物料剩余、直接成本、毛利润单位为千英镑。

其他直接成本也是同样的原则，这些成本好像比年度预算多了 94000 英镑。在弹性预算中，我们把实际销售额考虑在内，可以看到，该公司实际的直接成本比预算多花了 4000 英镑。尽管这种情况很严重，但不像固定预算所暗示的那么严重。

有了弹性预算，你可以集中精力解决业绩当中那些真正出现偏差的问题。

有的网站提供可下载的 Excel 电子表格，年度营销预算模板，可以用来估算你的年度营销费用。此电子表格为市场调研，通信，销售和活动支持，营销旅行，广告和在线营销提供空间。该模板可根据需要进行修改以适应你的业务需求。如果你对预测结果感到满意，可以用利润和亏损预测来完成预算。

🌐 季节性与流行趋势

各个时期所显示的预算数字各不相同。举例说明，年销售预算 120 万英镑并不意味着每月预算 10 万英镑。真实数字要由两个因素决定：

● 对流行趋势的预计也许表明，虽然你年初的销售是每个月 8 万英镑，但是到年末会变成每个月 12 万英镑，平均销售额就是 10 万英镑。

● 由于季节的缘故，每月销售额还要根据市场的趋势进行上下波动的调整。我们不难想到，取暖用油的销售会在秋天达到最高，而在暮春时节逐渐减少直至停止。

更多内容还可参阅第九章关于预测的内容。

第十二章
其他的 MBA 核心课程

- 了解会计报告
- 筹集资金
- 读懂财物数据
- 确立战略方向
- 激励与管理

第十二章
其他的 MBA 核心课程

MBA 学员不管学的是综合 MBA 还是像这本书讨论的专业 MBA 课程，都必须学习 4 门核心课。这些课程包含了 MBA 可以使用或者在每天的日常工作中必须参考的基本工具，它们是：

市场营销。即这本书专门讨论的内容。

- 财务和会计。重要会计报告的构建——损益、现金流和资产负债表等。我们要用这些工具来考察企业的财务健康和业绩状况。财务涉及企业从哪里筹集资金，这些融资渠道各有哪些风险和责任等关键问题。

- 组织行为。如何组织、鼓舞、激励、奖赏以及管理个人和团队，是企业在发展壮大的过程中长期面临的挑战。许多时候，人力是企业所拥有的决定性的优势所在，是它能够胜过竞争对手的决定因素。

- 战略。战略是统揽全局的要素，常常被叫作企业战略。它回答企业的立身之本是什么，企业如何应对瞬息万变的商业环境等问题。它的根本不仅在于如何构建战略，还要认识到，没有一家企业在缺少共同目标、价值观和使命感的前提下能够发展成为伟大的企业——以及对企业未来前景的共同展望。

本章提供了掌握上述这些基本问题的一些工具，MBA 市场营销学员可以用来施展才能，在构建所在企业的发展方向以及具体实施的过程中发挥更为全面的作用，弥补自己欠缺的基本商业知识的不足。

会计与金融

会计与金融的分界线正在变得模糊。从基本层面来说，会计被认为是与记录财务事件、提交重要的财务报告相关的一切活动——现金流、损益表、收入账和资产负债表等，并且确保这些记录遵守通行的规范。金融关系到经营企业所需的资金从哪里来，如何对这些钱承担责任。要想学会看懂各种账目，使用比率等工具，你必须掌握必要的会计和金融知识，虽然比率本身通常被认为属于会计学的范畴。

在许多商学院，你会发现这门课除了核心内容还开设了许多可选的课程。例如，在伦敦商学院，你会发现一份课目表：资产定价、公司财务、对冲基金、公司治理、投资、合并与收购、资本市场和国际金融等。金融界的相关人士也掌管着法国巴黎银行对冲基金中心（BNP Paribas Hedge Fund Centre）、公司治理中心（the Centre for Corporate Governance）、私募基金研究院（the Private Equity Institute）和伦敦股价数据库（the London Share Price Database）等机构。在伦敦市卡斯商学院，你会发现该校开设有行为金融学的选修课，以及应对金融犯罪和金融衍生品。你会在本章看到商学院讲授的所有核心课程，掌握了这些内容以后，如果情势必要，你就可以继续学习更为深奥的金融学知识了。

—— 会计

会计学正在变得日益复杂，相关的法律法规也越来越多；过去它使用有形的账簿，账簿厚得像洋洋万言的大部头著作，如今它使用电脑软件，只需对某些重要数据进行若干次操作即可完成。不过会计的目的始终不变：

- 明确企业拥有哪些资产；

- 明确企业负有哪些债务；
- 明确盈利性，或者说一定时期内的盈利性，以及如何实现利润。

会计学绝不是一门精确的科学。就连会计行业最热忱的从业者也不会下这样的结论。账目记好之后，会出现各种分析和合理的猜测，因为我们很少能掌握所有情况。举例说明，我们也许不太肯定某位客户是否会还清全部账款，除非我们有确凿的证据表明他无法清偿债务，比如他的企业快要倒闭了，那么，这笔欠款就会出现在账目当中。

显然，如果会计和经理可以随随便便地解读本企业的商业活动，企业内外的人士就都不会相信账目中的数字了。所以，这个行业就会计报告的结构和方法提出了一些基本规则，以便让会计信息具有一定的一致性。

>>> 现金流

商业界有句名言，叫作利润是虚荣的，现金流是理智的。两者缺一不可。但是短期来说，一家企业想要在变化不定的商务市场上站稳脚跟，现金流关系到它的生死存亡。关于什么是现金，它的定义很简单——它必须是现钱或者相当于现钱的可转让证券。我们可以从两个鲜明而重要的方面来看待现金流：

- 未来可期待现金流的预测；
- 现金在某个时段内的来源和去向分析，和由此产生的可用现金的增加或者减少的情况。

我们对未来不可能做出相当准确的预测，但是我们可以预期可能出现的结果，建立起安全的利润率来准备应对各种情况。做预测的第一步是，设想一下你想要实现什么目标，并且测试这些目标的合理性。

用 High Note 来举例说明，这家公司创立的时候是出售活页乐谱、小型音响设备和 CD 给大中学生。现在它打算开展贸易信贷，并且把产品卖给支付现金的普通公众。老板计划投资 1 万英镑，向银行借贷一笔 1 万英镑的长期贷款。企业要花 1.15 万英镑购买固定设备和家具等。还要花 1000 英镑购买电脑、软件和一台打印机。这样还剩下 7500 英镑来支付迫在眉睫的贸易支出，比如购买存货，花 1500 英镑打广告。老板希望顾客的付款很快就能用来支付其他支出，比如，记账、管理和跟进订单的员工的薪水。按照已经拿到的谈判结果，前 6 个月的销售预计会达到 6 万英镑，加上一些已经开始流入的现金收入。这个行业的经验似乎是，存货有 100% 的固定利润，所以公司购入的 3 万英镑的商品会得到 6 万英镑的销售收入。

在上述假设的基础上，如表 12.1 所示列出公司的现金流预测。这个表是简化的，为了便于理解，有些因素比如 VAT 和税收被忽略不计。

表 12.1　High Note 公司 6 个月的现金流预测（美元／英镑／欧元）

月	4月	5月	6月	7月	8月	9月	总计
收款							
销售	4000	5000	5000	7000	12000	15000	
所有者现金	10000						
银行贷款	10000						
总计现金收入	24000	5000	5000	7000	12000	15000	48000
付款							
采购	5500	2950	4220	7416	9332	9690	39108
租金、电费、供暖、电话、网络等	1000	1000	1000	1000	1000	1000	
工资	1000	1000	1000	1000	1000	1000	
广告	1550	1550	1550	1550	1550	1550	
固定设备／家具	11500						
电脑等	1000						
总计现金支出	21550	6500	7770	10966	12882	13240	
每月现金							
盈余／赤字	2450	(1500)	(2770)	(3966)	(882)	1760	
累计现金余额	2450	960	(1820)	(5786)	(6668)	(4908)	

表格里的算术很直观；各种来源的现金收据被加起来，现金付款也一样。在一个月的会计时段内，现金收入和付款之间的转移造成现金的盈余或者现金赤字。最下面一行说明了累计结果。举例说明，企业在 4 月底剩下 2450 英镑的现金，5 月产生了 1500 英镑的赤字，到 5 月底只剩下 950 英镑（2450–1500）的现金。

>>> 现金流量表

你可以用一张表格，问几个"如果会怎样"的问题，来调整现金流预测。企业家有一个计算器来帮助你分析影响你净现金流量的因素，并针对利润率，库存水平和给予客户的信贷数量，对基于各种替代性营销计划决策未来现金流量进行预测。

>>> 年度现金流量表

现金流量表准确地总结了一年间现金来自何方，去往何处。一眼看去，它似乎是综合了同一时间段内包括在损益账和资产负债表里的各项交易，其实并不完全是这样。因为许多现金交易存在时间上的滞后性，比如，缴税和分红，所以现金流量表是上一年和本年度某些交易的混合；本年度其余的交易进入下一年的现金流量表，到那时现金实际上已经转了手。同理，分别与销售和采购相关的收入实现原则和权责发生制原则也让现金交易发生在不同的时间，它们被计入盈亏账目的时间也不同。

举例说明：一家公司本年度有 500 万美元/英镑/欧元的销售，2017 年有 400 万美元/英镑/欧元，这些数字分别被计入两年的盈亏账。2018 年年底的债务是 100 万美元/英镑/欧元，2017 年年底的债务是 80 万美元/英镑/欧元。2018 年由销售产生的现金流是 480 万美元/英镑/欧元（80 万 +500 万 –100 万），而盈亏账上的销售数字是 500 万美元/英镑/欧元。

由于这些原因，所以，要想搞清楚所有的现金流，不能只看 2018 年的盈亏账目和资产负债表。你还需要前一年的账目。资产负债表可以表明一段时间内的现金平衡情况，但是也不容易体现现金的来路。编写现金流量表是一项细致的工作，完成这项任务要经过一定的训练，外加一些内部消息。不过，认真地检查另外两个本年度和上一年的会计账目，可以找到大多数数据。

从 MBA 的角度看，重要的是要理解企业为什么要求自己看懂现金流量表和其他两个重要账目，还要能够解读现金流动本身的意义（见表 12.2）。

表 12.2　XYZ plc 公司未经审计的简明现金流量表
（至 2016 年 6 月 30 日的半年）

	到 2016 年 6 月 30 日半年内 / 千英镑	到 2015 年 6 月 30 日半年内 / 千英镑	2015 年 12 月 31 日 / 千英镑
经营活动产生的净现金流	2242	3879	1171
投资活动产生的现金流			
不动产、厂房和设备采购	（603）	（464）	（701）
出售不动产、厂房和设备的收入	345	—	—
无形资产的采购	（55）	（87）	（193）
投资采购	（35）	—	—
利息收入	28	58	107
用于投资活动的净现金	（320）	（493）	（787）
财务活动产生的现金流			
分红	（310）	（283）	（422）
发行股份产生的收入	13	—	128
用于财务活动的净现金	（297）	（283）	（294）
现金和现金等价物净增加额	1625	3103	90
期初现金和现金等价物余额	2216	2036	2036
期末现金和现金等价物金额	3751	5136	2126

案例研究   Global Waste Inc

全球废品公司是一家为垃圾源头分类提供容器的供应商，创办于2013年，上表即为它的未经审计的简明现金流量表。刚开始这家公司只有一个人和一张办公桌，后来却发展成了一家领先的回收解决方案供应商。到2016年，它的营业额超过了每年3000万英镑（4500万美元），经营利润超过了100万英镑（150万美元）。

表格中的3栏分别表示两个半年和前面一整年的现金活动。到2015年12月31日（左下角）所产生的现金212.6万英镑被延续到了2016年6月初（左下角的第2个数字）。加上这一时期产生的现金的净增加额，我们就得出了现金头寸。

这份现金流量表让我们能够清楚地看到现金从哪里来：来自正常的销售活动、资产的采购或者处置以及财务活动。公司的资产负债表上只有一个孤零零的数字，说明流动资产中的现金是375.1万英镑，现金流量表是对这个数字的详细说明。

>>> 损益账（利润表）

现在回到High Note公司的例子，它的财务状况是现金与利润差异的典型例子。毕竟，这家企业卖掉了价值60000英镑的商品，那些商品它花了30000英镑，所以它的利润率相当可观。它把39108英镑付给了供应商，卖掉了成本只有30000英镑的商品，这意味着还有价值9108英镑的设备、活页乐谱和CD存货。销售也是类似的情况。我们销售了60000英镑的商品，却只收到48000英镑的付款；这个余额归债务人。现金流预测表底部那个单调的数字说明，High Note将会出现4908英镑的赤字，这个数字好像还不能透露某些重要信息。

利润与现金的区别

现金是直观的,不考虑其他因素。利润则是对经济活动的预测量,它要考虑其他可能被归为价值或者成本的因素。关于利润的会计原则叫作配比原则(Matching Principle),意思是收入和开支要与发生这些收入和开支的会计时期相对应。

High Note 公司前 6 个月的损益表如表 12.3 所示。

表 12.3　High Note 公司 4～9 月半年间的损益表

(单位:英镑)

销售	60000
减去所售商品的成本	30000
毛利润	30000
减去开支:	
供暖、用电、电话费、网络等	6000
工资	6000
广告	9300
总开支	21300
息税折旧前利润	8700

损益账的结构

这个账目是为了更加详尽地描述企业状况,帮助人们更好地了解企业的业绩情况。举例说明,虽然我们所举的例子中,利润达到了 8700 英镑,实际利润却很低。因为用来补充现金流的借贷资金必须要支付到期的利息,10000 英镑的长期贷款就要支付利息。

实践中我们有 4 个水平的利润:

● 毛利润是指与制造你所销售的商品相关的所有成本从收入中扣除以后的利润。

- 营业利润是指你把经常性支出从毛利润中扣除以后的利润。
- 税前利润是指再扣除所有财务成本以后的利润。
- 税后利润是指企业所有人可以支出或者用于企业再投资的利润。

对于 High Note 公司来说，如表 12.4 所示给出了相应的数字。

表 12.4 High Note 扩展损益账

（单位：英镑）

销售	60000
减去所售商品的成本	30000
毛利润	30000
减去经常性支出	21300
营业利润	8700
减去银行贷款和透支利息	600
税前利润	8100
减去税款	1827
税后利润	6723

比 High Note 规模更大的公司会牵涉到更多的相关方和责任。举例说明，除了企业所有者的资金，也许还有长期贷款要偿还（利息和资本偿还），企业的工厂或者办公空间转租出去，产生"非营业收入"，而且肯定会有一些要扣除的折旧支出。像所有的会计报表一样，应该时刻牢记监管部门的要求，为用户采用最好的格式。表格要包括的因素有：

（1）销售（和经营产生的其他收入）；

（2）销售成本（或者所售商品的成本）；

（3）毛利润——销售与销售成本的差额；

（4）经常性支出——销售、管理、折旧和其他一般性支出；

（5）营业利润——毛利润和经常性支出的差额；

（6）非营业收入——其他收入，包括利息、租金等；

（7）非经常性支出——财务成本和与企业运行无直接关系的其他支出；

（8）所得税前利润；

（9）备付所得税；

（10）净收入（或者盈亏）。

>>> 损益表

在企业家网站上有一个免费的在线盈亏 excel 电子表格，内含 25 个费用栏和四个收入流，你可以根据需要添加，减少或编辑这些数据。

>>> 资产负债表

资产负债表可以直观而简要地反映企业在特定时刻的状况。一方面，它体现企业所拥有的资产的价值，另一方面，它表明谁以何种手段为这些资产融了资，企业最终对谁负债。

资产主要有两大类，分别归在固定资产和流动资产这两个项目下。固定资产表现为 3 种形式。首先，企业要用到一些硬件或者有形的东西，这些东西是不卖给客户的。固定资产的例子包括建筑物、厂房、机器设备、汽车、家具等。其次是无形资产，比如，商誉、知识产权等，这些都归在"固定资产"这一项。最后还有在其他企业的投资。在最终转化成顾客支付的现金的过程中，企业所使用的其他资产叫作流动资产，包括股票、正在生产的商品、顾客的欠款和现金本身等。

$$总资产 = 固定资产 + 流动资产$$

资产只能用企业所有者提供或者向其他人比如银行或者债权人借贷的资金来购买。所有者提供资金的方式可以是直接投资到企业（比如，购买公司发行的股份），也可以间接允许公司保留部分储备利润。这些资金渠道总称负债。

$$总负债 = 股本和准备金 + 借款和其他债权$$

借贷资本可以呈现为固定利率的长期贷款或者短期贷款，如通常为可变利率的银行透支。企业的所有短期负债和 12 个月内应付的款项叫作一年内到期债权，长期负债叫作一年后到期债权。

到目前为止，在 High Note 的例子中，我们没有计算花在"资本"项的钱，如购买电脑、固定设备和家具的 12500 英镑，等待销售的价值 9108 英镑的活页乐谱等存货和顾客没有结清的 12000 英镑也没有计算在内。我们必须考虑这笔现金赤字怎么补足，最合乎逻辑的短期渠道是银行透支。

那么，High Note 公司 9 月底的资产负债表如表 12.5 所示。

表 12.5　High Note 公司 9 月 30 日的资产负债表

（单位：英镑）

资产		
固定资产		
固定设备、家具、设备	11500	
电脑	1000	
固定资产总计		12500
运营资金		
存货	9108	
债务	12000	
现金	0	
	21108	
减去流动负债（一年内到期债权）		
透支		4908
供应商到期应付账款	0	
	4908	
净流动资产		
运营资金（CA-CL）		16200

续表

总资产减去流动负债	28700	
减去一年内到期债权		
长期银行贷款	10000	
总净资产	18700	
资本和储备		
所有者出资	10000	
未分配利润（损益账）	8700	
总资本和储备	18700	

>>> 资产负债表和其他网上工具

SCORE 是一个基于 Excel 电子表格，可用于构建自己的资产负债表。你可以在会计培训处找到关于折旧，库存处理以及资产负债表，损益账户和现金流量预测布局的指导。这是由 CPA，MBA 双料头衔获得者 Harold Averkamp 建立旨在利用互联网给世界各地的人们传达更多，更廉价，更明确的财会概念。基本的信息都是免费的，这可能足以引起人们对这个主题的良好印象。专业版的成本为 33 英镑（49 美元），包括一系列短视频，讲座笔记和主要财务专题的考试。术语表拥有你在会计界可能遇到的所有会计概念的定义（请参阅"术语词典"选项卡）。

>>> 会计账套

现金流量表、损益账和资产负债表等构成了会计账套。但是一般来说，要做"账套"，必须提供两份资产负债表，即起始和结束期间的账目。把这两份资产负债表包括进来，我们就可以看到所有者在企业的投资出现了什么情况。

如表 12.6 所示一个简化的账套。从中我们可以看出，在一年期间，这家企业赚得了 600 英镑的税后利润，把这笔钱的 200 英镑投资用于添置固定资产，400 英镑用于运营资金比如存货和债权。它把这 600 美元在入账时列为年度利润的储备。

表 12.6　会计套账

2010 年 12 月 31 日资产负债表/英镑		至 2011 年 12 月 31 日的损益表/英镑		2011 年资产负债表/英镑	
固定资产	1000	销售	10000	固定资产	1200
运营资金	1000	减去销售成本	6000	运营资金	1400
	2000	毛利润	4000		2600
		减去开支	3000		
来自所有者权益	2000	税款	1000	来自所有者权益	2000
			400		
		税后利润	600	储备	600
					2600

>>> 分析账目

主要的分析法是认真考察账目上一对对数字的关系。一对数字可能取自同一份账目，也可以一个数字取自损益账，另一个数字取自资产负债表。把两个数字放在一起，就叫作比率。举例说明，英里/加仑就是驾驶员考察汽车某方面性能的一个有用的数字。有些财务比率本身也有意义，但它们的价值主要是在于与前一年的对应数字、目标比率或者竞争对手的比率进行比较。

>>> 会计比率

用来分析公司账目的比率分为 5 大类，通常被叫作"测试"：

- 盈利性测试；
- 流动性抽查；
- 清偿能力测试；
- 增长测试；
- 市场测试。

在可能的地方，我们会用本节前面部分的损益账和资产负债表中的数字来解释说明这些比率。

你很快就能看到营销决策对企业业绩产生的效果。举例说明，延长赊欠时间，晚些时候收到账款，或者开发未能如预测的那样销售出去的新产品，都会导致盈利性降低，清偿能力减弱。这两种结果都不是可喜的，所以 MBA 市场营销学的学生必须掌握必要的工具，学会分析业绩，预测营销决策可能产生的结果。

>>> 盈利性测试

有 6 个比率用来衡量利润表现。前 4 个利润比率都是只用损益表里的数字计算得出，另外两个比率用损益表和资产负债表的数字计算得出。

（1）毛利润率是把毛利润除以销售再乘以 100% 的得数。在这个例子中，它的数额是 $30000 \div 60000 \times \% = 50\%$。它是衡量我们为用于"制造"产品和服务所付出价值后的增值，这个值越高越好。

（2）经营利润率是把经营利润除以销售再乘以 100% 的得数。在这个例子中，它的数额是 $8700 \div 60000 \times 100\% = 14.5\%$。它衡量我们经营企业的效率，暂不考虑财务成本和税款。后两者作为利息和定期税率变化排除在外，不受我们直接控制。把这些因素排除在外，就可以较为容易地与另一个时期或者另一家企业进行比较。这里的法则还是，这个数字越大越好。

（3）税前和税后净利润率是把税前和税后利润除以销售再乘以 100%，就算出了这两个比率。在这个例子中，两个数额分别是 8100÷60000×100%=13.5% 和 6723÷60000×100%=11.21%。它衡量我们经营企业的效率，并且把财务成本和税款考虑在内。后一个数字说明了我们是否成功地创造了额外的金钱，可以用于企业的再投资或者作为提款和分红分配给所有者。这里的法则还是，这两个数字越大越好。

（4）**股本回报率**通常表现为我们认为任何一笔私人财务投资的收益百分比。站在所有者的角度，他们关心的是，他们所获取的利润相对于他们投入企业的资金的变化情况。这里的相关利润是扣除利息和税款（以及所有优先分红）以后。它表现为构成普通股资金和储备金的股本百分比。那么在这个例子中，它的金额是：股本回报率 =6723÷18700×100%=36%。

（5）**运用资本收益率**对企业业绩的考察比股本回报率的范围更广，它用运用资本总额的百分比来表达扣除利息、税款和分红之前的利润，不管这笔资金是借贷所得还是由所有者提供。

运用资本的定义是股本金加上储备金加上长期借贷。比方说，如果银行透支被包括在每年的流动负债当中，实际充当了一种资金渠道，那么，它也被看作运营资本的一部分。如果每年银行透支的额度差别很大，那么，计算起始年份和结束年份的数字的平均值可以得出一个比较可靠的比率。各家公司所使用的运用资本没有一个精确的定义。在这个例子中，这个数额是：运用资本收益率 =8700÷（18700+10000）×100%=30%。

>>> 流动性测试

为了存活，公司还必须留神它的流动性，即保留足够的短期资产用来偿还短期债务。公司如果未能向员工、银行或者供应商支付到期的钱款，就会被强制停业。

日常活动所必须的流动资金叫作运营资金，它的金额是流动资产减去流动负债的得数。在 High Note 的例子中，它的流动资产是 21108 英镑，流动负债是 4908 英镑，所以它的运营资金是 16200 英镑。

（1）流动比率。运营资金的数字本身不能向我们透露很多信息。就好比你的汽车耗费了 20 加仑的汽油，但是却不知道汽车跑了多远的路程。搞清楚流动资产比流动负债多多少，用处更大一些。这样我们就知道有多少钱可以用来购买存货，缴纳税款和偿还可能出现的其他短期债务。流动比率是流动资产除以流动负债所得到的值。对于 High Note 公司，这个数字是 21108÷4908=4.30。表达流动比率的惯例是 4.30:1，这里的目的是让这个比率介于 1.5:1 和 2:1 之间。低于这个数字，则账单不容易及时偿还；如果高出这个数字太多，则说明企业毫无必要地占有了很多钱。

（2）速动比率（酸性测试）。这个比率相当于一个保险带和刹车的作用，用来确保企业有充裕的现金或者准现金用于偿还所有的流动负债。像存货之类的项目被剔除，因为它们虽然是资产，但存货所占用的资金却不能用来偿还账单。它相当于表示，企业唯一的流动资产是现金、债权和短期投资比如银行存款或者政府债券。对于 High Note 公司，这个比率是：12000÷4908=2.44:1。这个比率应该大于 1:1，企业才能具有充分的流动性。

（3）平均收款期。我们可以看到，High Note 的流动比率很高。这说明运营资金的某些要素没有得到充分的使用。企业在 6 个月内以 60000 英镑的销售额累积了 12000 英镑的顾客欠款。High Note 公司收取欠款的平均期限可以计算得出，即赊欠销售的金额除以欠款额（债权）再乘以时间段（以天数计算）；在这个例子中，它的数额如下：12000÷60000×182.5=36.5 天。

如果赊欠条件要求现金汇票或者 7 日还款，那么公司的经营就出现了严重的问题。如果是 30 天整，那么可能情况尚好。在这个例子中，我们假设所有的销售都是赊欠。

（4）平均付款期。这个比率说明公司平均多久以后向供应商付款。它计算方法和平均收款期一样，但是把债权变成了债务，采购换成了销售。

（5）存货周转天数。High Note 公司持有 9108 英镑的活页乐谱、CD 等，在此期间它售出了成本价 30000 英镑的存货（销售成本是 30000 英镑，以支持 60000 英镑的发票销售，因为这里的加成是 100%）。用一个跟平均收款期类似的数字，我们可以计算得知，所持存货足以支持 55.41 天的销售（9108÷10000×182.5）。如果 High Note 的供应商每周送货，那么这个数字几乎肯定会是一个很高的存货天数。把存货天数从将近 8 周（55.41 天）减少到 1 周（7 天），可以减少 48.41 天的存货或者价值 7957.38 英镑的运营资金。这样进而可以把流动比率降低到 2.68∶1。

（6）运营资金的流通。这个指标用来衡量公司使用运营资金的总体效率。它是销售额除以运营资金（流动资产－流动负债）。在这个例子中，数额是：60000÷16420=3.65 次。换句话说，我们每年把运营资金周转超过 3.5 次。就运营资金的周转次数而言，可以接受的比率是多少，并没有铁定的规矩。显然，运营资金的周转次数越多，存货销售越多，公司的经营活动赚取利润的可能性就越大。

>>> 清偿能力测试

这些指标考察企业管理长期负债的情况。这里使用两种主要的比率。

（1）杠杆。它是所有借贷包括长期贷款和银行透支相对于股东资金总额——股本金和所有储备金的比率。杠杆比率有时候也叫作资本负债比率。对于 High Note 公司，这个比率是：(4908+10000)÷18800=14908÷18800=0.79∶1。换句话说，股东每投入 1 英镑到 High Note 公司，他们又借了 79 便士。人们通常希望长远看来这个比率不超过 1∶1。

（2）利息保障倍数。这是利息费用占到利润的比率，可以把年利息费用除以息税分红前利润计算得出。数字越大，公司的利润越不容易受到任何挫折的影响，或者不容易受到各种贷款利率上调的影响。数字越小，借贷水平对公司构成的风险就越大。介于 2～5 倍的数字被认为是可接受的。

>>> 增长测试

它是比较两个不同的年份得出的结果，比较的通常是损益表上的一些要素比如销售和利润。举例说明，如果 High Note 公司下一年实现销售 100000 英镑和营业利润 16000 英镑，那么增长比率是 67%（销售），也就是说，相对于头一年 60000 英镑的销售，额外多增加 40000 英镑的销售；营业利润增长 84%，也就是说，与头一年的营业利润 8700 英镑相比，额外将增加 7300 英镑的营业利润。

从这两个比率还可以看出另外一些信息。在这个例子中，我们可以看到，利润增长得比销售快，这说明公司的发展处于健康的趋势，反之则不健康。

>>> 市场测试

这是股市对企业业绩的衡量。这里有 4 个主要的比率：

● 每股收益 = 净利润 ÷ 股本总数。它是公司所创造的税后利润除以它所发行的普通股数量。

● 市盈率（PE）= 每股市价 ÷ 每股盈利。它是普通股的市场价除以每股的盈利。PE 比率是对企业未来预期收益给出的市场价值，也就是回收投入资本所需年数。

● 股息率 = 股息 ÷ 每股价格。它是股东从"机会"当中或者当前的投资值所获收益的百分比。

● 股利产出率 = 净收入 ÷ 红利。它是利润超过红利的数量；这个比率越高，用于为企业未来发展融资的未分配利润就越多。

>>> 其他比率

各企业也采用大量的其他比率来衡量营销业绩方方面面的情况,比如:

- 固定资产投资销售比——衡量固定资产的使用情况;
- 员工销售比——说明企业的人数是否超过了销售增长;
- 员工利润比;
- 经理人销售比、后勤人员销售比——说明管理费用的使用效率。

会计培训(见本章前文)提供了财务比率和财务报表分析的明确解释。会计培训费用为 33 英镑(49 美元),其中 24 种常用财务比率商业计算表格都包含在 Accounting Coach 专业版中。

>>> 综合比率

谁也不会单看一个测试的比率,就认定一辆车比另一辆车好或者坏。如同你在买一辆车一样,企业的 MPG、MPH、年折旧率和剩余价值率只是其中几个你要考察的有用的数据。你可以把多个数据结合起来,对企业处于某个时刻的财务状况得出自己的判断。

综合比率最著名的就是 Altman Z-Score,它用一套综合 5 项的财务比率来预测企业失败的概率。这 5 个数据是根据企业财务报表中的 8 个变量得出,这些变量与某种统计方法有关。把数字填入这个网站页面提供的模板,会看到一个得数,还有一段解释,它对企业的财务状况的优势和劣势环节给出点评。

—— 金融

企业可以使用的资金有很多来源,但是,不是所有来源都适合处在所有发展阶段的任何企业。对企业来说,来自不同渠道的资金意味着不同的义务、责任和机遇。对这些差别有所了解可以让管理者和董事们做出明智的选择。

多数企业初期（以及除非上市以后让股价在股票市场浮动）的财务战略往往局限于银行贷款，贷款有长期，也有短期；他们认为其他金融手段要么太复杂，要么风险太大。从许多方面看，实际情况恰恰相反。除银行贷款以外，几乎每一种融资渠道都或多或少可以与资金的接收者共同分担企业经营的风险。

如图12.1所示说明了不同资金渠道的融资胃口。风险投资公司、天使投资以及几乎所有的股本金都会受到那些结合了高增长潜力和高风险、高回报潜力的商业提案的吸引。银行和其他出借人会受到条件恰好相反的商业提案的吸引，他们寻找稳健、风险较小、至少能够为他们出借的资金额提供一定安全保障的商业提案。

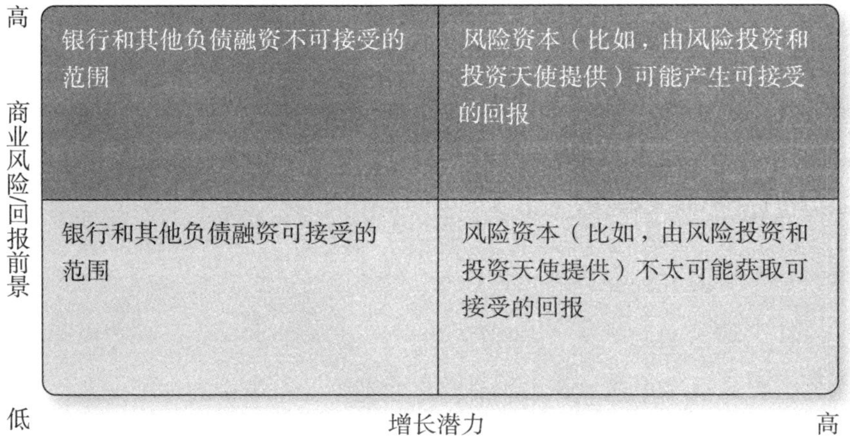

商业风险回报前景	银行和其他负债融资不可接受的范围	风险资本（比如，由风险投资和投资天使提供）可能产生可接受的回报
	银行和其他负债融资可接受的范围	风险资本（比如，由风险投资和投资天使提供）不太可能获取可接受的回报

低　　　　　　　　增长潜力　　　　　　　高

图12.1　融资胃口

>>> 债务与权益

虽然这些名词——公司债券、可转换股的债券和优先股等看似深奥，企业却只有两种主要的资金来源：权益或者自有资金，包括留存收益，它们是对企业来说没有风险的资金。如果没有盈利，那么所有者和其他股东无非是得不到红利罢了。他们也许很不高兴，可是通常却不能提起诉讼，即使他们能够提起诉讼，排在前面的被告也是建议他们购买股票的顾问。

债务资本是企业从外部渠道借来的资金，它把企业置于财务风险之下，出借人也承担风险。作为承担风险的回报，他们期待每年获取利息，不管企业的业绩如何。企业的外部资金相对于内部资金的比例很高时，叫作高杠杆。如果企业想为股东资金赚取高额回报，高杠杆具有很强的诱惑力。

杠杆运作方式如表12.7所示举了一个例子，企业假设需要60000美元/英镑/欧元的资金来产生10000英镑的经营利润。我们考察了4种不同的资金结构。它们的一端全部都是股本金（没有杠杆），另一端全部都是借贷资本。借贷资本必须支付利息，这里的利息率是12%。借贷本身相对来说可以无限进行下去，在前一笔贷款到期时，只需用市场利率再贷一笔款取代它即可。

表12.7 股东收益的杠杆效应

（单位：美元/英镑/欧元）

资金结构	无杠杆 N/A	平均杠杆 1∶1	高杠杆 2∶1	很高杠杆 3∶1
股本金	60000	30000	20000	15000
借贷资本	—	30000	40000	45000
总资本	60000	60000	60000	60000
利润				
运营利润	10000	10000	10000	10000
减去贷款利息	无	3600	4800	5400
净利润	10000	6400	5200	4600
股本收益	10000	6400	5200	4400
	60000	30000	20000	15000
	16.6%	21.3%	26%	30.7%
利息保障倍数	N/A	10000	10000	10000
		3600	4800	5400
	N/A	2.8倍	2.1倍	1.8倍

看完这张表，你可以看到，由于杠杆系数的变化，股本收益（利润除以股东投资，再乘以%就可以得到一个股本收益的百分比）从16.6%增加到了30.7%。如果贷款利息较低，用于描述股东资本收益的术语ROSC将由于高杠杆进一步提升；利息越高，ROSC的相对提升就越小。所以在利息低的时候，企业倾向于选择增加借贷而不是向股东筹集更多资金。

乍看起来，这就像一台永恒的实现利润增长的机器。股东和企业的管理者的红利都要靠股东收益，他们自然宁愿别人"借钱"给他们用于发展企业，不愿要求股东追加投资，尤其是如果这样一来他们提高了投资收益的话。如果企业没有产生10000美元/英镑/欧元的经营利润，问题就出现了。很多时候，销售下降20%就意味着利润减半。在这个例子中，如果利润减半，企业就无法支付贷款的利息。企业无力还款，它的财务状况就"不够稳健"。

关于杠杆水平的任何决策都必然牵涉到一定的商业风险。某些类型的企业由于其性质使然，比其他企业承担着更高的风险。与网络创业公司相比，销售主食产品的企业几乎不要求创新，一般来说不太容易陷入财务困境，因为网络公司的技术上架时间短，也许经不起检验，而市场本身又存在诸多不确定因素（见图12.2）。

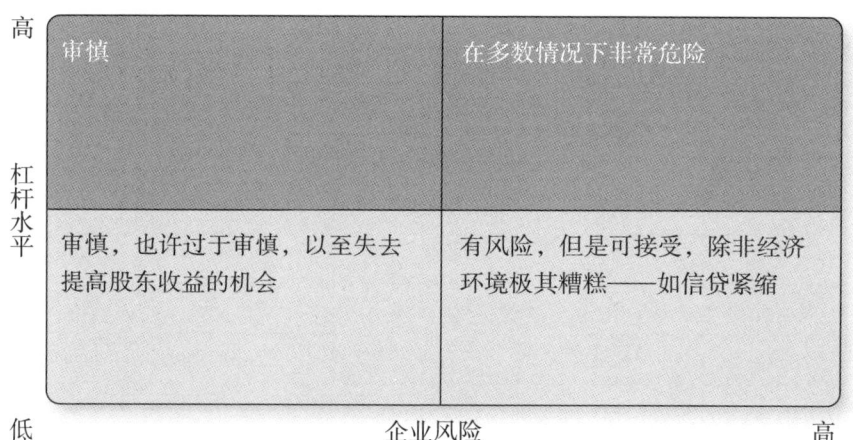

图12.2 风险和杠杆

第十二章 其他的 MBA 核心课程

>>> 主要的债务来源

债务融资和对债务融资的监管绝非新鲜事物，此类活动早在1472年意大利西雅纳银行集团（Banca Monte Dei Pashi di Siena SpA）（MPS）等公司问世之前便已经存在。

所有的债务提供方都千方百计想要降低或者不承担风险，同时期待收到回报，不管企业业绩如何。他们想靠出借资金获取利息付款，通常从第一天算起，虽然有时候他们也满足于把到期还款的利息滚动到未来的某一天。他们虽然希望管理层得力能干，但他们更感兴趣的却是，如何保证有权用企业或者企业管理者拥有的资产冲销自己的借款。到了还款日，他们希望把所有的资金收回。较为审慎的做法是把这类机构看作一群人，他们愿意帮助你把一笔无法变现的资产比如房产、存货或者顾客尚未结清的账款的一部分，变成更具流动性的资产比如现金，当然要打些折扣。

（1）银行。对非挂牌公司来说，资金来源十有八九是银行，银行通常也是主要的甚至唯一的资金来源。世界各地的企业都靠银行来融资。银行提供名目繁多的金融产品，从短期当日透支到长达十年乃至更长时间的定期贷款都有。

（2）债券等。债券、无担保债券和抵押是相关方具有不同权利和义务的借款方式。企业的抵押基本上与个人抵押的情况类似。这笔借贷是用于特定的事务：购买某处房产，如工厂、办公室或者仓库。贷款应支付利息且贷款本身是用房产作抵押的，如果企业失败，贷款基本上可以用抵押收回。

公司想要筹集资金用于一般的商业目的，而不是像抵押那样购买某处特定的房产，就会发行无担保债券或证券。这些债券通常为3年期或者以上，债券持有人在这笔贷款期间收到利息，在贷款到期时收回本金。

无担保债券和债券的主要区别在于它们的安全性和评级。无担保债券没有保障，如果企业到时候无法偿还利息或者本金，持有人也许什么也拿不回来。债券是用特定的资产做担保的，所以它的偿付的评级比公司债券靠前。

（3）商业票据。银行和 GE、AT&T 之类大公司经常用发行商业票据给投资人的方式为经营活动筹集资金，这些票据往往在 6 个月之内到期。私人投资者，尤其是货币市场的基金会购买这些债务，因为它们比较安全，所支付的利息又稍高于美国财政部或者英国政府发行的债券。严格地说，虽然商业票据的付款时间不得超过 6 个月，但实际上作为借方的公司都会向投资者发行更多票据，用这些票据筹集到的更多资金去偿还此前的投资者到期的债务。对于出借方，商业票据相对于其他形式的借贷有一个好处，就是只要它在 9 个月（270 日）之内到期，便不必向任何监管机构注册登记，这一规定使商业票据事实上成为资产负债表外的融资，从而减轻了企业的杠杆作用（关于杠杆作用的更多内容参见本章前面部分）。

（4）资产融资。债务融资的大多数渠道都允许企业利用自己提供的资金达成形形色色的目标，不过，有两种重要的融资渠道，它们的基础完全建立在企业现在有多少资产，不久之后它将会拥有多少资产，以及它准备提前拿到多少资产。

● 租赁和分期付款购买。实物资产比如汽车、电脑、办公设备之类通常可以通过租赁来获取，就像房子和公寓可以租赁一样。反过来，它们也可以分期付款购买。这样你就可以用其他的资金来处理现金流当中看不见的事务。

①经营租赁（Operating Lease）是指，你可以使用设备（比如，汽车、复印件、贩卖机或者厨房设备），使用期限比设备的整个经济生命周期要短。出租人承担设备淘汰的风险，承担修理、维护和保险的责任。作为承租人的你为这项服务支付费用，它比融资租赁（Finance Lease）昂贵。融资租赁的意思是你在设备的大部分经济生命周期内租用它，并承担维修和保险的责任。

②分期付款购买与租赁不同的地方在于，你可以在若干次付款之后，最终成为这笔资产的所有者。你可以通过金融与租赁协会（The Finance and Leasing Association）找到一家租赁公司。它提供这类融资服务的所有英国公司的详细信息。网站还有一些关于贸易条件和行为准则等一般信息。

● 贴现和保理。顾客结清欠款往往需要时间。在此期间你要给自己的员工发工资，要付款给催得很急的供应商。所以，你的企业发展得规模越大，你需要的资金就越多。很多时候，你可以把有资格接受信用贷款的顾客的账款转给一家金融机构，在你的货物发出去之后，你可以比正常的收款时间提前从该金融机构收到80%的账款现金。保理公司事实上相当于购买了你的贸易债务，同时还提供借方会计和管理服务。当然你必须为这种保理服务付费。在顾客付款之前收到现金，为此你要付出比透支率稍高的代价。保理服务要付出营业额的0.5%到3.5%，具体金额由工作量、借方数量、平均票据额和其他相关因素决定。

发票贴现是同一种做法的变体，它是指你自己负责向借方收款。你可以在国际保理协会（International Factoring Association）找到发票贴现或者保理服务，该协会有世界各地的保理公司的名录，在北美地区覆盖最广。

>>> 股权的主要来源

有限公司或者有限合伙公司享有极其宝贵的机会，可以筹集到相对无风险的资金。这种筹资方式对企业没有风险，对投资人却有风险，甚至风险极高。本质上，这种被总称为股权的资金来源由公司所发行的股份和各种储备金构成。它是指股东通过购买股票直接投资到公司的资金金额，还有公司把属于股东的未分配利润用作额外的资金。与债务一样，股权也分为几种不同的类型，它们各有其权利和优先权。

>>> 私人股权

私人股权有 3 种主要来源：投资天使、风险投资公司和企业创业投资。

（1）投资天使。股权或者风险资金的一个可能的来源是私人自己的资金，这些私人投资者也许对行业有些了解。为了换得企业的股份，这些投资人会投入资金，自己承担风险。他们被叫作"投资天使"，这个名称最初是用来形容那些资助百老汇或者伦敦西区的戏剧演出的有钱人。

多数投资天使决心参与某一事务，不光是签一张支票，还希望能以某种方式在企业当中发挥作用。他们希望获取高回报——某投资天使在赛捷（Sage）的第一轮 250000 英镑（390000 美元）的融资活动中出了 10000 英镑（15600 美元），后来他的这笔财富增加到了 4000 万英镑（6200 万美元）。

这三个组织提供有关天使投资过程的信息并提供当地提供商的目录：

- EBAN（欧洲商业天使网络）与遍布欧洲 50 个国家的 150 多个成员组织。
- 英国商业天使协会。
- 世界商业天使协会。

（2）风险投资。提供风险投资（VC）的人有时候被人不客气地叫作乘人之危的资本家，他们是用别人的钱投资，通常是用养老基金投资。他们的关注点与投资天使不太一样，他们可能更感兴趣的是投资更多的钱以赚取更多的回报。一般来说，风险投资者期待自己的投资在 7 年之内全部收回，但他们是久经考验的现实主义者。每 10 笔投资当中就有两笔血本无归，有 6 笔投资业绩平平（在最好的情况下）。所以，他们每 10 笔投资当中那一笔最佳投资必须能够收回很多亏损的投资。为了覆盖这个可怜的中奖率，风险投资的目标收益率是 30%。

筹集风险资金不是廉价的选择，交易的促成也不算容易。达成交易花费 6

个月不算罕见，还有超过1年的。每位风险投资家的投资组合当中都有一笔交易是在6个月之内搞定的，但实际上这种案例非常罕见。它的费用也许会攀升到成千上万英镑，好在这笔费用可以从筹集到的资金当中扣除。

美国的风险投资大概是英国的6倍。欧洲的风险投资额整体来说大概与英国相当，世界其他地方的风险投资额加起来也与英国相当。

英国风险投资协会（The British Venture Capital Association）和欧洲风险投资协会（the European Venture Capital Association）都提供网上指南，它们给出了数千家风险投资提供者的详细信息。美国风险投资协会（The National Venture Capital Association）也提供了美国国内和国外的国际风投协会的名录。

你可以看到那些与风险资本进行谈判或接受风险投资的公司在网站上所提供的交易和该公司明显的能力，你还能看到他们是如何很好地处理这种关系。还有一个链接到风险投资的网站。风投评论网站 The Funded 有 20572 名成员。

（3）企业创业投资。还有一些企业也从事某种风险投资业务，但不一定把它作为自己的主业。这类企业就叫作创业投资企业，它们通常希望利用本公司的资源优势，由企业内部人士在感兴趣的领域进行开发。

辛克莱·比查姆（Sinclair Beecham）和朱利安·麦特卡福（Julian Metcalfe）用 17000 英镑（26500 美元）的贷款，从一家关门歇业的店铺那里借到的一个名字创办了 Pret A Manger，他们是不安于埋头做着本职工作的创业家。他们有把自己的店开遍全世界的雄心，但是只有侵占汉堡包巨头麦当劳的市场，才有切实主导全世界的可能。他们在 2001 年把 33% 的股份卖给麦当劳的创业投资公司 LLC，得到 2500 万英镑（3900 美元）。LLC 是麦当劳自己的一家子公司，是麦当劳从事创业投资活动的一条臂膀。他们由此加盟了这家大公司的创业投资公司。当年，他们可以考虑的结盟对象还有思科、苹果电脑、IBM 和微软等，它们都有创业投资的业务分支。

根据 Global Corporate Venturing 的资料，美国 100 家最大的公司中有 47 家参与了风险投资。在美国，Google 以 121 亿美元的价值投资该领域。此外，主要的风投在中国和印度，企业风险投资的价值分别为 100 亿美元和 30 亿美元。

>>> 公开资本（Public Capital）

股票市场是正规企业严肃地筹集资金的地方。它可能筹集到几百万乃至上百亿资金，并且期待上市的成本和努力能够与这些显著的数字相匹配。它的基本概念是，企业所有人出售本企业的股份，相当于引入了一大批新的"所有人"，这些人因此可以分享企业未来的利润。这些新参股的所有人如果想退出，可以把自己的股份转卖给其他投资者。股价上下波动，保证了随时都有同样多的买方与卖方存在。

上市也给你和你的企业盖上了一枚值得尊敬的印章。它可以提升你公司的地位和信誉，如果你愿意，你还可以凭借新股东提供的"担保"借到更多的钱。你公司的股份还可以成为留住和激励骨干员工的吸引力所在。

全球股票市场。全世界有多少个股票交易所？你也许只听说过伦敦证券交易所（简称 LSE）和纽约股票交易所（简称 NYSE），如果你的知识更为渊博，也许还会加上法兰克福、东京以及巴黎股票交易所。如果你猜想全世界只有 5 家，或者 10 家 20 家股票交易所，那就大错特错了。答案是 200 多家。目前仅美国就有至少 13 家股票交易所。大型股票交易所利用各自的替代平台和经纪网络争夺市场份额，约 1/3 的股权交易是在场外进行的。你可以在芝加哥大学网站了解更多有关世界大部分股市的信息，交易所按大洲和国家列出。世界交易联合会是这些市场事实和数据的有用来源。

第十二章 其他的 MBA 核心课程

案例研究　蛇王啤酒

到 2015 年，蛇王啤酒在英国的印度餐厅市场占据主导地位，有超过 98% 的持牌咖喱屋在销售此酒。现在，主要超市都可以买到蛇王啤酒。自成立以来，该公司销量每年平均增长 40%。

1990 年，剑桥毕业、不久前刚刚获得会计师资格的卡兰·比利莫里亚（Karan Bilimoria）从事起进口和分销蛇王啤酒的业务。他给公司选择这个名称，因为"蛇王"这个词好像在各种语言的国家使用效果都很好。他最开始是为英国的印度饭店供应蛇王啤酒作为佐餐酒。如今已是勋爵身份的比利莫里亚当年是用借来的 20000 英镑（31000 美元），在福尔汉姆（Fulham）的一间公寓创办的公司，当时他仅有的资产是一辆雪铁龙 2CV。现在公司每年的销售额超过 1 亿英镑（1 亿 560 万美元）。这家公司的成功有 3 个关键因素。蛇王最早用 660 毫升的大瓶销售，所以就餐者可以几个人共享一瓶酒。其次，蛇王与欧洲的淡啤酒相比泡沫较少，喝酒的人不容易产生饱胀感，可以继续吃饭喝酒。第 3 个因素是比利莫里亚知识渊博，他有会计师的专业背景，所以对把公司发展壮大的融资途径一清二楚。他幸运地遇到一位老派的银行经理，这位经理对蛇王满怀信心，同意贷给他 3 万英镑（47000 美元）。从那以后，比利莫里亚尝试利用了所有可能的融资途径（见图 12.3），包括 1995 年出售了公司 28% 的股份。

已经从事啤酒行业 350 年的莫尔森·库尔（Molson Coors）在 2009 年占据了该业务的大部分股份，确保蛇王获得足够资金用于未来的发展。蛇王啤酒的销售继续强劲增长，平均接近高位甚至是 10% 的增长。莫尔森·库尔一起的投资组合销售 100 多个品牌的啤酒，包括 Coors Light、Molson Canadian、Miller Lite、Carling 和 Staropramen，以及蓝月亮和 Creemore Springs 等微酿啤酒和特色啤酒。

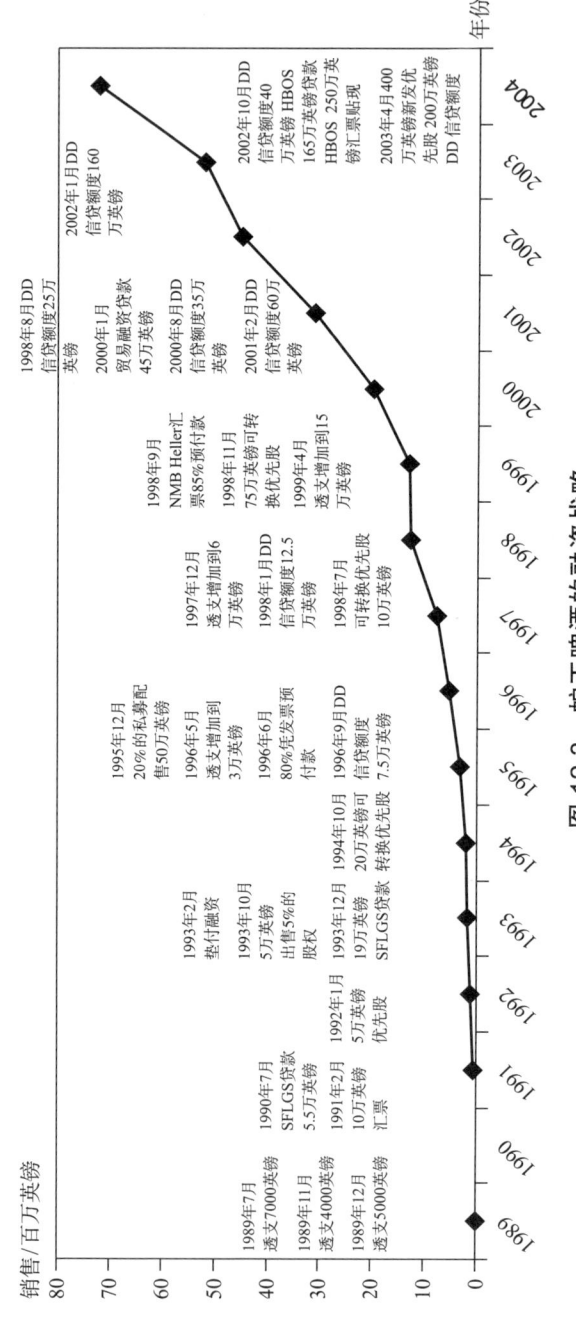

图 12.3 蛇王啤酒的融资战略

🌐 众筹

商业融资是一种全新的改变游戏规则的概念,它将权力牢牢掌握在希望筹集资金的企业家手中。她不是大型投资者将资金投入到商业活动中,而是大量小型投资者每股投入10英镑从而筹集所需的资金。Crowdcube是英国第一个众筹网站,现在已经与Starcups.co.uk合作,这样企业家就能够获取有关融资的信息,并直接采用创新方式通过一个网站来解决问题。

Crowdcube是世界上第一个能够让公众投资和获取英国公司股票的众筹网站,目前有超过10000名注册会员正在寻找投资机会。该平台已通过其主要网站为小型企业筹集了超过300万英镑的资金,并于2011年11月举办了全球首次100万英镑的众筹交易。使用此融资方式的企业范围也越来越广。达灵顿足球俱乐部通过Crowdcube在14天内从722位投资者处筹集了291450英镑,以防止在被清算后关闭。石油供应商Universal Fuels通过Crowdcube募集了100000英镑,使创始人奥利佛·摩根(Oliver Morgan)成为在这一过程中成功筹集投资的最年轻企业家。

案例研究　Chilango-Burrito Bond 如何诞生

前Skype员工埃里克·帕塔克(Eric Partaker)和丹·休顿(Dan Houghton)创立Chilango时,他们想到的是提供令人垂涎的墨西哥美食,七年前推出时还是个稀罕物。埃里克在出生地芝加哥生产墨西哥玉米饼、卷饼等,但当他来伦敦工作时,他看到那里是墨西哥美食名副其实的"荒漠"。当埃里克偶遇到墨西哥美食狂热分子丹时,他们的任务是:把他们所见所闻化作市场中的一个巨大商机。

埃里克·帕塔克具有美国和挪威双重国籍,毕业于伊利诺伊大学香槟分校,获得金融学理学学士学位,同时也是比利时鲁汶大学的校友,在那里他学习历史、哲学和文学。丹是以剑桥数学专业第一名的成绩毕业的毕业生。他们在 2005 年在新的商业团队向 Skype 技术公司首席执行官汇报工作时才第一次见面。

2014 年，伦敦的七家墨西哥食品店开张，其中一家在高盛集团总部对面，他们证明了自己的商业模式很有市场。但每个新开张的餐馆花费约 50 万英镑，他们又发现了另一个问题，即迫切需要现金来实现他们在伦敦周围迅速推出六个新的 Chilango 餐厅的目标。

2014 年，他们上了金融新闻而不是烹饪创新的头版头条。利用众筹网站，他们着手在两个月内以 8% 的利息筹集 100 万英镑，资金将在四年内还清。最低投资额定在 500 英镑，那些出资 1 万英镑的投资人每周可以在其中任何一家餐厅享用免费午餐。因此 "Burrito Bond" 这个名字就诞生了。

根据招股说明，在债券发行一天后，陆续接到食品和饮料行业的高管们的投资，其中就包括咖啡连锁店 Carluccio's 的首席执行官兼首席财务官，多米诺比萨（英国）前首席执行官和前卡卡圈坊（Krispy Kreme UK）首席执行官等。截至 2014 年 7 月 3 日，根据众筹网站上的信息，该公司已从 344 位投资者那里收到了 114500 英镑的资金。

🌐 组织行为

组织行为（Organizational Behavior）通常缩写为 OB，指的是与人打交道的所有范畴的问题，如人们为什么会表现某种行为，如何创建组织并对组织加以管理才能实现企业设定的目标等。有位 CEO 把这项任务总结为："人们做我想让他们做的事情，实际上还是因为他们本身想做。"

一项策略之所以失败，有一条首当其冲且十分普遍的原因在于执行不力；

问题的根源很少出在既定的行动方案背后的分析和规划不够完善。根源很可能是选出来落实该项策略的人、他们的管理层、动机、奖励和对这些人的组织和领导不当等。

第八章讨论过组织结构的问题，组织结构尤其适用于营销组织。下面的内容是人们期待 MBA 了解的关于 OB 的另外一些核心要素。

── 动机

动机作为认真研究的一个课题，是一门相对较新的"学科"。17 世纪的英国哲学家托马斯·霍布斯（Thomas Hobbes）指出，人性倾向于自利性的合作，从这一点出发最容易了解人性。他认为，动机可以被总结为围绕痛苦和享乐的选择。弗洛伊德（Sigmund Frued）也指出，人类只有两种基本需求：生的本能与死的本能。这些观点最早对历史悠久的"萝卜加大棒"激励方法构成了严峻的挑战——"萝卜加大棒"一度在组织生活的各个领域十分盛行，从战争时期的军队到英国工业革命时期的纺织工人等一直沿用下来。

在商业界，除了奖励和裁员以外，也许还存在其他动机，最早提出这一观点的是哈佛商学院教授埃尔顿·梅奥（Elton Mayo），他开展了著名的霍桑实验（Hawthorne Studies）。霍桑实验是 1927 年到 1932 年间在芝加哥的西方电气公司霍桑工厂（Western Electric Hawthrone Works）开展的。梅奥刚开始是想看一下照明对生产效率有何影响，后来，他又改变中间休息时段、温度、湿度和工作时间，甚至中间提供一次免费便餐，考察了疲倦和单调对生产效率的影响。梅奥用 6 名妇女的工作小组做这次试验，他改变他能想到的每个变量，包括延长和缩短工作时间和休息时间；最后恢复到最初的工作条件。每次改变都可以提高生产效率，除了他把上下午两次 10 分钟的短暂休息延长，增加为 6 次 5 分钟的休息。她们觉得，5 分钟的频繁休息干扰工作，打乱了她们的工作节奏。

梅奥的结论是,"管理层很重视",这种意识可以让员工产生一种主人翁的责任感,所以管理层可以操纵和利用这一重要的激励因素,提高员工的工作效率。梅奥之后关于动机的理论盛极一时。威廉·麦克杜格尔(William McDouglal)在他的著作《人的力量》(The Energyies of Men)(1932 年 Methuen 版)中提出了 18 种他认为属于本能的基本需求(比如、好奇、自我肯定、服从等)。H. A. 默里(H. A. Murray)是哈佛心理诊所(the Harvard Psychological Clinic)的副主任,他提出了 20 种根本的心理需求,包括成就、归属和权力等。

商学院毕业生学习和运用最多的动机理论是马斯洛(见第二章)的理论以及下列几种理论。

—— X 理论和 Y 理论

美国社会心理学家道格拉斯·麦格雷戈(Douglas McGregor)在两所顶尖的商学院任教——哈佛商学院和麻省理工学院(MIT)。他提出了这些理论并试图用这些理论来解释人的行为,作为管理行动的基础。

X 理论提出了下列假设:

● 普通人都天生不喜欢工作,只要可能就想逃避工作。所以管理层要强调生产效率、奖励制度和"一个工作日的公平劳动"的概念。

● 因为多数人不喜欢工作,所以必须逼迫、控制、引导和用惩罚来威胁他们,让他们完成企业的目标。

● 人们都喜欢被引导,喜欢逃避责任,几乎没有抱负,最重要的是,都希望有保障的生活。

虽然 X 理论解释了人类的部分行动,但它没能提供理解优秀企业之所以优秀的根本原因。麦格雷戈和其他人又提出了对应的理论。

Y 理论的基本观点是：

● 工作时的身体或者脑力付出就像休息或者游戏一样正常、自然。在适当的条件下，努力工作可以带来巨大的满足感。在不适当的条件下，它会成为苦役，被迫参与的人不肯为了苦役付出努力或者从苦役当中产生思想。

● 一旦致力于达成目标，从事工作的多数人都具有高度的自我管理能力；

● 工作满意度和个人得到的认可是给予工作者的最高"奖赏"，员工对手头的任务会产生最高程度的责任心。

● 在适当的条件下，多数人会接受承担责任，甚至愿意多承担责任。

● 很少有企业员工"习惯"什么事物，如他们的能力。他们对解决问题也没有创造性的贡献。

典型的信奉 X 理论的老板可能会尽可能避免与员工接触。举例说明，不管企业有多小，他都会确保自己有一间办公室，并把房门紧闭。与其他人的接触仅限于下达工作指示和对不满意的业绩发牢骚。而 Y 理论的做法则是让大家参与决策而不是自己下达命令，是分享反馈，让大家都能从成功和失败当中获得收获，而不是在出了问题以后加以斥责。

—— 环境与动机理论

美国克利夫兰的凯斯西储大学（Case Western Reserve University）心理学教授弗雷德里克·赫茨伯格（Frederick Hertzberg）发现，一些截然不同的要素会导致对工作的满意或者不满意。他的研究表明，有 5 个突出的要素对工作满意度具有决定性的影响。

● 激励因素（Motivator）。

①成就：人人都希望成功，所以如果你设定了人们能够达到并做得更好的目标，相比于经常完不成目标，他们的满意度会大大提高。

②认可：人人都喜欢自己的努力工作得到认可。但是，不是每个人都希望用相同的方式得到认可。

③责任：人们喜欢有机会为自己的工作和整体工作承担责任。承担责任有助于他们自身的成长。

④进步：升职或者一定的进步是重要的激励因素。在小公司，为重要人员提供事业前景的展望，可以成为企业发展的根本原因。

⑤工作本身的吸引力（工作兴趣）：说工作必定单调是没有道理的。你要把人们的工作变得有趣，让他们对自己如何完成工作有一定的发言权。这样可以鼓励新创意，用更好的方式把工作做得更好。

在对不满意的理由进行分析以后，研究人员发现，这些理由与一系列因素有关。

● 环境因素。

①公司政策：规章制度，不管正式还是非正式，比如，上班和下班时间、中间吃饭时间、着装要求等。

②监管：员工在多大程度上被允许自行处理自己的工作，是否一天到晚都有人盯着他们。

③管理：是一切都有条不紊，还是文案工作一团乱麻，必要资源的供应总是滞后。

④薪水：员工的工资和福利待遇与别人相比是否具有可比性。

⑤工作条件：人们是否被要求在低于标准的环境下工作，设备落后，工作几乎没有安全保障。

⑥人际关系：工作氛围是和谐融洽，还是人们钩心斗角、剑拔弩张。

赫茨伯格把这些造成不满意的因素叫作"环境因素"。他分析指出，环境的卫生状况不好会导致疾病，但是环境状况本身并不会带来健康。所以，缺乏适当的"工作环境"会导致不满意，但是环境条件本身不足以实现工作满意度；要想让员工满意，还要针对工作满意度的决定因素下功夫。

领导力与管理

不管雇员多么出色，如果企业没有卓越的领导，还是无法创造伟大的价值。老板也许对企业有清醒的认识，知道企业要做什么，企业有什么特色，与其他企业有何区别，下级员工对这些问题却可能不甚了解。员工往往只是埋头苦干，只盯着自己手头的工作。员工的这种态度当然也有它的好处，但却不足以让企业成为伟大的工作场所。要想让企业成为工作的好地方，老板必须清楚地知道企业的发展方向，并且用自己的领导能力带领企业向那个方向发展。

领导和管理不是一回事，但是两者都不可欠缺。领导者对现状发起挑战，而管理者则接受现状的约束。老板通常既是领导者，又是管理者。关于如何管理，人们提出了各种各样的理论，并且用几十个名称来描述它，比如，自下而上的管理、自上而下的管理、目标管理和危机管理等。

美国工程师弗雷德里克·温斯洛·泰勒（Frederic Winslow Taylor）大约于1911年最早提出了"时间就是金钱"的口号，他是一位先行者，最早寻找用"最佳方式"履行基本的管理职能，比如，遴选、升职、报酬、培训和生产等。继泰勒之后出现了亨利·法约尔（Henri Fayol，1841—1925）。法约尔是法国一家采矿公司的总经理，他工作很出色，提出了所谓管理的14条原则。他认识到，他提出来的原则既不全面，又并非放之四海而皆准。他还提出了身为经理的5项主要职责。过了将近10年以后，美国人卢瑟·古利克（Luther Gulick，1892—1993）和英国管理咨询业的创始人林德尔·厄威克（Lydnall

Urwick，1891—1983）把法约尔列出来的原则扩充为 7 项行政管理活动，用 POSDCORB 的缩略语加以总结：

- 规划（Planning）：预先确定目标和实现目标的方法。
- 组织（Organizing）：为所有工作建立权力机构。
- 职员（Staffing）：招聘、雇佣和培训工作者；保持良好的工作环境。
- 指导（Directing）：做决策，下达命令和指示。
- 协调（Coordinating）：使组织内部的所有部门相互关联。
- 汇报（Reporting）：用报告、记录和视察等告知上下各级。
- 预算（Budgeting）：依靠财务计划、会计和控制。

加拿大学者亨利·明茨伯格（Henry Mintzberg，1939—）如今是法国的欧洲工商管理学院组织学教授，1973 年，他进一步把管理者的任务和职责扩充到 10 个方面：

- 名义领袖：作为组织的首领履行仪式性和象征性职责。
- 领导者：营造适当的工作氛围，激励和培养下属。
- 联络：建立和保持与外部联络的关系网，收集信息。
- 监察员：收集与企业相关的内部和外部的信息。
- 传播者：把事实和以价值观为基础的信息传达给下属。
- 发言人：与外界沟通，传达企业的业绩和政策。
- 创业者：设计并发动组织内部的变革。
- 动荡处理者：处理突发事件和经营失控状况。
- 资源配置者：控制和批准使用组织的资源。
- 谈判者：协调与其他组织和个人的关系。

这些理论都想构建一种包罗万象而普遍适用的方法，给管理层的角色下一个最佳定义，想办法解决管理层自下而上信息流通不畅的问题。两位管理学理论家汤姆·彼得斯（Tom Peters）和南希·奥斯汀（Nancy Austin）提出，在管理高效的公司，管理者获取必要的信息是走出办公室，与人们交谈——与员工、供应商、其他管理者以及顾客等交谈。他们提出了"走动式管理"的概念，简称为"MBWA"（Management by Walking Around）（参见第八章）（彼得斯与奥斯汀，1985 年）。

今天，我们认为对管理者角色的最好描述是根据自身所处的内部和外部环境做出适当反应。华盛顿大学的企业管理心理学家弗雷德·菲德勒（Fred Fiedler）是"权变理论"（Contingency Theory）的解说者，他把这个堂皇的概念加以扩展，最早于 1967 年提出了权变领导模型。

战略

卡斯商学院的战略教授约瑟夫·兰佩尔（Joseph Lampel）是《战略反咬》（*Strategy Bites Back*）（2005 年由 Financial Times Prentice Hall 出版）一书的作者。当他的一名 MBA 学生焦急地向他请教时，这位学生写道，"我的事业全靠它了，而且，我希望在学习开始之前就能清楚地明白我学习这门课是为了什么。"兰佩尔解释说，他对这位学生的问题并不感到诧异，他奇怪的是课程还没有开始，学生就提出这个问题。过去，学生都是在这门课上到快结束的时候，才吐露心声表明，他们还是不明白战略到底是什么。

战略虽然是每一所商学院的核心课程，但却不是一道难解的学术题目；它不像评估企业定位，企业定位必须能够最好地应对它所面临的挑战，而且定位问题变化无穷，始终无法给出定论。据说英格兰银行的某位管理者说过一句名言：有了复活节，圣诞节才真正具有了意义。说到对零售销售的估计，战略只有在成功之后才知道是成功的。下面的案例可以让你对如何制定战略有个大概的认识：营销、资金、人员、文化各占一部分，还有一个最主要的因素是对不断变化和发展的世界的认识。

制定战略的某些基本工具恰好可以用来制定营销规划,我们在本书的其他部分有过探讨。这个问题的其他核心要素正是下面的内容。

—— 战略目标

有了 MBA,领导者如虎添翼;他有 3 个重要任务:确定方向,指明道路和设定目标。企业的方向由几个组成部分构成,用金字塔来打比方最容易理解(见图 12.4)。

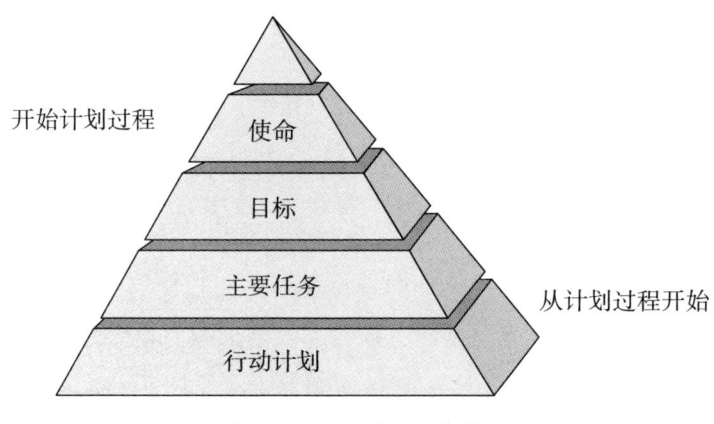

图 12.4　目标金字塔

>>> 远景展望

我们在前面讨论过,远景展望就是把企业的未来伸展、扩大到它无法掌控的范畴。眼下很少有人知道远景展望该如何实现,但是大家都明白,远景展望一旦实现,将会非常了不起。

微软的远景展望是让家家户户都有电脑,这个展望是在连办公电脑都很少见的年代提出来的;微软就是一个几乎实现了远景展望的例子。1990 年,微软把这个展望写到使命宣言中的时候，一定有人露出过不以为然的窃笑。毕竟，就在几十年前，IBM还曾预计，全世界都将需要IBM的电脑，现在它却整个退出了电脑业！

股市创业板纳斯达克也有自己的远景展望：建立全世界首家真正全球化的债券市场。"利用全球范围内的商业网络，为全世界的流动和投资提供纽带，保证尽可能低的债券成本和尽可能低的价格，建设覆盖全球的市场之上的市场。"这个展望无疑超越了今天商业界所能预见的情形。

有了远景展望，就比较容易说服雇员相信并长期致力于企业的发展——他们会看到，这家机构知道自己的发展方向，他们在这样的企业将会获得事业发展和取得进步的机会。

>>> 使命

使命是一份方向宣言，目的是专注于一些根本问题，站在你计划为之服务的市场/顾客的角度群策群力，共同努力。首先，使命应该明确，应该能够为企业的每个人指引方向，提供引导。这种明确对企业的成功至关重要，因为只有专注于特定的需求，小公司才能在与众多大公司竞争的过程中脱颖而出。再没有比想要一蹴而就更容易把企业毁掉的。其次，使命应该对广阔的市场具有开放性，让企业能够发展壮大，展示潜力。你可以不断地在现有的基础上继续努力。

总而言之，使命宣言应该说明：

- 你从事什么业务，你的目标是什么；
- 你希望在接下来的1到3年取得什么成就，也就是你的战略目标是什么；
- 你将以何种手段达到目标，也就是你的道德感、价值观和标准是什么。

最重要的是，使命宣言必须切合实际，能够实现，而且简短。

>>> 目标

在实现愿景展望和使命的路上所取得的里程碑式的成就就是逐步实现企业目标。这些目标在企业内部自上而下环环相扣,用从利润一直到产出、质量、废品率、缺勤率等指标加以衡量。

确定目标是一个重要过程,在这个过程中,所有员工要对明确的业绩考核标准达成一致的认识。实现具体的目标是领导有方的最终衡量标准。

>>> 平衡记分卡

平衡计分卡(the Balanced Scorecard)是罗伯特·卡普兰(Robert Kaplan)和戴维·诺顿(David Norton)1992 年在《哈佛商业评论》上发表的一篇文章中提出来的。这种管理方法试图把企业的活动与企业的远景展望和战略融合起来,改善内部和外部的沟通,以战略目标为标杆来检验组织的业绩。它的独特之处在于,它在传统的财务目标基础上添加了非财务业绩衡量标准,让管理者和董事对企业的业绩有更为"平衡"的认识。虽然人们认为是卡普兰和诺顿提出了这个新名词,但是平衡记分卡这个概念早在 20 世纪 50 年代就被通用电气公司用于业绩考核报告,20 世纪前半叶法国流程工程师(他们创造了 Tableau de Bord,字面意思是业绩考核的仪表盘)也使用了这种方法。

这种管理方法包括 4 个方面,事实上它相当于把管理范围从目标管理和基于价值的管理扩展到了超越纯财务目标的领域(见图 12.5)。为了实现明确的关键业绩指标(KPI),可以从下列几个方面设定一系列目标、考核方法、指标和新计划。

- 财务:包括投资收益、现金流、利润率和股东价值的 KPI。
- 顾客:这里的 KPI 可以是顾客保持率、满意度、推荐率和投诉等。

- 内部业务流程：可以包括存货周转、事故率、生产缺陷、减少流程数量和改进沟通等。
- 学习与成长：员工跳槽情况、士气水平、培训和发展方面的成绩、内部升职等都是这里要用到的 KPI。

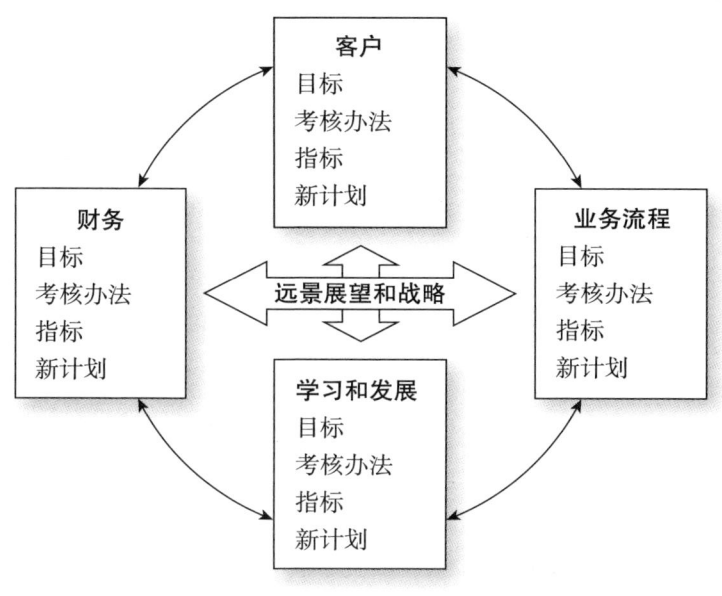

图 12.5　平衡计分卡

这 4 个方面用两个反馈回路连接起来，反馈回路的目的是确保 KPI 不会彼此冲突。举例说明，如果缩短送货时间可以提高顾客满意度，那么，增加存货水平也许会与提高运用资金收益率的财务目标发生冲突。

案例研究　雅来制药（Alpharma）

除了在整个公司的管理层拥有众多 MBA 之外，最近雅来制药有限公司主席和首席执行官也都拥有 MBA 学位。哥特·W. 蒙特（Gert W. Munthe，1994—2000）拥有哥伦比亚大学工商管理硕士学位，自 1995 年起成为雅来公司董事会主席和成员之一的皮特·G. 唐伯罗（Peter G.

Tombros)于1968年获得宾夕法尼亚大学MBA学位。其他MBA成员包括迈克尔·J.耐斯特（Michael J. Nestor）最初担任制药业务总裁，后来担任品牌专业制药业务总裁，负责设立雅来的止痛药物专营权。他拥有中田纳西州立大学（Middle Tennessee State University）工商管理学士学位和佩珀代因大学（Pepperdine University）工商管理硕士学位。

雅来的商业旅程始于1903年，当时一群挪威药剂师组成了A/S Apothekernes Specialpraeparater实验室（Alpharma）。该公司作为医药产品制造商迅速成长起来，在一战前的几年中，产量迅速增加。到1939年，雅来是绷带和医用纱布的重要制造商，这些产品对挪威的参战至关重要。接下来的二十年中，一连串的收购行为导致他们成为世界上最大的杆菌肽制造商，这一战略为其业务扩大到美国奠定了基础。

1983年，雅来通过在纽约公开发售股票集资收购了其最大的竞争对手，即丹麦的A/S Dumex公司。这是欧洲组织在美国的子公司首次在纽约上市，并开始了在全球最大的资本市场上进行的收购热潮。在1987年，他们收购了美国公司Barre-National, Inc.，它是美国乃至全球最大的液体仿制药制造商。第二年，他们购买了美国制药公司NMC Laboratories lnc，专门从事通用药用软膏和乳膏。2000年5月，雅来又收购了罗氏药用饲料添加剂业务，并于2001年收购了由澳大利亚F H Faulding公司所拥有的美国公司Purepac Pharmaceutical Co. Ltd.。Purepac为北美市场生产片剂和胶囊剂型的仿制药。

大约在1997年左右，根据公司的资料，因为不同的业务部门服务于不同的市场，为满足股东对业务不断增加的回报要求，需要监控每个影响EBIT（利息和税前盈利）的公司活动。该公司无法通过手头的管理工具来满足股东的期望，公司开始进行讨论，搜索新的管理工具。恰恰就在这个时候，该公司的首席执行官与外部咨询公司建立了广泛的联系网络，开始考虑平衡计分卡（BSC）。它操作简便，其作为战略评估者的功能以及除了财务指标之外还能使用非财务指标的能力，这对于文化沉浸在医疗通信领域的企业都特别具有吸引力。

一旦决定，一个由公司内部控制部门四人组成的团队，以了解如何最好地实施BSC。他们的研究成果被编制在公司手册中，在1998年6月底在全公司发行，并就与记分卡相关的所有事项制定了公司政策。最初鼓励附属部门制定计分卡，但直到2001年1月才开始使用这一概念，这是第一次在战略规划过程中正式要求使用计分卡报告。

卡普兰和诺顿认为，公司需要大约25到26个月的时间才能将BSC列为常规的管理流程并创造价值。到2003年，雅来公司已经成为在27个国家经营的全球制药公司，每年产生6.54亿美元的销售额。

2008年12月29日，Alpharma公司最终同意King Pharmaceuticals Inc的16亿美元现金收购要约，结束了两大制药商之间长达数月的战斗。相比于8月21日最后一个交易日开盘每股的33美元，当天King公司同意以37美元一股的价格收购雅来制药的股票，这比新泽西州布里奇沃特公司的股价高出54%。

Pilot
派力营销图书

开启你的营销之旅：
在工厂生产香水，在商场里兜售梦想。